短线炒股宝典

精通K线蜡烛图与均线分析

庞　堃◎编著

中国铁道出版社有限公司
CHINA RAILWAY PUBLISHING HOUSE CO., LTD.

内 容 简 介

本书通俗易懂、图文并茂，从蜡烛图和均线两方面讲解蜡烛图在选择股票、买卖股票和分析股票时所起的不同作用，将股市技术分析的入门知识，常见经典理论，成交量和常用技术指标与各种实例结合，详细地讲解股市买卖技巧，指导股民从市场分析的门外汉成为一名合格的初级蜡烛图分析员，并且具备初级市场分析能力。

通过本书的讲解，股民能够熟悉常用蜡烛图术语、识破常见的蜡烛图陷阱、用技术分析股票和掌握实际买卖技巧。

本书不但适合准备进入股市或刚入股市不久的新股民与股票投资爱好者，还适合有一定炒股经验但对技术分析手段不够精通的老股民。

图书在版编目（CIP）数据

短线炒股宝典：精通K线蜡烛图与均线分析/庞堃编著.—北京：中国铁道出版社有限公司，2021.4
ISBN 978-7-113-27354-5

Ⅰ.①短… Ⅱ.①庞… Ⅲ.①股票投资-基本知识 Ⅳ.①F830.91

中国版本图书馆CIP数据核字（2020）第202270号

书　　名：**短线炒股宝典：精通K线蜡烛图与均线分析**
　　　　　DUANXIAN CHAOGU BAODIAN : JINGTONG K XIAN LAZHUTU YU JUNXIAN FENXI
作　　者：庞　堃

责任编辑：张亚慧　　　编辑部电话：(010)51873035　　　邮箱：lampard@vip.163.com
编辑助理：张秀文
封面设计：宿　萌
责任校对：苗　丹
责任印制：赵星辰

出版发行：中国铁道出版社有限公司（100054，北京市西城区右安门西街8号）
印　　刷：三河市航远印刷有限公司
版　　次：2021年4月第1版　2021年4月第1次印刷
开　　本：700 mm×1 000 mm 1/16　印张：15　字数：219千
书　　号：ISBN 978-7-113-27354-5
定　　价：59.00元

前言

"股市是致富的最佳途径"几乎是所有理财书籍反映的中心思想。

最近几年，物价上涨已经是一个不争的事实，但我们收入却没有物价上涨迅速。在同样的收入下，我们可以买到的东西越来越少，而存入银行的存款收益也远低于 CPI，大众似乎已经进入负利率时代。

在负利率时代，要想让我们的金钱和资产做到保值甚至增值，投资是唯一的出路。而在众多的投资内容中，股市是最迅速、最容易进入的一个投资市场。然而众多投资者在股市中不是"铩羽而归"，就是被严重"深套"。

如何做到投资稳定，降低风险，这只能靠我们不断修炼。这就要求我们不仅要正视股市基本面风险，也要学会在股市中应用技术面进行判断。

技术面包括众多内容，而最基本的内容就是蜡烛图和均线。这是股民必修的一门功课。本书就是一本入门级加强版教材。书中不仅结合前人总结关于蜡烛图的知识，同时结合均线、成交量和经典理论等内容，以蜡烛图为中心进行讲解和分析。

本书共 6 章，主要内容包括基础知识介绍、常见理论介绍、常见蜡烛线类型、选股分析、买股分析和卖股分析等。具体内容如下：

- 第 1 章为蜡烛图和均线基础，主要从蜡烛图、常用均线和常用技术指标三个方面向股民讲解炒股必备知识，是蜡烛图分析的基础知识。
- 第 2 章为以 K 线基础的分析理论介绍，主要从道氏理论、江恩理论、量价理论、箱型理论、波浪理论和周期理论六大常见理论入手，将蜡烛图在各大理论中的地位和作用进行讲解，使股民能够从宏观走势把握蜡烛图的整体走势。

● 第 3 章为常见蜡烛线类型，主要从底部形成、底部反转、顶部建立和下跌初期四个不同的时期，列举常见的蜡烛图形态，并根据分时图，分析每种形态带来的可能结果，使股民能够初步判断股票的后期短期走势。

● 第 4 章为蜡烛线选股分析，为本书的重点，也是国内少见的将蜡烛图作为选择股票的基本面写法。从如何分析前期阻力，如何选择股票着手，教会股民进行纯技术面选择股票，通过对比方法，将同样类型蜡烛图在不同股票的增长潜力进行讲解，通过对比学习，使股民能够掌握基本的判断和选择潜力股的能力。

● 第 5 章为蜡烛线和均线底部平台买股分析，通过从蜡烛图、均线和成交量等多方面观察潜力股，指导读者利用这三者综合选择合适的买入价格和时间。

● 第 6 章为蜡烛线高位震荡卖股分析，通过蜡烛图、均线和成交量，指导读者在合适的时间和价格卖出股票，获得较好的利润。

本书适合准备入市或刚刚入市的新股民、股票投资爱好者，也可以作为各大中专院校或者企业的股票入门培训教材，同时对有一定经验的电脑炒股用户也有较高的参考价值。

由于经验有限，加之时间仓促，书中难免疏漏和不足之处，恳请专家和读者不吝赐教。

编 者

2020 年 12 月

目录

第1章 蜡烛图和均线基础

1.1 蜡烛图——判断未来股价 2

1.1.1 蜡烛图来历 2

1.1.2 蜡烛图在股票投资中的作用 6

1.1.3 蜡烛图的准确性和局限性 9

1.2 均线——判断未来大势 11

1.2.1 均线定义 12

1.2.2 均线常见种类 13

1.2.3 均线常见组合 17

1.2.4 均线在蜡烛图中的应用 21

1.2.5 均线的优势和劣势 23

1.3 其他参考指标介绍——辅助证明 24

1.3.1 成交量 VOL——市场强弱判断参数 26

1.3.2 随机指标 KDJ——价格高低判断参数 28

1.3.3 移动平均线 MACD：价格走势判断参数 30

1.3.4 能量线 OBV——唯一量价结合指标 32

1.3.5 心理线 PSY——心理因素指标 34

1.3.6 常见指标在蜡烛图中的辅助作用 35

第2章 以 K 线为基础的分析理论介绍

2.1 道氏理论——经典技术理论 38

2.2 江恩理论——大师级技术理论 44

2.3 **量价理论——股市能量理论** ……………………………… **49**

2.4 **箱体理论——平台震荡理论** ……………………………… **56**

2.5 **波浪理论——潮涨潮落波动理论** ………………………… **61**

2.6 **周期理论——中长线投资理论** …………………………… **66**

第 3 章　常见蜡烛线类型

3.1 **底部支撑蜡烛线种类** ………………………………… **72**

3.1.1　探底针 ………………………………………………… 73

实例分析 底部形态探底针实例——江泉实业（600212）……………74

实例分析 底部形态探底针实例——海波重科（300517）……………76

3.1.2　双针探底 ……………………………………………… 77

实例分析 底部形态双针探底实例——万泽股份（000534）…………78

实例分析 底部形态双针探底实例——澳洋顺昌（002245）…………79

3.1.3　齐头平底线 …………………………………………… 81

实例分析 底部形态齐头平底实例——洪城水业（600461）…………82

实例分析 底部形态齐头平底实例——泛微网络（603039）…………83

3.2 **底部反转蜡烛线种类** ………………………………… **84**

3.2.1　锤子线 ………………………………………………… 86

实例分析 反转形态锤子线实例——上海电力（600021）……………88

实例分析 反转形态锤子线实例——宝通科技（300031）……………89

3.2.2　启明星 ………………………………………………… 91

实例分析 反转形态启明星实例——科伦药业（002422）……………92

实例分析 反转形态启明星实例——新亚制程（002388）……………93

3.2.3　阳抱阴 ………………………………………………… 94

实例分析 反转形态阳抱阴实例——海普瑞（002399）………………96

实例分析 反转形态阳抱阴实例——龙星化工（002442）……………97

3.2.4　阴孕阳 98

　　实例分析 反转形态阴孕阳实例——信捷电气（603416）..........99

　　实例分析 反转形态阴孕阳实例——南京港（002040）.............100

3.2.5　向上跳空组合 101

　　实例分析 反转形态向上跳空实例——太阳纸业（002078）..........102

　　实例分析 反转形态向上跳空实例——苏州固锝（002079）..........103

3.2.6　三川组合 104

　　实例分析 反转形态三川组合实例——移为通信（300590）..........105

　　实例分析 反转形态三川组合实例——格力电器（000651）..........107

3.2.7　前进三兵 108

　　实例分析 反转形态前进三兵组合实例——四创电子（600990）...109

　　实例分析 反转形态前进三兵组合实例——亿纬锂能（300014）...110

3.3　顶部建立蜡烛线种类 111

3.3.1　流星线 113

　　实例分析 顶部形态流星线实例——宁波东力（002164）..........114

　　实例分析 顶部形态流星线实例——太原重工（600169）.............115

3.3.2　齐头等高线 116

　　实例分析 顶部形态齐头等高实例——金陵饭店（601007）..........117

3.3.3　黄昏星 118

　　实例分析 顶部形态黄昏星实例——千山药机（300216）..........119

3.4　下跌初期蜡烛线品种 121

3.4.1　向下跳空 122

　　实例分析 下跌初期向下跳空实例——江苏国信（002608）..........123

　　实例分析 下跌初期向下跳空实例——中国高科（600730）..........124

3.4.2　三只乌鸦 125

　　实例分析 下跌初期三只乌鸦实例——冀东水泥（000401）..........126

3.4.3　阴抱阳 128

　　实例分析 下跌初期阴抱阳实例——冀东水泥（000401）..........128

实例分析 下跌初期阴抱阳实例——红蜻蜓（603116）................130

3.4.4 阳孕阴..131

实例分析 下跌初期阳孕阴实例——吉视传媒（601929）................132

3.4.5 乌云线..134

实例分析 下跌初期乌云线实例——海正药业（600267）............134

第 4 章 蜡烛线选股分析

4.1 均线下行，蜡烛倒垂：锤子线选股.........................138

实例分析 锤子线选股分析——
开开实业（600272）VS 康缘药业（600557）.......138

炒股技巧 均线下行，蜡烛倒垂的选股技巧.....................141

4.2 均线稳定，机会凸显：底部抱线选股.....................142

实例分析 底部抱线选股分析——
大商股份（600694）VS 第一医药（600833）.......142

炒股技巧 底部抱线选股技巧...145

4.3 均线金叉，时机恰当：反弹孕线选股.....................146

实例分析 底部孕线选股分析——
通化东宝（600867）VS 海南矿业（601969）.......147

炒股技巧 均线金叉，反弹孕线出现时的选股策略.............150

4.4 刺透放量，阻力关键：上涨刺透选股.....................150

实例分析 上涨刺透选股分析——
华脉科技（603042）VS 新泉股份（603179）.......151

炒股技巧 刺透线选股需结合成交量和上涨阻力综合判断.......154

4.5 晨光出现，金股乍现：启明星线选股.....................154

实例分析 启明星选股分析——
锦龙股份（000712）VS 四环生物（000518）.......155

炒股技巧 如何应用启明星线选金股.................................158

4.6 乌鸦出现，均线护驾：乌鸦组合选股.....................158

实例分析 乌鸦组合选股分析——

辉煌科技（002296）VS 科华恒盛（002335）.......159

炒股技巧 乌鸦线与均线结合的选股技巧....................................162

4.7 三川出现，突破均线：三川组合选股.................163

实例分析 三川组合选股分析——

康力电梯（002367）VS 东山精密（002384）.......163

炒股技巧 三川线突破均线的选股技巧..............................166

4.8 平头底部，均线支撑：平头组合选股.................167

实例分析 平头组合选股分析——

金字火腿（002515）VS 天顺风能（002531）....167

炒股技巧 平头组合的选股技巧..................................170

4.9 捉腰提带，阻力突破：捉腰带线选股.................171

实例分析 捉腰带线选股分析——

东方铁塔（002545）VS 博彦科技（002649）.......171

炒股技巧 捉腰带线突破阻力选股技巧..........................174

4.10 均线平稳，黑白分明：约会组合选股.................175

实例分析 约会线选股分析——

广聚能源（000096）VS 山西汾酒（600809）.......175

炒股技巧 约会线选股重点分析阻力区........................178

第5章 蜡烛线和均线底部平台买股分析

5.1 锤线出现，底部接近.................................180

实例分析 锤子线买股分析——思源电气（002028）.......180

炒股技巧 底部锤子线买股技巧....................................182

5.2 阳线抱阴，蓄势上涨.................................182

实例分析 阳抱阴买股分析——兆丰股份（300695）.......183

炒股技巧 阳线抱阴的买股技巧....................................185

5.3 单针探底，均线支撑.................................186

实例分析 单针探底买股分析——招商积余（001914）..................186

炒股技巧 单针探底受均线支撑的买股技巧..................189

5.4 双针齐探，均线平稳 **189**

实例分析 双探底买股分析——宁波银行（002142）..................190

炒股技巧 双针齐探且均线平稳的买股策略..................192

5.5 星落均线，晨光冉冉 **192**

实例分析 启明星出现后的买股分析——东方锆业（002167）.......193

炒股技巧 错过启明星组合的买股策略..................195

5.6 大阴孕子，反转接近 **196**

实例分析 大阴孕子买股分析——西部建设（002302）..................196

炒股技巧 底部大阴孕子的买股技巧..................198

5.7 腹中十字，走势好转 **198**

实例分析 腹中十字买股分析——万里扬（002434）..................199

炒股技巧 阳线孕育十字星的买入时机判断..................201

5.8 针刺阴线，买方发力 **201**

实例分析 针刺阴线买股分析——华斯股份（002494）..................201

炒股技巧 针刺阴线的买股技巧..................204

第6章 蜡烛线高位震荡卖股分析

6.1 向下跳空，均线高危：高位跳空卖股 **206**

实例分析 向下跳空卖股分析——科士达（002518）..................206

炒股技巧 偏离均线向下跳空的卖股技巧..................209

6.2 大阳小阴，无力均线：高位孕线卖股 **209**

实例分析 大阳小阴卖股分析——天顺风能（002531）..................209

炒股技巧 高位孕线偏离中长期均线的卖股策略..................212

6.3 流星出现，支撑危险：高位星线卖股 **212**

实例分析 流星线卖股分析——司尔特（002538）..................213

炒股技巧 高位流星出现，越早卖越好..........................215

6.4 脚穿均线，跌势接近：上吊组合卖股..........................216

实例分析 上吊线卖股分析——亚太科技（002540）..........216

炒股技巧 高位上吊线触及短期均线是最佳卖出时机..........219

6.5 乌鸦频现，支撑空洞：黑乌鸦群卖股..........................219

实例分析 乌鸦线卖股分析——博彦科技（002649）..........219

炒股技巧 乌鸦频现，巧借反弹出货可降低损失..........................222

6.6 黄昏已近，均线已高：黄昏组合卖股..........................223

实例分析 黄昏线卖股分析——道道全（002852）..........223

炒股技巧 黄昏线出现后应该如何确定卖出时机..........................226

第 **1** 章

蜡烛图和均线基础

K线原名蜡烛图，诞生于日本，是股民每日关注股票走势和大盘走势最明显的指标之一，也是全世界通用的股票分析和走势的工具，本章将对蜡烛图的基本知识进行介绍，使读者增加对蜡烛图的了解。

1.1 蜡烛图——判断未来股价

大部分股民第一次进入股市，最先接触的就是 K 线，也就是蜡烛图。蜡烛图是股民选择买卖股票最直接的参考之一，如图 1-1 所示。

图 1-1 典型蜡烛图走势

无论是新股民还是老股民，关注股票一般都是从蜡烛图开始的。为什么蜡烛图是股民最初接触的指标，这还得从蜡烛图的历史讲起。

1.1.1 蜡烛图来历

蜡烛图最初的发源地是日本，起源于 18 世纪德川家康统治的德川幕府时期。

德川家康努力造就一个统一的日本，在统一的政治下，经济得到明显的发展。日本进入一个相对和平稳定的时期，农业是当时社会商业的基础。

随着时间的推移，到 17 世纪末，日本形成一个全国农业大市场的体系，类似于我们现在的期货市场，主要交易农作物，这种早期的期货市场也间接地孕育了日本技术分析理论。当然，这同中国的文化影响密不可分，因为是中国文化带给日本社会的开明和进步，让日本人开始追求寻找市场波动的原因，逐渐开始最初步和原始的技术分析。

早在丰臣秀吉统治时期，已经开始注重将日本大阪定位为经济中心。大阪的地理位置也是一个基础条件，它拥有便利的海港，日本各地的粮食不仅能够通过陆路到达大阪，还能经水路进入大阪，这就为大阪成为商业中心提供了明显的地理优势。

大阪不仅具备日本最大的仓库中心，同时也由于大阪是日本大财团聚集之地，成为日本最富裕的区域之一，商业交易自然非常发达。

当日本某些地方出现粮食不足时，大阪利用其仓库中心的优势，将仓库中的粮食通过市场调配和运输部门之间的协调，将多余粮食调配到急需的地方，对于社会稳定起到关键作用。

这就形成现货交易的雏形，既然存在这种现货交易和现货仓库，逐渐形成了商品期货交易的萌芽。但商人在 18 世纪之前一直在日本受到歧视，处于社会最底层。

拓展知识 *德川幕府时期*

德川幕府时期不是一个单独的历史时期，在德川家康建立统一的日本政府之前，出现过两位同样出名的武将——织田信长和丰臣秀吉。在日本民间流传着这样一句谚语："织田信长辛劳，丰臣秀吉小康，德川家康享福"。这是对三人的最好诠释。德川家康是最后一位，其家族从 1615 年到 1867 年一直统治着日本社会。

直到 18 世纪，日本商人阶层才终于被社会接受，不是因为社会的态度发生主动变化，而是由于日本商人阶层开始在社会经济事务和政治事务中发挥越来越明显的作用，让统治者和民众发现其优点后，才逐渐走到社会的前台。

图 1-2 所示为蜡烛图产生于大阪的具体示意图。

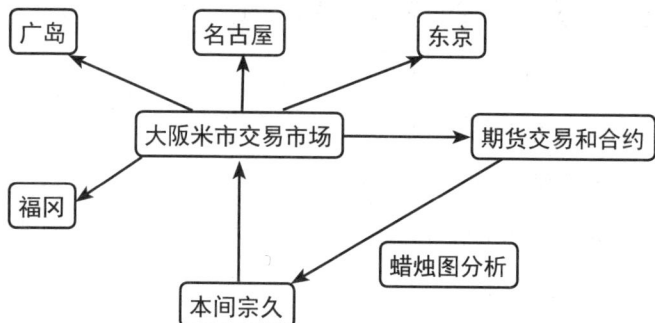

图 1-2　蜡烛图产生于大阪的原因示意

17 世纪下半叶，发源于大阪的大米交易市场成为大阪的一个正式机构，堂岛大米会所（大米交易市场）诞生了。这家会所类似于现在的期货交易市场的雏形，大米商人在其中进行实物交易，随着业务的发展，越来越多的大米商人采用仓库收据来进行交易，进入期货交易的阶段，而这些大米仓库收据就是最早的期货合约。

当时在日本大阪集中了这种大米交易商总数在 1 300 人以上，其中蜡烛图的创始人本间宗久也在其中。

本间宗久出生于 1724 年，其家族是一个富裕的商人家族，本间宗久在这种环境下受到良好的教育，直到 1750 年，年轻的他开始掌管家族的生意，在故乡的港口城市酒田开始从事大米交易。酒田是大米的集散地，而他又是从大米故乡酒田出道的。所以，在蜡烛图中有一个叫"酒田战法"的用语。

本间宗久的资金是非常雄厚的，这也为他的研究提供了充足的保障，就像现在的大学搞科研，需要大量的科研经费一样，本间宗久从生下来就不缺资金。

正是由于这种资金上的优势，本间宗久建立了属于自己的信息网络，从大阪到酒田，一路上每隔一段就建立一个驿站，驿站上面的人舞动旗帜通知下一个驿站的信息员，将大阪的信息源源不断地传递到酒田，这样本间宗久就能在每日第一时间掌握日本各地的大米走势。

可能利用驿站传递商业信息的第一人就是本间宗久。当然，他并不满足于实时信息，更主要的是他能够对每一日的大米走势进行记录，同时，记录每一日每一年影响大米的关键数据——天气情况，掌握天气规律，这种多算的行为使其比起其他的大米商人成功率要高，这正是我国经典军事著作《孙子兵法》中的"多算者多得"的具体体现。

人民的智慧是无穷的，这一点在任何国家都是毋庸置疑的。蜡烛图的发明者不是高高在上的统治者，而是一个地位较低的具有传奇色彩的大米商人本间宗久。

本间宗久生活在混战结束后的年代，必然会受到那场持续百年战争的影响。所以，在蜡烛图的技术术语中存在大量的社会军事化术语，如"三兵前进""墓碑线""黑乌鸦"和"上吊线"等。从这些术语中我们也能形象地感觉到发明者所处年代的悲惨。

同时，我们在介绍发明人本间宗久时，发现他并不是职业的股票交易员，因为那时候还没有股票，我们只知道他是一个大米商人，他所处的年代是一个百废待兴的时期，经商是何其复杂和困难的事情，在这种情况下，商战几乎是不可避免的。

所以，在蜡烛图中，我们也能发现类似于军事谋略的术语，他用蜡烛图判断米市的走势就像和其他商人在进行一场没有硝烟的战争，不仅仅是考验一个商人的智慧，更多的是考验商人的谋略、心理和勇气。从这一点来看，和现在的股市也非常类似，充满博弈和斗争。

东方文明一直和西方文明相互交融和学习，蜡烛图在 1990 年初被美国人带入美国股市，迅速被美国投资者采用，而且迅速成为全球股票和期货走势的标准图形，是在任何地方的投资者都要学会的分析技术。

我国在 1993 年左右开始形成全国的证券交易电子平台，这个平台在建立之初就是借鉴国外优秀的经验，将蜡烛图作为我们交易平台的主要指标，需要指出的是，我国对蜡烛图的应用同欧美国家是一致的，不存在技术差距。

1.1.2　蜡烛图在股票投资中的作用

上一节我们介绍了蜡烛图的来历，从蜡烛图的建立过程中，我们发现本间宗久用自己掌握的蜡烛图在日本米市获得惊人的利润，成为富可敌国的大商人。

我们一定对于本间宗久为什么能够获得如此多的财富感到好奇，除了其自身的聪明和父辈留下的财富外，蜡烛图给了他一种分析和预测市场的工具。

蜡烛图是将过去的大米走势汇集，形成一种系统的反映，这在当时的日本米市，甚至全世界都是首个能够准确反映当日成交情况的工具，这就是本间宗久的秘密武器，是先进的技术造就其领先于其他人的优势。

蜡烛图由当日开盘价、当日收盘价、当日最高价和当日最低价 4 个关键点构成，如图 1-3 所示。其中最关键的就是当日收盘价和当日开盘价之间的差距，这个是决定蜡烛图是阳线还是阴线。而当日最高价和最低价则反映市场对于价格波动的承受范围。

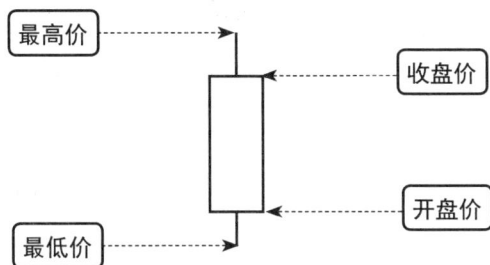

图 1-3　蜡烛图典型图示

从这 4 个点我们能够看到当日市场的走势，能够大体判断当日的市场心理，这是蜡烛图的第一个功能，发现当日走势，判断当日市场心理。

判断当日的市场心理，最重要的目的就是为第二日交易做出合理预测。结合前一日蜡烛图的最高价和最低价，会形成长上影线或长下影线，这种长短下影线能够显示市场的买卖双方的势力，这种势力如果在前一日不被完全消耗，第二日可能持续这种趋势，出现连涨或连跌的走势，这就给后期走势带来一定的预测可能。

这就是蜡烛图的第二个功能——通过前一日的走势，适当地预测第二日走势，如图 1-4 所示。

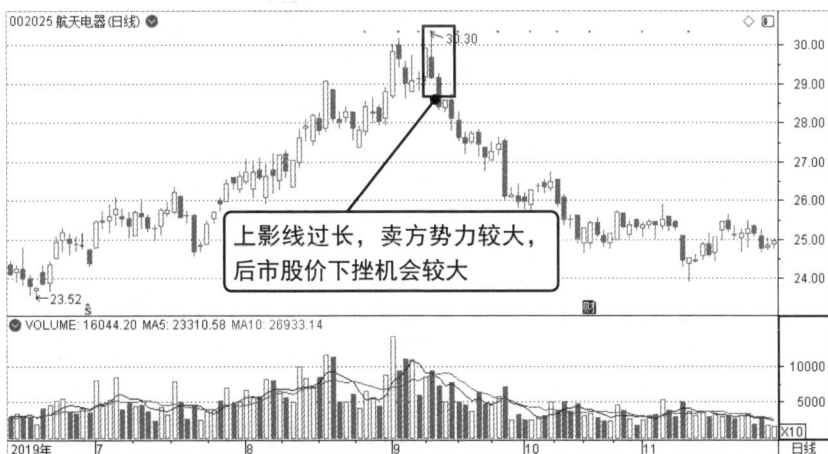

图 1-4　蜡烛图第二个功能——预测后市走势

最后，蜡烛图还有一个更为关键的功能——预测买卖点。这个其实才是蜡烛图给本间宗久带来最多实惠的功能。

如果没有这个功能，本间宗久即使再聪明，蜡烛图即使再完美，也不过是纸上谈兵。

蜡烛图既然是对长期走势的一个汇总，按照长期走势的大体情况，蜡烛图能够提供一个买卖的接近平台，就是我们经常听到的支撑线和压力线，这两个线其实就是股民买卖股票的最佳价格。

如图1-5所示，观察苏泊尔（002032）的蜡烛图可发现股价在下跌至46元附近后多次出现反弹迹象，这就很好地形成了支撑线，对股价起着支撑作用，使之不会继续下跌，也是可以买入的最低价格线。

而同样我们发现，在58元附近出现多次上冲的迹象，虽然没有突破成功，但是这种多次突破也给股民提供一个卖出最佳价格的参考。蜡烛图第三个功能，预测买卖点是股民最关注的功能。

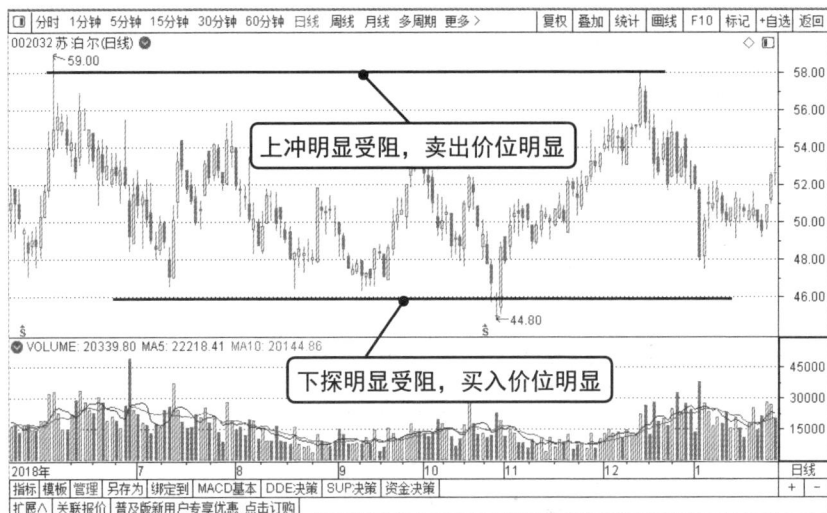

图1-5 蜡烛图第三个功能——预测买卖点

除了以上一个关键功能，蜡烛图可以配合均线，形成新的交易分析方法—— 均线交易法，这也是非常普遍使用的一种方法。

蜡烛图还为很多技术指标提供原始的数据，如MACD指标、威廉指标、RSI指标和CCI指标等，这些技术指标都是依托蜡烛图建立的，并配合蜡烛图才能进行正确判断。

所以，蜡烛图无论是在米市交易过程中还是在现在的股票期货交易市场中，都是非常重要的一个指标。正如数学在现在科学技术中的作用一样，蜡烛图是金融市场交易的一个基础工具，而且成为金融交易市场中的一个世界语言，被广泛采用。

1.1.3 蜡烛图的准确性和局限性

蜡烛图在金融市场中的作用是巨大的，那股民如果学通蜡烛图，是不是能够独步股市，成为"东方不败"？答案是否定的。这可能有点儿让股民朋友失望了，但是，实际情况就是如此，笔者也不会过于吹嘘这门技术。

蜡烛图的准确性是一个不可预测的指标。因为金融市场是一个非常复杂的系统，受到国家政策、经济走势、天灾人祸、大众心理、舆论传媒和投机势力的影响，是一个很难预测的市场。

这一点从近几年中国股市的走势中已可以非常明显地看出。这造成了蜡烛图无法精确预测未来走势，也是市场失效的显现。本来看好的股票会受到利空消息的打击或者市场大势下跌的影响出现快速跌停的迹象。

如图1-6所示，在一路上涨的过程中，蜡烛图看似已经上涨到足够高的阶段，配合底部的成交量，似乎下一个上涨已经可以确定，然而，该股却在大家盼望的上涨中，一路下跌，完全不符合蜡烛图的预测。

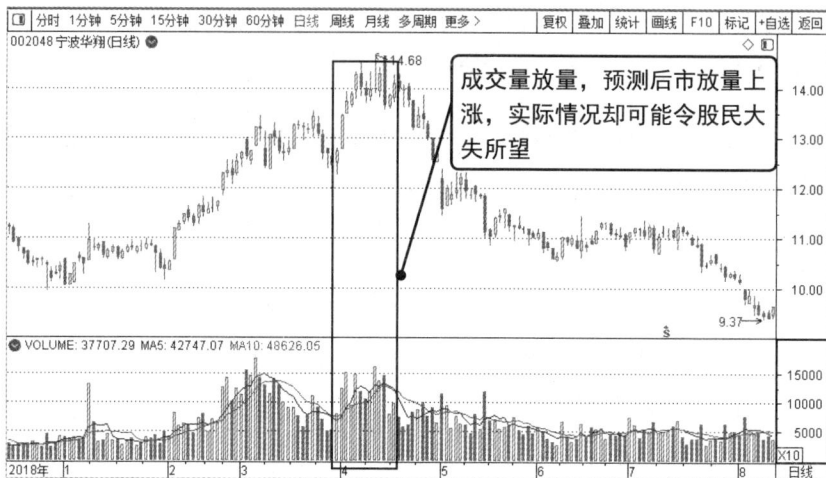

图 1-6 蜡烛图走势很难预测

随着信息的传递速度的增加和信息量的爆炸性扩容，现在的投资者所处的市场远远超过本间宗久当初的设计范围，蜡烛图失效几乎是不可避免的。

虽然蜡烛图这门技术已经被大部分投资者掌握，大家都掌握的技术变成普天下皆知的技术，也就没有什么优势可言，投资者更多的竞争来自自身的心理斗争，简单地说，就是心理因素影响。

这就产生了庄家和散户"斗智斗勇"。当然，股民的对手不仅仅是这些庄家，随着竞争的加剧，现在和股民斗争的对手已经发展到机构，银行、保险公司、社保基金甚至更高层。

蜡烛图在实际操作过程中，还受到突发事件的影响，这也是蜡烛图无法准确预测的原因之一，如图 1-7 所示。

拓展知识 *日本虚心学习中国古典文化受益颇多*

日本从一个荒芜的岛国发展到一个军事和经济强国，不是源于自身的文化底蕴，而是虚心学习中国的古典文化，从中国悠久的古典文化中不断学习，不断领悟。

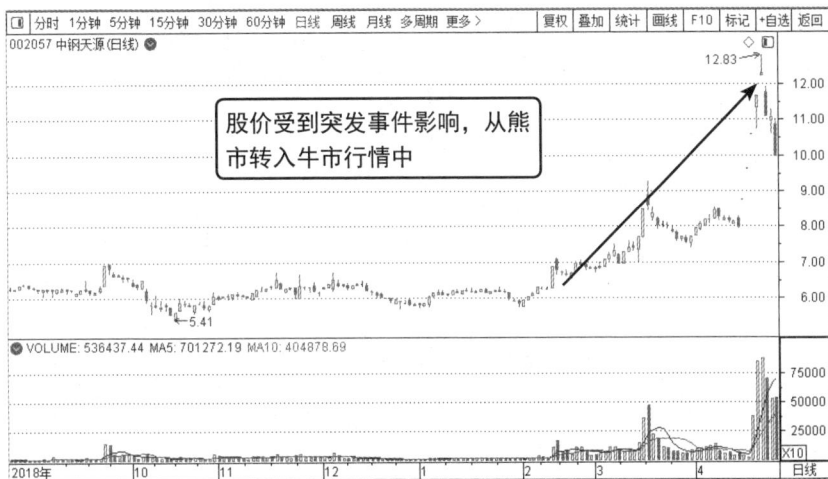

图 1-7　蜡烛图预测走势受到强烈的突发事件影响

以上说了那么多蜡烛图的准确性的失效，蜡烛图判断的局限等缺点，那么为什么我们还要努力学习这门技术？原因很简单，别人都知道的技术，如果我们不学习，那么就会输在起跑线上。

每当看见众多股民追涨那些蜡烛图已经明显预示将会下跌的股票，笔者就感到这些股民是如此的"可爱"。每当看见众多股民对于绝佳的买入机会视而不见时，笔者又感到这些股民是如此的"大方"。

蜡烛图是一门流传了几百年的技术，已经经过历史的检验，成为经典。为什么我们不仔细研究这门技术，为自己的将来做好打算，学会投资，在股市中赚取收益呢？

1.2　均线——判断未来大势

在蜡烛图的走势中，我们会发现很多曲线在蜡烛图中穿梭，一会儿在蜡烛图上方，一会儿在蜡烛图下方，同样在成交量的图形中，也有这种类似的现象。这就是我们介绍的第二个关键因素——均线，均线的作用就像其名称一样，对蜡烛图的数据进行平均处理，这样股民能够从均线的走势结合判断蜡烛图的未来趋势。

如图 1-8 所示，蜡烛图中总共出现 4 根波动曲线，分别对应 5 日、10 日、20 日和 60 日价格曲线，每一根曲线代表当天交易日之前的 5 日、10 日、20 日和 60 日收盘价的平均数。这些平均数能够让读者对这些时间段的蜡烛图走势有一个直观判断。同样的道理，在成交量图形中，这种均线是表示 5 日和 10 日这个时间段中成交量的平均数。

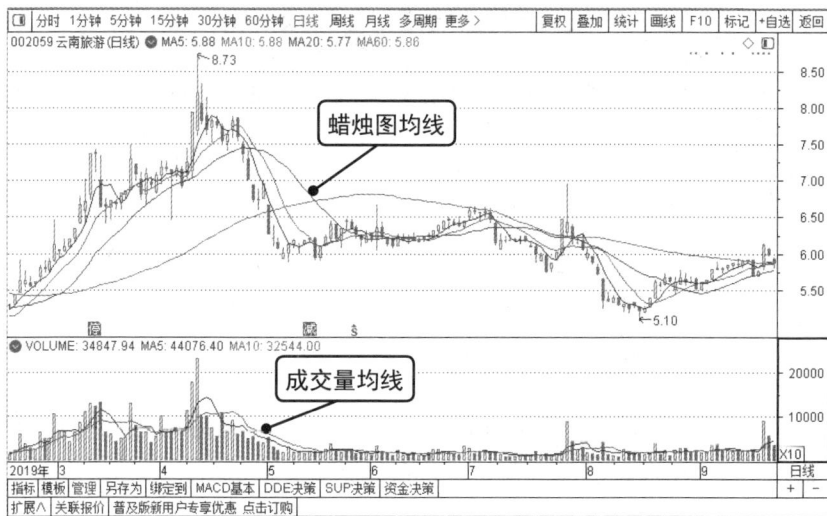

图 1-8　均线提供更丰富的信息

1.2.1　均线定义

顾名思义，均线就是平均线的意思。在股市中，有很多指标都存在均线的应用。平均数是统计学中最基础的一个指标，其目的就是对于大量不同数据的总和求平均。有均匀平均的，也有非均匀平均的。

均匀平均的概念就像我们计算一个班级中所有同学的平均数学成绩一样。而非均匀平均主要是在计算特殊指标时，对不同数据乘以不同数字，然后再平均，这就像国家统计局计算 CPI 一样，对每一种商品和人们生活关系的不同而采用不同系数相乘，最后再平均。在股市中，几乎所有关于平均的指标都是采用均匀平均计算。这也为股民计算平均提供了方便。

1.2.2 均线常见种类

本书中将侧重介绍 3 种常见的均线。

1. 蜡烛图的价格均线

蜡烛图的价格均线是关系每日收盘价的价格走势均值，是一个反映每日走势的指标。

如图 1-9 所示，在蜡烛图中一共出现 4 根价格均线，这 4 根价格均线反映的时间段标识在蜡烛图左上方，其中，MA5 表示 5 日收盘价价格均线，MA10 表示 10 日收盘价价格均线，以此类推。而随后的数据，如MA5 ：4.94 元指明以当日为最后一日，前 5 日的价格均价为 4.94 元。

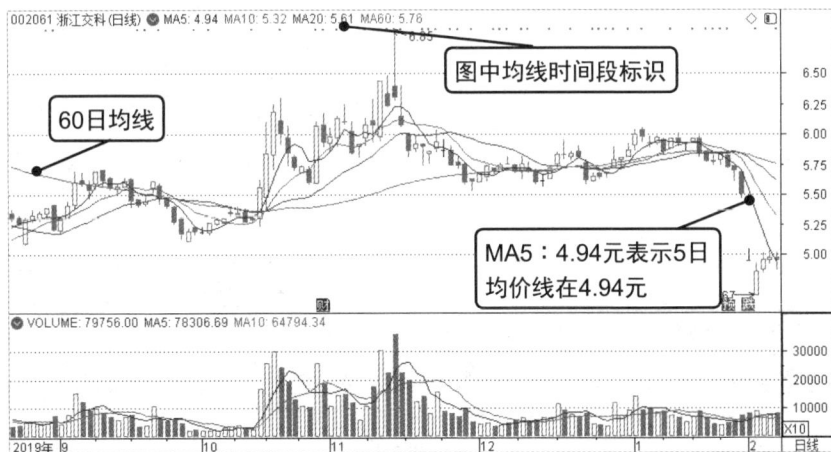

图 1-9　蜡烛图中均价线示意图

而均价线的波动剧烈程度和采用的时间间隔有关，从图 1-9 中我们发现，5 日价格均线波动明显高于其他价格线波动，而 60 日价格均线波动是最缓慢的。

产生这种情况的原因是我们计算的时间间隔对均价有很强的影响，时间间隔越短，均线波动就越剧烈，反之，均线波动越缓慢。具体如何灵活应用多种不同时间间隔均线来辅助判断，将在后面章节中陆续介绍，这里不再赘述。

2. 成交量中的均量线

成交量中的均线是以每日成交量为样本，主要有两种成交量平均线，即 5 日成交量平均值和 10 日成交量平均值，分别简称 5 日均量线和 10 日均量线。

如图 1-10 所示，在成交量柱形图中，穿插着两根一上一下的均线，这就是我们所说的均量线，在成交量图的左上方是关于均量线所对应的时间段，分别是 5 日和 10 日。其后紧随的数据是以当前日前 5 日和前 10 日的日成交量的平均值。这个具体数据其意义不如之前的价格，一般可以忽略。

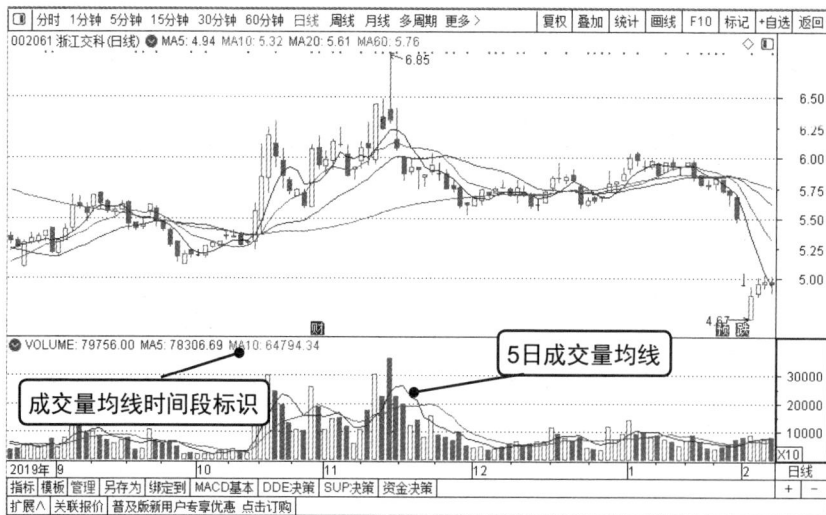

图 1-10　成交量中均量线示意图

成交量的均线波动和前价格均线波动类似，在大部分情况下，短期
5 日成交量波动明显大于 10 日成交量波动。正是这种波动造成 5 日均量线
和 10 日均量线多次形成交汇和分离，这种一分一离从侧面反映市场的多
头和空头双方的期望在不断变化，这也给股民买卖股票提供了一定的判断
准则。

3. 分时图中的均价线

最后一种均线是来自分时图中，这个指标关系到股民买卖的细节，是
关系到买卖在最合适的价位的关键因素，即分钟均价线指标。

如图 1-11 所示，这是一个典型的分时图，图中一条走势平缓的曲线，
就是我们的关键均线——分钟均价线。分钟均价线是将当日每分钟的价格
平均后产生的，反映一个成交日中每分钟的走势。

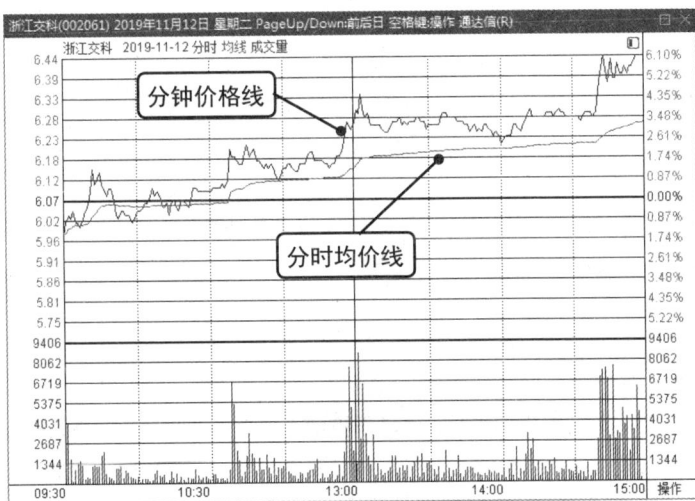

图 1-11　分时图中分时均价线示意图

分时图中，分时均价线相比分钟价格曲线要平缓许多，前者几乎是一
条平滑的曲线，而分钟价格曲线不停地在分时均价线附近上下波动，无论
波动得多么剧烈，最终都是在分时价格平均线附近，甚至会回到价格线所

在的价格，从这一点上可以给我们提供一种买卖的具体价位和时间，这就是分钟均线的优势。

以上 3 种均线就是股民最常应用的均线。无论在个股的走势图还是大盘走势图中，股民都将随时见到这 3 种曲线。每一种均线都从不同的方面向股民传递不同的消息，如果股民能够正确读懂这些曲线带来的信息，在股市中无论是长线、中线还是短线操作，都将给股民带来较高的成功概率。

但是仅靠均线的波动来判断股票走势是完全没有把握的。因为指标过于单一，而且所有均线都是反映过去一段时间的股票平均价格，所以，我们就要利用多根均线所在的相互位置来提高判断的准确性，这就是下一节我们将要介绍的均线常见组合。

从蜡烛图的发展过程中笔者发现，最初的蜡烛图中是没有均线的，随着均线理论的逐步丰富，股票分析师和操盘手将这两者结合，产生更加丰富的理论，而且随着判断指标的增加，对股票的走势成功预测的概率也逐步提高。

这说明均线理论和蜡烛图理论的结合是一种趋势，也是一种必然。如何利用均线进行综合判断，就要从均线的常见组合开始学习。

拓展知识 *常见的均线误区*

股民在学习股票操作知识时，经常误将均线作为自己买卖的一个指标，在股价上涨到均线上方时，理解为股价上冲，后市可能借力继续上冲，往往追涨。而当股价下跌到均线下方时，则怀疑股价卖盘会增加，所以恐慌割肉出逃。这是对均线作用的错误理解。股民在利用均线买卖股票时，不能单一考虑股价和均线的位置，还要综合考虑多方面因素，不能照搬理论和经验，要灵活对待。所以，对本书的内容，最好能活学活用。

1.2.3 均线常见组合

均线的组合方式主要有 3 种，分别是均线和均线、均线和蜡烛图以及均线和其他技术指标。

1. 均线和均线

均线和均线是我们最常见的组合。表现形式为两种及两种以上不同时间间隔均线相互交错。如图 1-12 所示，我们发现 4 根均线，每一根均线的波动幅度和程度都不相同，其中波动最明显的就是 5 日价格均线，其次是 10 日、20 日和 60 日价格均线。

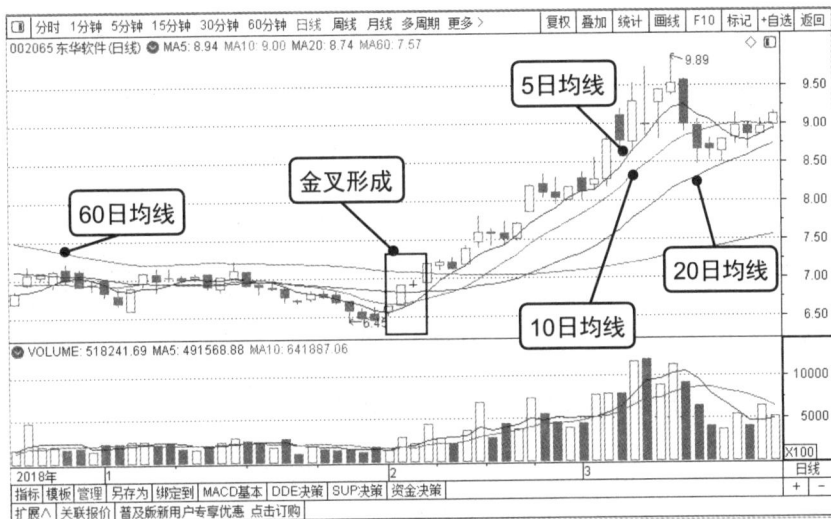

图 1-12　金叉组合示意图

由于 5 日价格均线反映价格是最明显的，通常将 5 日价格均线的波动作为关键均线，这时我们再观察第二个关键线，10 日均线反映较为缓慢。正是这一慢一快的对比，就出现了第一个经典的均线交叉——金叉。

当金叉出现在价格底部平台，并且随着成交量放大，通常是股价反弹飙升的前兆。

为什么出现这种金叉就预示着飙升？道理很简单，5 日均线表示短期价格波动，而 10 日均线表示中期价格波动，当短期价格均价从远离 10 日均线下方开始向 10 日均线靠近时，这种价格反弹是比较明显的。

5 日均线开始逐步上升，并且超越 10 日均线，加上成交量逐步升高，这些都是反映市场中对该股票后市看好，买方越来越多，这种买方力量的增加，后市股价上涨是必然的结果。

所以，出现金叉预示着股民将会获得财富。

既然有金叉，那么同样就有一个不好的形态——死叉。死叉就是当 5 日均线从远离 10 日均线上方下跌到下方形成的交叉，如图 1-13 所示。这种死叉从名称上就给人一种不祥的感觉。从图上我们发现，当 5 日均线下穿 10 日均线时，表示股价随着卖方力量的增强，卖方在短期内出货意图明显，短期 5 日内均价都低于 10 日均价，后市走势可能非常疲软，下跌是在所难免的。

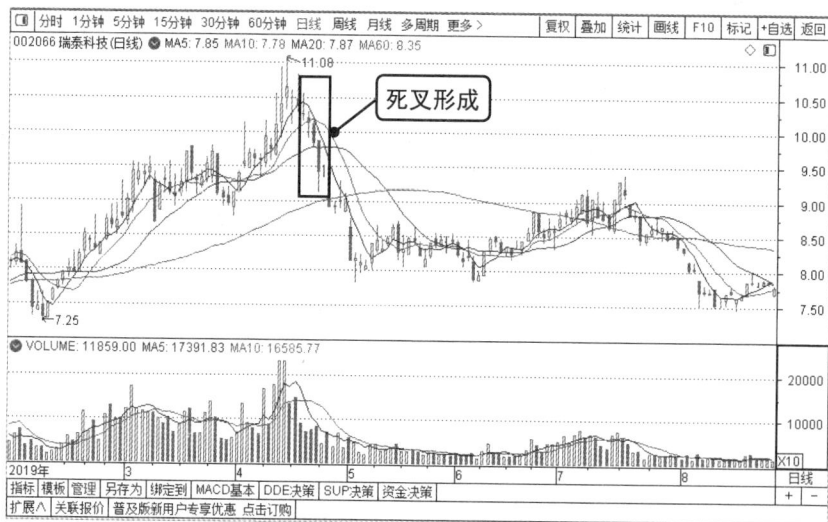

图 1-13　死叉组合示意图

从图中可以看出，瑞泰科技（002066）在 2019 年 4 月出现死叉现象，此时股价又在一个相对高位附近，死叉预示卖方出货已经非常明显，如果股民不趁机离场，那就真的应验死叉的含义：套死。

金叉和死叉不一定完全要以 5 日均线和 10 日均线的结合才能形成。在个别情况下，股民可以采用 5 日和 20 日或者 5 日和 60 日均线结合，作为中期和长期买卖的参考点。

2. 均线和蜡烛图

我们从前面对均线的介绍中可以知道，价格均线是每日收盘价在一段时间内的平均数，而不只是一天收盘价的平均，而股市中每日股价还包括开盘价、最高价和最低价这 3 个价格，这 3 者能够通过蜡烛图充分表现出来。所以，蜡烛图和均线的结合也是必然的判断方法。

蜡烛图反映的是每日价格波动的情况，而价格均线反映的是连续多日收盘价的情况，这两者结合，能够充分反映每日价格波动在长期波动过程中的位置，这样股民能够判断该日所处的价格区间，能够较好地判断当天是否是买卖的最佳时间，如图 1-14 所示。

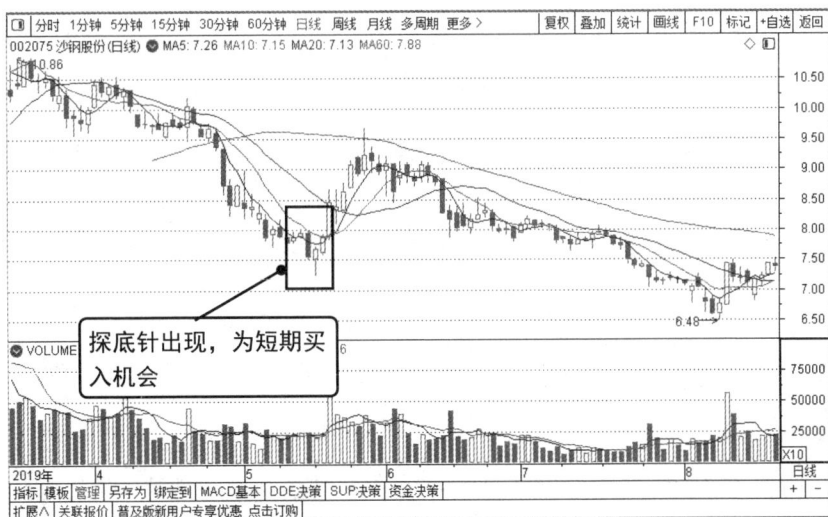

图 1-14　蜡烛图和均线的组合应用

图上的蜡烛图和多根均线之间形成一个明显的价格差距，如果股民只单独考虑其中一个因素，在出现第一个探底针时买入，见好就收，短线操作可能会获得一定利润。

但是从中长期而言，这种只利用蜡烛图判断买卖技巧的结果就是后市被严重深套。

这种简单以蜡烛图作为买卖判断，而不考虑均线的作用，是股民常见的错误。如果股民熟悉均线指标，从该图的多根均线上，都能发现在探底针形成的时候，均线下降趋势依然存在，没有出现反弹的迹象，所以在前景不明朗的情况下，采用观望方法是最保险的。

蜡烛图和均线也是选择买卖股票最佳日期的主要判断指标，同时，股民也要将蜡烛图底部的成交量综合考虑，这也是关键因素之一。

蜡烛图和各种均线的具体应用是比较复杂的一门知识，笔者将在随后的蜡烛图讲解中依次介绍。

3. 均线和其他技术指标

均线还能够和其他技术指标搭配使用。这其中以 MACD、KDJ 等技术指标为代表，下面以 MACD 为例进行介绍。

MACD 指标（平滑异同移动平均线）是最基本的一个技术指标，主要是以 12 日、26 日和 9 日 3 种不同价格均线为基础，通过复杂公式计算买卖双方力量出现变化的可能性，以此来做出买卖时机的判断。

在 MACD 中，也有类似于前面介绍的金叉和死叉的概念，金叉就是当 MACD 柱状形从负数区间向正数区间变化过程中形成的一个转折点。同样，当柱状形从正数区间向负数区间转换时，形成死叉。

如图 1-15 所示，2019 年 1 月，金螳螂（002081）的 MACD 指标形成一个典型的金叉，预示后市可能出现上涨行情，结合 5 日均线和 10 日均线形成的金叉，两个指标都表明可能出现大幅上涨，这时股民应该及时买进。

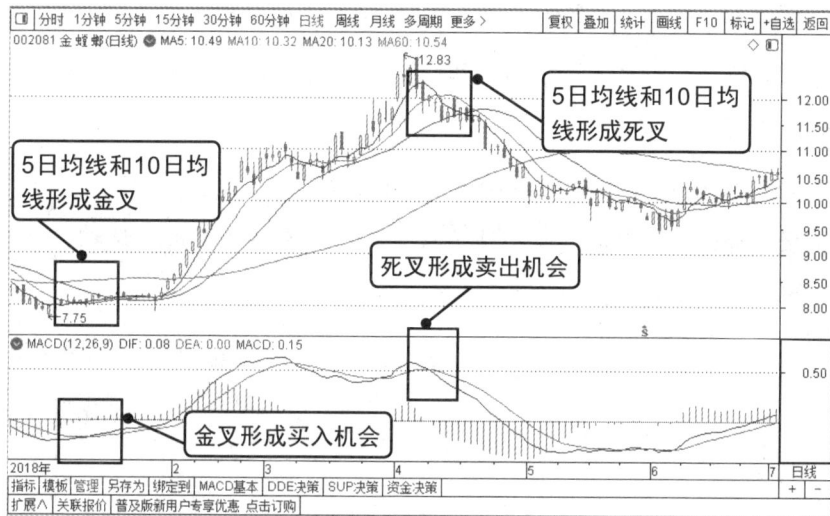

图 1-15　均线和 MACD 应用

股价运行至 4 月上旬，MACD 出现死叉，此时 5 日均线和 10 日均线也形成高位死叉，两项指标都预示后市可能止涨转入下跌行情，此时股民应该及时出逃。

KDJ 和均线也是类似的判断方式，在随后的蜡烛图讲解中，笔者将结合这些技术指标介绍它们如何相互联系和共同判断。

因为在蜡烛图的学习过程中，股民会发现将各种经典的均线组合作为判断买卖的依据往往是不行的，必须结合其他技术指标和市场消息面，这样才能充分应用均线。

1.2.4　均线在蜡烛图中的应用

蜡烛图是一种历史悠久的分析方法，但并不能说明蜡烛图就是最好的判断方法。随着时间的推移，蜡烛图也出现很多失效的案例。所以，股民在学习蜡烛图的过程中，必须采用更多的判断指标。

均线则是一个非常有效的指标。无论是多日价格均线、成交量均线还是分时均价线，都从不同的方面给股民提供判断依据，弥补蜡烛图的不足之处。

如图 1-16 所示，从 ST 东海洋（002086）的蜡烛图走势中发现，在一个天量成交量后，该股突然急速下跌，股价跌落到多根均线下方，在底部附近形成多根探底针，股价受到一定支撑。

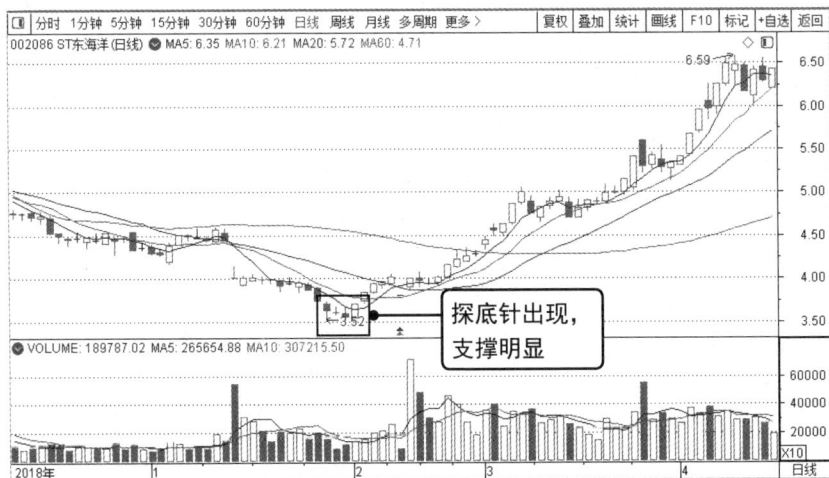

图 1-16　多根探底针出现，股价受到支撑

但是仅靠这些信号股民不能判断何时是最佳买卖点，此时我们就要借助分时图的均线，同时可以明确的是，在蜡烛图中连续出现探底针最长下影线后，其支撑力量得到确认。

该股在 1 月 29 日出现下影线很长的探底针，第二日必将是一个买入的最佳时间。

如图 1-17 所示，从图中能够发现，1 月 29 日的股价从开市的时候就一度处于前一日的收盘价下方，随后更是下探到 3.54 元的低价，然后迅速被大量买盘拉回至均线上方，所以在 3.62 元附近形成了一个平稳的分时均价线。

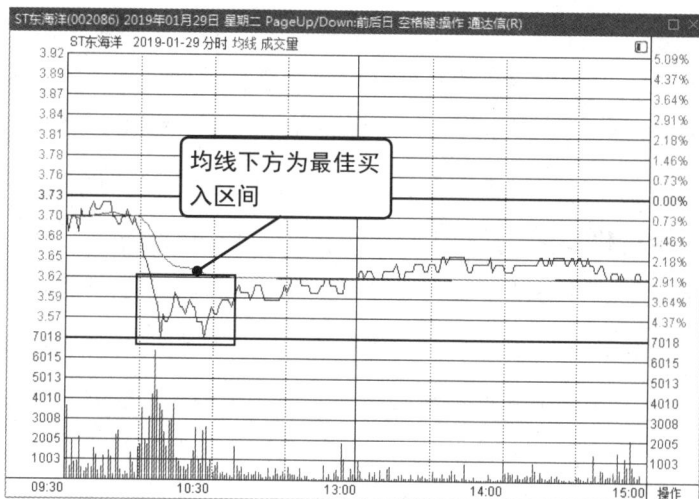

图 1-17　分钟均线提示具体买卖价格

　　从这个实例中我们能够体会到两者侧重的不同，蜡烛图能够提供明显的买卖时间段，而均线能够提供具体的时间和价格。前者是一个总体的判断，而后者是一个具体的把握。这就是均线在蜡烛图中应用的一个方面。

　　除了分时均价线能够弥补蜡烛图的不足，其他的均线也起着非常关键的作用。如成交量均线完全能够反映市场买卖人气的多寡，5 日均线和 10 日均线形成的金叉或死叉又能提示股民买卖时机临近，这些都是蜡烛图无法提供给股民的信息。

　　总而言之，均线和蜡烛图两者是相互关联、互为参考的指标。

1.2.5　均线的优势和劣势

　　综上所述，均线主要作用是弥补蜡烛图在一些判断方面不足的缺点，均线能够提供给股民更多的判断依据，如分时图中的均线是买卖股票必须参考的指标，成交量中的均线是反映市场人气的关键指标，多日价格均线是判断买卖机会临近的指标等。

但是，正如前面所说，均线也有自己的不足之处，主要是以下几点。

◆ 首先，大部分价格均线都是考虑收盘价，而无法反映全天的其他3个指标，包括开盘价、最高价和最低价。而这些只能通过蜡烛图来显示。这种以收盘价为主的均线，容易被机构利用，作为诱惑股民的工具。

◆ 其次，成交量均线也仅仅反映成交量的变化，如果庄家采用对倒的方法，即一边卖出，一边买入的方法来制造天量成交，诱惑股民买入，而掩护自己在高位离场，这种天量能够让短期成交量均线和价格均线都出现剧烈的变化，如果股民简单利用均线来判断买卖机会，必将落入庄家的"圈套"。

◆ 最后，各种均线反映的都是过去价格或成交量的平均，都只能作为一个参考指标，不能预测复杂变化的未来。

综合这3方面的缺陷，股民最好能够理性地对待均线指标，结合蜡烛图和市场消息面等多方面来买卖股票，虽然股民不能完全预测下一个交易日的股价走势，但是能够通过多种技术指标判断后市上涨和下跌的可能性，这样提高多次投资中成功的概率，长期坚持将会给股民带来丰厚的利润回报。

1.3 其他参考指标介绍——辅助证明

当股票处于震荡调整走势时，蜡烛图对于短线投资就会出现一定的失灵，但是震荡调整走势也是可以盈利的，虽然不会像陡升情况那样短期获得超过10%，但只要股民能够灵活应用这些指标，配合蜡烛图对大势进行判断，短期内获得超过CPI的利润是完全可能的。

如图1-18所示，沧州明珠（002108）在2019年9月至12月之间，股价出现底部调整过程，股价下探到3.2元附近时，蜡烛图并没有出现典型的买入迹象，对于连续下跌的过程，何时是最佳买入点，辅助指标可以起到作用。

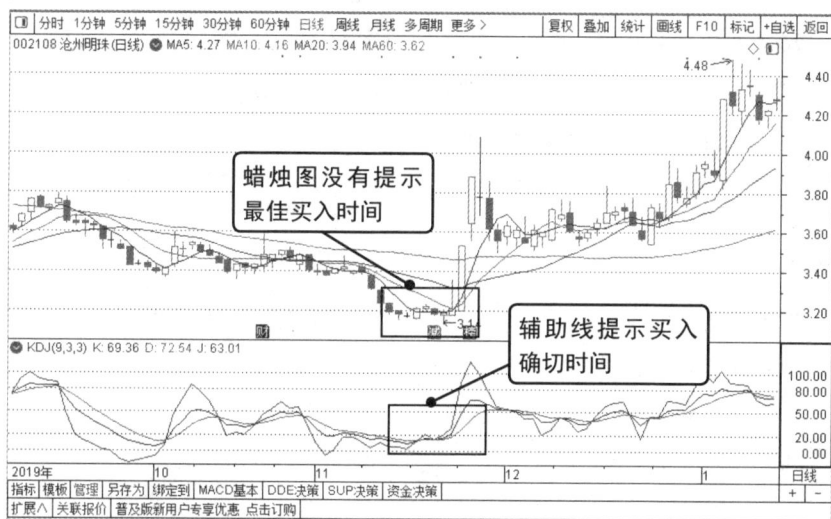

图1-18 通过其他指标辅助买卖

从图上我们可以发现，该股在震荡下跌的过程中，股价从3.6元附近下挫至3.2元。11月12日出现了一次探底针态势，但是此时并不是最佳买入时间，随后股价继续下挫，达到底部3.2元附近时，蜡烛图并没有出现明显的买入信号。

但是KDJ技术指标在股价接近底部时，开始出现明显从20线下方向上方反弹的迹象。这种就是技术指标对蜡烛图辅助功能体现，此时股民如果能够按照KDJ指标果断买入，从3.2元至4.8元之间，能够顺利获利颇丰。

　　技术指标一方面能够为股民对后市判断提供更多的依据；另一方面也可能成为一些股评师欺骗股民的一种工具。

　　所以，股民必须了解常用的技术指标，在蜡烛图和成交量判断的基础上，综合判断，这才是技术指标的最佳使用方法。在接下来的几节中，股民将学习到常用的技术指标。

1.3.1　成交量 VOL——市场强弱判断参数

　　成交量指标是市场当日交易量活跃程度的体现。主要是通过柱状体表示成交量多寡，成交量的变化和股价的波动起到相互作用，但是大部分情况下，成交量都是起到关键推升股价的作用。

　　如图 1-19 所示，东信和平（002017）在 2019 年 3 至 10 月之间的成交量波动，从图中可以发现，股价在成交量增长的情况下，逐步走高，每一次股价上涨都对应成交量上升，股价下跌对应成交量缩量，这说明成交量的变化和股价涨跌明显相关。

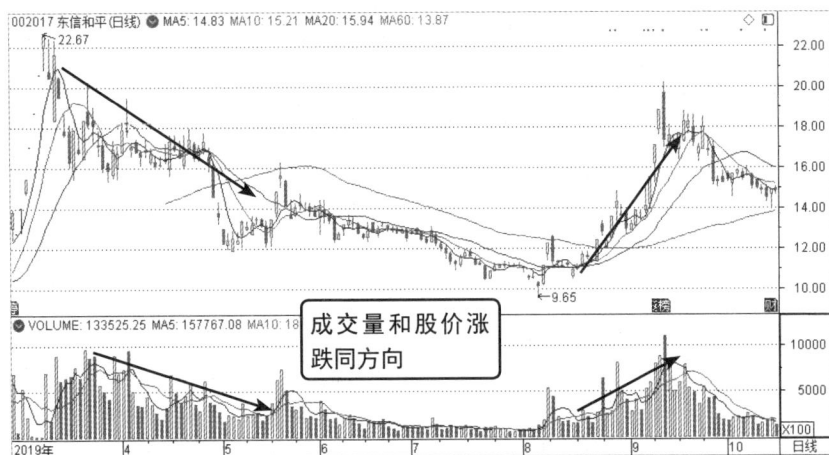

图 1-19　股价和成交量示意图

一般而言，成交量柱状体的颜色和蜡烛图是一一对应的，表示该日成交量的涨跌情况。在常用软件中，如果该日股价收盘价大于开盘价，即当日为上涨，蜡烛图为红色，对应成交量柱状体也是红色，否则两者都为绿色。

成交量中两根均量线（5日均量线和10日均量线）是成交量提供买卖股票的一个参考指标，属于比较简单的一种指标，判断方法为：当5日均量线从底部开始上穿10日均量线时，说明最近几日的成交量明显高于前几日的平均值，买卖双方的交易活跃度增强，股民应该选择适当的低价位进入市场。

如图1-20所示，风华高科（000636）的成交量5日均量线和10日均量线在2019年8月5日出现一个明显的交叉，可以明显发现5日均量线开始上穿10日均量线，其间蜡烛图出现明显的底部十字星并排。这两种现象预示后市该股有出现上涨的可能。

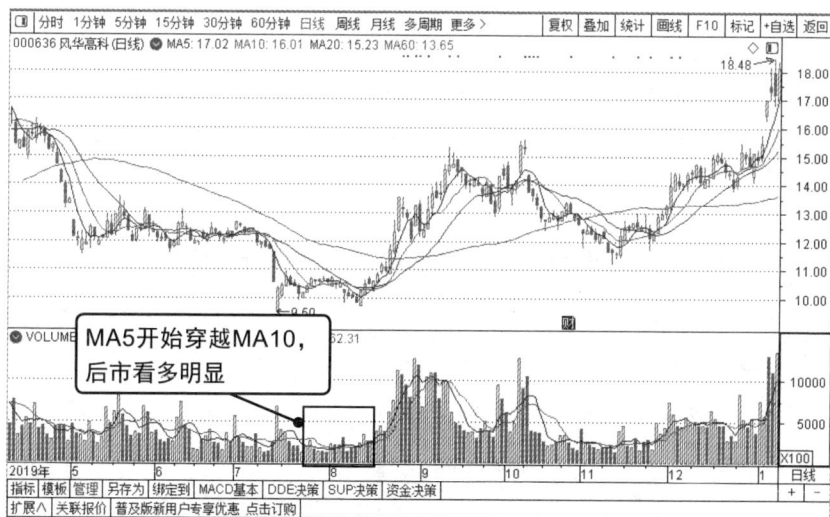

图1-20　成交量示意图

成交量和蜡烛图的关系是所有辅助指标中最为紧密的一对，所以成交量是所有辅助关系中最重要的一个指标。

根据众多股民的经验，成交量也是判断熊市和牛市的重要指标，当大盘成交量出现明显放量，并且累创天量时，通常就是牛市来临的前兆。

反之，当大盘成交量不断萎缩，股价也开始逐步下跌，这就是熊市临近的迹象。而且，成交量在判断大盘走势的准确性上，可以说是首选的指标。

1.3.2　随机指标 KDJ——价格高低判断参数

随机指标（KDJ）是从期货市场转移到股票市场的一个技术指标。发明者为乔治·莱恩，根据不同时间周期，通过将连续时间内的最高价、最低价及收盘价等价格波动进行计算，产生多根曲线，通过这些曲线来决定买卖时机的技术指标。

由于期货市场当日的成交量不像股价能够立即显现。所以，随机指标 KDJ 对成交量完全不感兴趣，仅仅侧重于蜡烛图中的价格，这是该指标的不足之处。

KDJ 指标的表现形式主要是两个曲线，其中主要线为 K 线，次要线为 D 线，D 线是 K 线的移动平均线，即特定时间段的平均值。随机指标主要用法为以下 4 点。

- ◆ 当随机指标主要线 K 线或次要线 D 线跌至特定的 20 线下方，然后又开始反弹穿越 20 线时，属于市场卖方已经消耗殆尽，买方开始准备入场。

- ◆ 当主要线 K 线或次要线 D 线超过特定 80 线上方，开始逐渐下跌到 80 线下方时，这个时间段为卖方开始行动期间，可以作为卖出的最佳时间段。

- ◆ 当 K 线从 D 线下方上升到 D 线上方时，为买入的最佳时间段，这就是我们所说的金叉；反之，就是卖出的最佳时间段，形成死叉形态。

◆ 当蜡烛图形成下跌走势，而 KDJ 线形成上涨走势时，K 线和 J 线
都创出新高，此时产生背离情况，可以作为买入最佳时间段；反之，
作为卖出时间段。

如图 1-21 所示，金鸿控股（000669）的蜡烛图走势是一个大写的 V 字
形，而对应的 KDJ 指标出现明显的波浪起伏走势。而每一次 KDJ 指标的
从高到低的波动，对应到蜡烛图上，股价都出现一定的小幅震荡过程，从
这一走势上我们能够发现，KDJ 能够在股价长期走势不变的情况下，比较
准确地预测小规模波动，适合于短线操作。

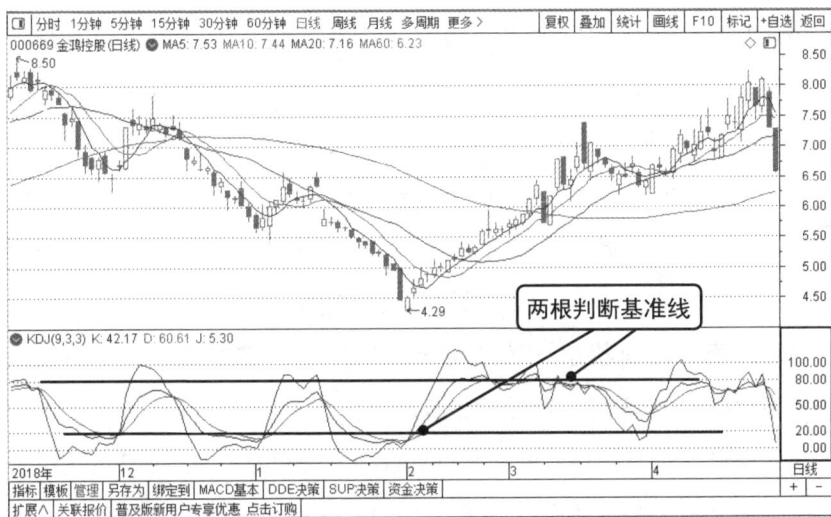

图 1-21　KDJ 示意图

从图中我们还能够发现，并不是 KDJ 每一次的波动都是完成买卖的机
会，在 KDJ 指标中，有两根关键线——20 线和 80 线，这两根线的作用就
是判断 KDJ 是否有效。当 KDJ 中 K 线从 20 线下方向上穿越 20 线时是一
个买入的时机，当 KDJ 线中 K 线，从 80 线上方向下穿越 80 线时，卖出的
时机来临。

但是，KDJ 在判断过程中，必须要考虑多种因素，不能完全依靠该指

标判断，机械的采用 20 线和 80 线作为买卖的标准，可能成为高位套牢的牺牲者或者错失低位买入的后悔者。

1.3.3 移动平均线 MACD：价格走势判断参数

指数平滑异同平均线（MACD）是趋势跟踪的动量指标之一，其特点是类似成交量，以柱状图和均线作为图示。主要是由两条异动平均线构成，国内大部分炒股软件增加柱状图增加该指标的直观性。

该指标同样使用以下两种方法来判断买卖时机。

◆ **交叉**：这是 MACD 线的基本应用规则。如果 MACD 线下跌到信号线（9 日均线）下方时，作为卖出时间段，股民可以伺机卖出。如果 MACD 线上穿到信号线上方时，作为买入时间段。在国内股票软件中，MACD 线和 9 日均线的差已经用直方图表示，当 MACD 线大于 9 日均线时，直方形为从垂直向下变为垂直向上，这之间的变化点，就是买入时机；反之为卖出时机。

◆ **超卖／超卖状态**：当短期异动平均线远离长期移动平均线，即 MACD 上升期间，此时股票价格可能上涨过度，属于一个买方实力减弱的过程，股民最好见好就收，卖出股票。在 MACD 图上，就是垂直向上的直方体已经达到顶峰，开始出现向下迹象时，为卖出阶段。反之，当直方体在负数方向形成谷底时，开始出现向上爬坡的时候，为买入阶段。

如图 1-22 所示，阳光城（000671）的 MACD 曲线多次出现波动现象，其波动的情况和蜡烛图波动几乎一致，而且能够在股价大跌或大涨前发出预警。

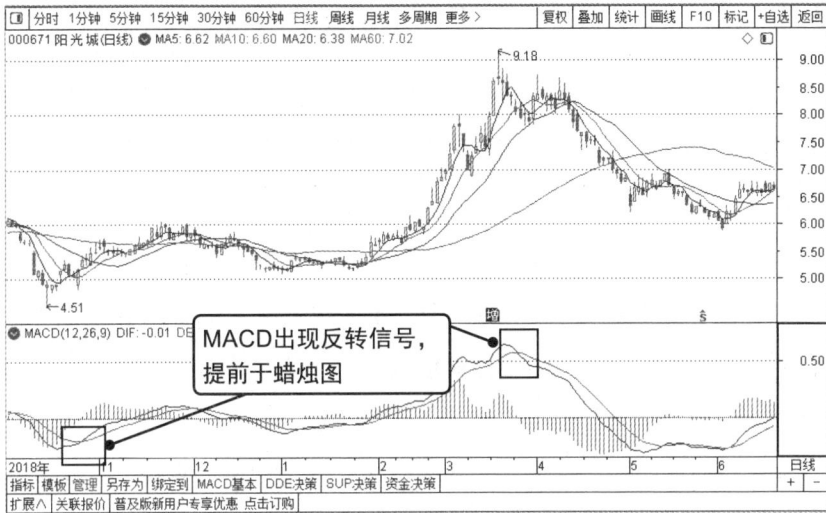

图 1-22 MACD 指标示意图

从图中走势我们可以发现，MACD 指标同蜡烛图形成的趋势相比，能够在底部建立初期，形成明显的反弹迹象，而在蜡烛图短期高位，MACD 指标又能够配合高位蜡烛图形成市场见顶的迹象。

而且 MACD 指标在预测短期波动时，比蜡烛图要精确，从图中我们发现，每一次 MACD 从负值向正值变化时，预示着短期顶部会接近出现；当 MACD 从正值向负值变化时，预示着短期底部或者平台将临近。

当然，MACD 在预测市场波动的过程中，也存在缺陷。当股价累创新高时，这种 MACD 在高位的预测就会失灵，同样的道理，在股价不断创出新低，熊市迹象明显时，MACD 预测底部往往也会失效，在这两种情况下，股民就不能完全依靠该指标进行买卖股票操作。

而蜡烛图在这种新高和新低的环境中也会失去作用，股民应尽量等待、观望，待市场明确后再行动。

1.3.4　能量线 OBV——唯一量价结合指标

前面介绍股民熟知的几种技术指标，接下来我们将介绍股民较为陌生的两个指标，这两个指标虽然比较少见，但是两者在市场众多指标中比较特殊。

OBV 中文名称为平衡交易量，出现在乔伊·格兰维勒的著作《每日股市时机选择的利润最大化新策略》中，第一次将成交量与价格变动联系起来。虽然随后也有部分指标进行类似的关联，然而 OBV 作为其中最主要的指标经久不衰。

OBV 主要作用是显示成交量是流进还是流出某一只股票。当某证券的收盘价高于前一交易日的收盘价，该日的成交量意味着市场流入的成交量，反之，当收盘价低于前一交易日的收盘价，该日的成交量可以看成流出该股票的成交量。这两种不同流向的成交量从一个方面显示股市人心的向背。

股价上涨，占股市大部分的追涨股民必然会匆忙买入，而股价下跌时，股市大部分杀跌的股民必然会仓皇出逃。这两者一进一出，预示后市走势，如果出逃的人数远远大于进场买入的人数，受到市场价格惯性影响和从众心理的作用，后市必然会继续下跌，反之，后市股价会出现上涨。

但是这种上涨和下跌的幅度在 OBV 指数中是无法判断的。这时股民就要借助蜡烛图或其他技术指标来决定合适的价位。

如图 1-23 所示，OBV 指标主要由两条线构成，一条为 OBV 每日指数，另一条为平滑 OBV 指数。

简而言之，前者为每日 OBV 数值，后者为平均 30 日 OBV 数值。随着 OBV 指标不断升高，说明市场看多的股民越来越积极参与股市中，正所谓"众人拾柴火焰高"，鲁泰 A（000726）也累创新高，该股从 9 元附近一路上涨到 11 元附近，股价涨幅已经超过 22%，而 OBV 指标也一路上升。

图 1-23　OBV 指标示意图

当然，股价不断累创新高，获利的股民也越来越多，短线投资小幅获利之后便出逃的股民也不断增加。所以，当 OBV 指标较前期股价 9 元上涨到 10 元附近时，出现平稳走势，这种情况下，股价止涨回调也是难以避免的。但 OBV 指标并没有掉头向下，所以股民不必惊慌。

这种反映市场走势的 OBV 线，从一个侧面让股民能够感受到股市的人气，但是该指标依然具有局限性。

当股市处于牛市上升过程中，该指标完全是上涨趋势，对于政策的变化和市场消息的突然袭击都是无法预测的，股价不一定随着 OBV 上涨而上涨，反而出现 OBV 预示上涨，股价却出现连续的下跌，这就是该指标的短期预测失效造成，但长期牛市预测依然准确。

按照 OBV 的使用方法，在可疑趋势中，该指标失去判断的依据，所以此时股民就要依靠蜡烛图等指标进行判断，对 OBV 指标要谨慎使用。

1.3.5　心理线 PSY——心理因素指标

最后一个为心理线 PSY 指标。从名称上来看，似乎是一个心理参数，但是该指标却是一个地道的以价格为参考的指标，与市场心理最紧密的成交量指标没有丝毫关系。

从炒股软件中我们发现，该指标主要是利用一定时期内股价收盘价高于平均收盘价天数占整个天数的比例，如果在连续一个时间段，上涨天数多于下跌天数，说明市场看多的股民多于看空的股民。按照股价惯性的走势，股价可能会继续上涨一段时间。反之股价可能会出现下跌。

如图 1-24 所示，心理线依然是由两根曲线组成。第一根波动非常剧烈的就是日心理线，而第二根比较平缓的就是 6 日心理线平均数，从 6 日平均心理线走势我们能够感觉到这种波动和蜡烛图的波动是完全一致的，而日心理线波动在两根关键线的附近，预示后市可能出现不同的走势。

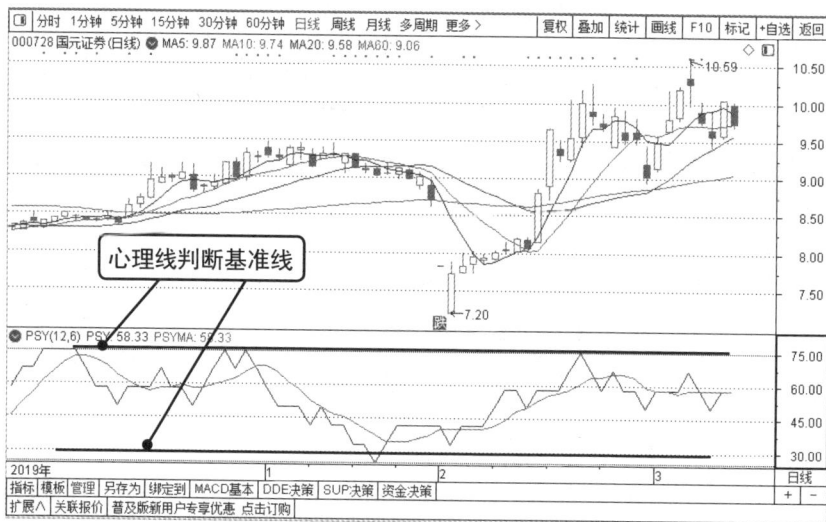

图 1-24　PSY 指标示意图

当日心理线高于 75 时，说明股价上涨天数占优势，这种涨幅可能接近尾声，股民要伺机离场。反之，当心理线低于 30 时，说明下跌已经持续多日，底部平台接近，买入机会可能临近。

从这两根关键线我们可以发现，心理线类似于 KDJ 指标，这种以固定线作为判断的指标与生俱来的弱点就是当股价处于新高或者新低时，这种依照关键线作为买卖指标就会失去应用的效果。

如图 1-25 所示，PSY 指标与成交量、股价走势保持高度一致，PSY 与其他各类指标的一致程度较高。

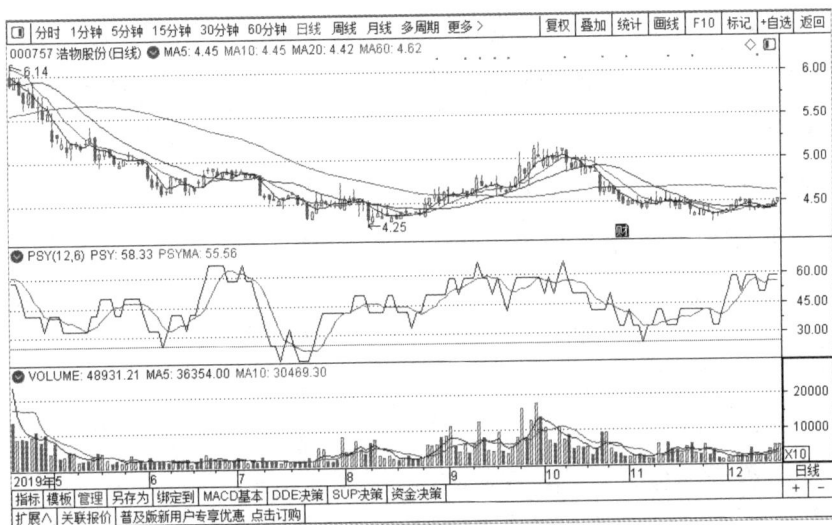

图 1-25　PSY 指标与成交量、股价的对比

1.3.6　常见指标在蜡烛图中的辅助作用

细心的读者可能会发现，上面介绍的几个指标可能和蜡烛图没有什么关系，而且每一个指标都能单独成为判断买卖的方法，那实际情况如何呢？

根据前面的介绍，读者都能感觉到除了成交量和 OBV 能量线指标需要成交量作为判断依据之外，其余大部分指标都是依靠每日收盘价或开盘价进行计算。

按照常规，股民都能感觉到这种判断的缺陷，因为对于实力较强的庄家可以控制当日的开盘价和收盘价，如果仅仅是依靠这种判断，股民难免会落入庄家的圈套。

那么有没有办法克服这种虚假的数据？答案当然是肯定的。按照每日走势的蜡烛图，我们能够分辨当日的 4 种不同的价位，而且借助分时图，股民还能判断当日最高价和最低价的买卖情况。

所以，前面几种技术指标都是一种参考，以蜡烛图和成交量作为主要判断指标，而相关的技术指标作为辅助指标，在一定程度上增加蜡烛图判断的成功率。

在随后介绍的蜡烛图中，笔者将利用多种指标综合判断，教会股民朋友有效地利用技术来判断股价的涨跌。而股民朋友也会发现，其实技术分析就是这么简单。

第 2 章

以K线为基础的分析理论介绍

K线相关理论介绍主要从道氏理论、江恩理论等著名理论入手，简单将各种建立在蜡烛图的常用理论介绍给股民，让股民对这些理论有一个初步的了解，能够做到有的放矢的学习和应用。

2.1 道氏理论——经典技术理论

读者可能经常在新闻中收听到关于"道琼斯指数""纳斯达克指数"等熟悉的名称,这些就像每日的上证综指和深证综指风向指标,指示着美国股票市场的每日走势。

其中最著名的就是道琼斯指数,如图 2-1 所示,道琼斯指数的走势与美国经济息息相关。随着美国经济的增长而蓬勃发展,道琼斯指数是第一个被提出来的股票综合指数,用来反映股市整体走势。发明这个道琼斯指数的人就是查尔斯·道,查尔斯·道不仅仅发明如何判断大盘走势的道琼斯指数,而且也是道氏理论的创始人。

图 2-1 道琼斯工业平均指数

1882 年,查尔斯·道和合伙人爱德华·琼斯创办道琼斯公司。随后,查尔斯·道在为《华尔街日报》撰写一系列关于技术分析的社评,这些社评包含了他的道琼斯理念,这就是道氏理论的起源和最初内容。随后,越来越多的股票投资者开始吸收和借鉴其理论,形成丰富的道氏理论。

可惜的是，道琼斯理论的创始人并没有将其理论整理发表，所有现在的道氏理论都是按照社评和后来研究者的成果编撰而成，这同后面的各种理论有明显的不同。因此，道氏理论一般都是零散的，没有形成系统的知识，所以，这也是道氏理论出现瑕疵的主要原因。因为，任何后来人对该理论的理解都无法同发明该理论的查尔斯·道相提并论。

1903 年，在查尔斯·道逝世一周年后，S.A. 纳尔逊将这些文章收录到一本名为《股市投机常识》的书中。在这本书中，作者第一次创造了"道氏理论"这个名词。这是查尔斯·道没有想到的，在众多技术指标的名称中，他可以算是为数不多以发明者名字命名的指标。

随后经历大半个世纪的检验，道氏理论在股票和期货投资市场受到大量验证和好评。《道氏理论通讯》编辑理查德·罗素将道氏理论对证券市场的贡献等同于弗洛伊德对精神病学的贡献，随后在 1978 年，重印《股市投机常识》一书中，将该理论作为重点，再次向股民推荐。

随后，道琼斯理论开始再次受到重视，20 世纪 90 年代初期，该理论也开始在国内流行，被应用于预测股票的大体走势，逐渐被股民和股票分析师看重。

但是受到经济体制和市场模式不同，道氏理论在国内市场的可靠性和准确性依然受到广大投资者怀疑。毕竟道氏理论发源地在美国股市，到中国市场，必然会经历水土不服的过程。这也为国内研究道氏理论的专业人士提供了广阔的空间，在国内改进和发展中国特色的道氏理论。正如后文提到的"上帝的意愿"是道氏理论无法预测的，这种"上帝的意愿"是指政策影响和市场突发情况等。

如图 2-2 所示，"上帝的意愿"在中国股市经常出现，最近一次发生在 2017 年 4 月下旬。

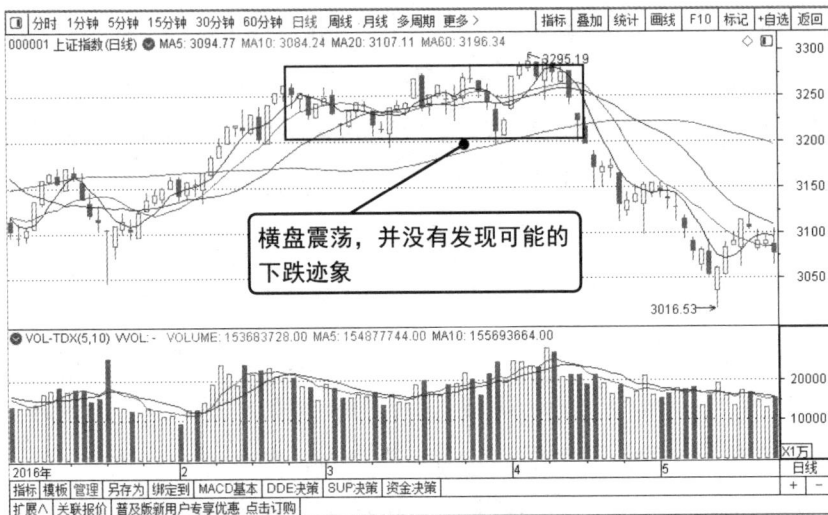

图 2-2　"上帝的意愿"典型图示

从股价走势上看，股民和股评家都没有发现一点儿下跌的迹象，股价已经在 3 250 点附近震荡接近两个月，似乎上证指数在 3 250 点顶部企稳，上涨只是时间问题。但是，随后的大跌超出所有人的意料，即使查尔斯·道重生，也无法预测到。

排除"上帝的意愿"，在大部分情况下，道氏理论依然有效。道氏理论的基本原则如下。

◆　平均指数

平均数是反映一个固定时间段中，股价或者成交量的平均值，而这种平均值在一定程度上能够反映市场整体走势，股价和成交量是整体上涨还是整体下跌。而这种平均数也为市场中不可抗力留有余地。如股价整体走势平稳，突然出现的猛然下跌后，又猛然上涨，这两者都不会对平均值产生较大的影响，反而平均值能够忠实地反映市场的心理价位。

如图 2-3 所示，深桑达 A（000032）当日的股价虽然波动非常剧烈，股价在 13.62 元到 14.70 元波动变化，振幅高达 7.93%，但是股价的均线依然非常平稳，将市场的平均心理价位如实地反映在 14.08 元，这给股民买卖股票提供一个非常明确的参考价位。这就是平均指数包含一切的含义。

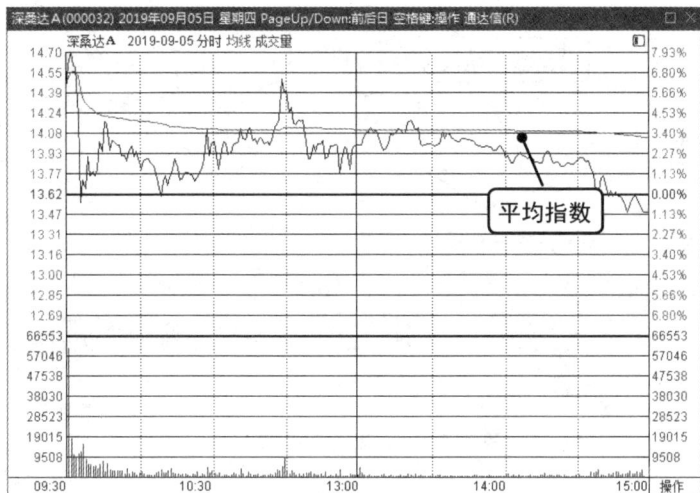

图 2-3 平均指数包含一切示意图

◆ 市场趋势

道氏理论认为股市波动包括三个趋势，主要趋势、次要趋势和小趋势。他把这些比作海洋中的潮流、波浪和波纹，依次对应前面三者，这也有点类似波浪理论，但比波浪理论更注重微观的走势。

主要趋势可分为三个阶段，收集阶段、公众参与阶段和派发阶段。

图 2-4 所示为北京君正（300223）2019 年 6 月至 2020 年 1 月的走势。从 2019 年 6 月至 7 月，该股票一直 30 元价位线附近波动，底部成交量缓慢提高，从成交量均线可以发现，这就是收集阶段。而从 8 月初至 9 月，该成交量保持增加的基础上，股价连续上涨，一路飙升到 60 元，这就是公众参与的后果。随后，股价回调发展一段时间，主力资金开始拉升股价，迅猛上涨，这就是庄家将前期收集阶段的筹码逐步派发给跟进股民的阶段，也就是派发阶段。

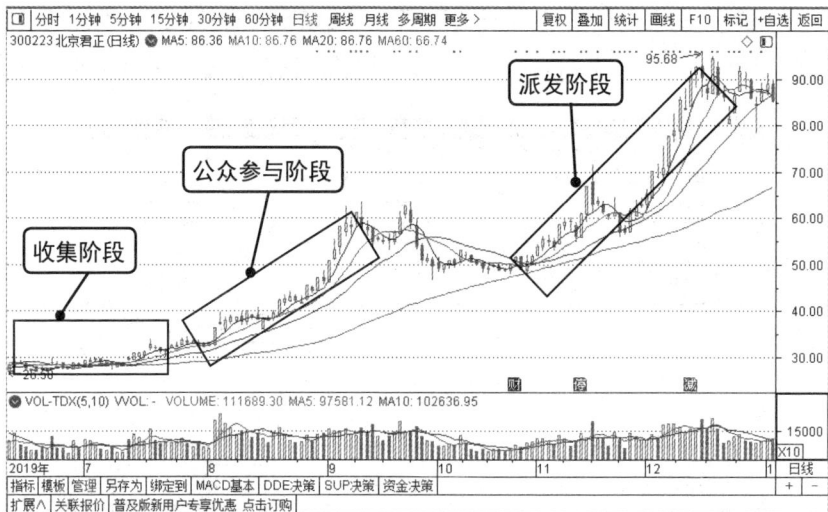

图 2-4　主要趋势的三个阶段

◆　平均指数相互印证

道氏理论认为除非两个平均指数都给出相同的信号预测，并且相互印证，否则重要的牛市或者熊市就不能肯定。道氏理论认为两种平均指数都必须长过前一个次高点，才能确定牛市的开始或持续，否则这种短期反弹将会很快成为下跌的起点。这在股市中是常见的判断误区，在随后的蜡烛图判断中，我们会发现典型的多种指标冲突的实例，而此时股民也只能依靠市场中人们心理的猜测作为基本判断依据。

◆　成交量必须印证趋势

成交量一直是股价上涨和下跌的次要因素，仅仅低于市场消息和政策影响。道氏理论把成交量也放在这一位置，让股民重视成交量在一定趋势中的显现过程中，必然会出现向一个方向膨胀或者缩小的迹象，而这种迹象往往能够反作用于股民，形成扩大的效果。

拓展知识 *市场和心理的相互作用*

市场和心理是一对孪生兄弟，相互作用，互相刺激。直到今日，没有一个经济学家或者股评家能够分清楚股市上涨和下跌的主要原因是市场消息，政策利好，还是投资者心理？而大部分情况下，刺激股价波动的市场是第一反应，心理则作为次要反应，但是心理的反作用往往让市场大吃一惊。

◆ 趋势在给出明确的反转信号之前被假定一直有效

正如物理学中的牛顿第一定律，运动中的物体在没有受到外力的情况下，物体将会继续保持运动状态。在金融市场中，资金在商品流通中如果不受到人为撤出，将会利用人们的生产力不断产生新的资金，这就是趋势的作用。

股市是金融市场的一部分，其中资金也在不断流动，如果没有外部力量的干扰，股市的牛市或者熊市将会持续下去。而关注国内股市，无论是2007年的大牛市还是2009年的大牛市，每一次牛市变为熊市，都是受到"上帝的意愿"才开始变为大熊市，从这一点上来看，也印证了查尔斯·道在100多年前的理论。

这些构成道氏理论的精髓，远远低于其他的技术指标那种公式判断，这种简单的理论让道氏理论在辨别大牛市和大熊市时非常有效，但是也难逃批评。因为道氏理论要确认趋势之前，必须经历第一趋势的确认，而不是提前预知。

所以，道氏理论大部分准确预测市场处于牛市还是熊市时，市场已经上涨20%或者下跌20%左右，获利丰厚的往往是没有提前预知的投资者。

虽然道氏理论不能够让投资者获利达到最大化，投资者也不会放弃该理论，因为没有一个人能够多次在最低点买入，在最高点卖出，投资者只能在适当的时候买卖，因为就算巴菲特也做不到这一点。

本书对于道氏理论的理解仅仅是一个皮毛，如果股民希望更加深入地了解道氏理论，可以参考《股市趋势的技术分析》一书，深入理解道氏理论对于掌握股市大体走势是利大于弊。

拓展知识 *国内股票书籍和国外股票书籍的差异*

读者在阅读国内外的股票书籍时，会发现存在明显差异，除去研究市场不同，最大差异是国内关于股票的理论一部分比较浅显，只能适应短期股市。反之，国外的书籍就比较厚重，能够适应长期的股市。国内侧重短线技巧，国外侧重长线技巧。造成差异的原因是国内侧重短期收益和印花税，国外侧重稳定股市和长期收益。

2.2　江恩理论——大师级技术理论

前面介绍了道琼斯指数的发明者，我们接下来介绍股市传奇二号人物——威廉·江恩。江恩是近代技术分析的大师，他从数学、几何、宗教、天文和人性多个方面，对股价的走势进行收集和预测，他自创的独特的分析方法，在整个技术分析中无人能够顶替，也是所有技术分析中，最复杂的一种。

江恩由于从小受到宗教教育的影响，在股票市场分析过程中，坚持宗教教义自律的优势，将投资者交易纪律上升到严格水平，坚信如果投资者按照严格的交易纪律，一定能够稳步获得丰厚的收益。

同时，江恩利用自己掌握数学、几何和天文等多种知识，将股价的过去、现在和将来都看成一段连续的现象，从不同方面对股价进行预测，采用大量的数学判断、数学公式和几何图形。这也是为什么很少有人能够掌握江恩理论——数值和图形是大部分股民的弱项。

江恩不仅仅教会股民如何在股市中发财致富，同时也通过《时间隧道》小说，教会股民如何在飞黄腾达的顶峰把握自己，回馈于社会。这就是江恩的补偿法则：当一个人对别人失去信誉时，那么他对自己也就失去了信誉。这就是众多成功的投资家最后落入穷困潦倒境地的主要原因。从这一点上可以发现，江恩对投机市场的观点是非常准确的。江恩理论的主要内容如下。

◆ 确定趋势

在股市运动过程中，确定趋势是最主要的工作。如果你在熊市中买入股票，几乎任何时候买入都会被套牢，这就是趋势判断失误造成的后果。而如果你在牛市中买入股票，即使出现下跌，那也是短暂的损失，仅仅是数值减少而已，短期内就会出现增长的情况。简而言之，股民要选对时机进入股市，而不是胡乱盲目跟随买卖。

◆ 在单底、双底和三重底买入

江恩对这一点非常关注，他建议股民"在双底和三重底，或接近以前的老的底、顶或者阻力位时，才是买入的最佳时机"。如图 2-5 所示。

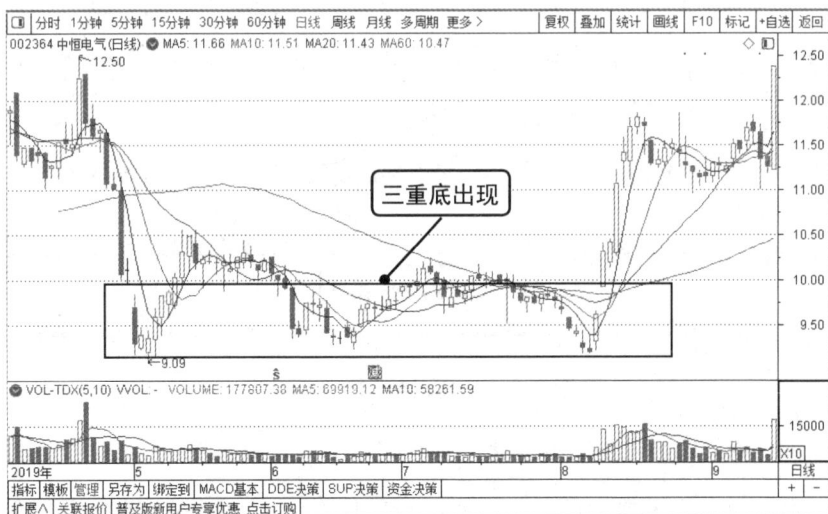

图 2-5　三重底出现

从图中可以看到，中恒电气（002364）的走势形成明显的三重底，每一次底部都在 9.2 元附近形成，三次触及该价位后都明显向上反弹，在大体牛市趋势不变的情况下，股民可以大胆地在第三次触底时买入，随后获得 30% 的利润是非常容易的。

◆ 按百分比买卖

江恩解释为：在从任何高位下跌 50% 时买入，或从任何低位反弹 50% 时卖出，只要这些强调或反弹处于主要趋势之中，都是一个直观容易的买卖时机。

如图 2-6 所示，华鑫股份（600621）在 2018 年 5 月创出 14.86 元高价后，经历漫长的下跌，最后下跌到 6.13 元企稳，跌幅超过 50%，也超过江恩的买入点，如果股民按照江恩的买卖法则，该股在随后一路上冲到 11 元附近，股民获利已经超过 50%。这种简单的法则有时非常实用。

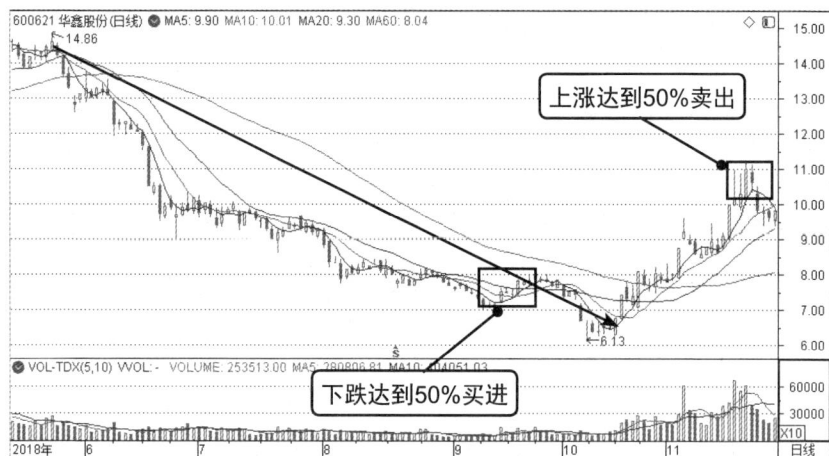

图 2-6 高位下跌 50% 时买入

◆ 按 3 周上涨或下跌买卖

在趋势确定不变的情况下，股民可以按照 3 周的调整或下跌买入，因为这是牛市中平均调整的时间点。当然这一点仅仅是江恩针对美国股市的判断。在国内股市，股民可以根据情况灵活调整。

◆ 市场分段运动

江恩解释股市通常以 3 ～ 4 段波浪运动，当市场在牛市起步之初，向上运动的第一波浪不是最终的波浪，随后会有连续几段的波浪持续上涨，股民不应该提早出局，最好是在上涨 3 浪后，再考虑合适的离开时间，正如第二点，获利 50% 左右可以考虑出局观望。

◆ 按 5% ～ 7% 买卖

这一点主要是股民如果擅长短线操作，每次盈利的利润把握在 5% ～ 7%，而止损也保持在 5% ～ 7%。因为根据江恩的判断，股价长期波动范围在 7% 之内，而超过 7% 以上波动范围是非常罕见的。当然，对于国内股市，股民可以适当调整自己的获利和止损比例，常见的比例为 5% 和 8%。

◆ 成交量是关键

江恩也非常重视成交量对股价的影响，当成交量逐步增加时，趋势的走势也越来越明朗。如在牛市初期，成交量的递增能帮助股民确定牛市来到，而在熊市初期，成交量的递减也意味着熊市临近，如图 2-7 所示。

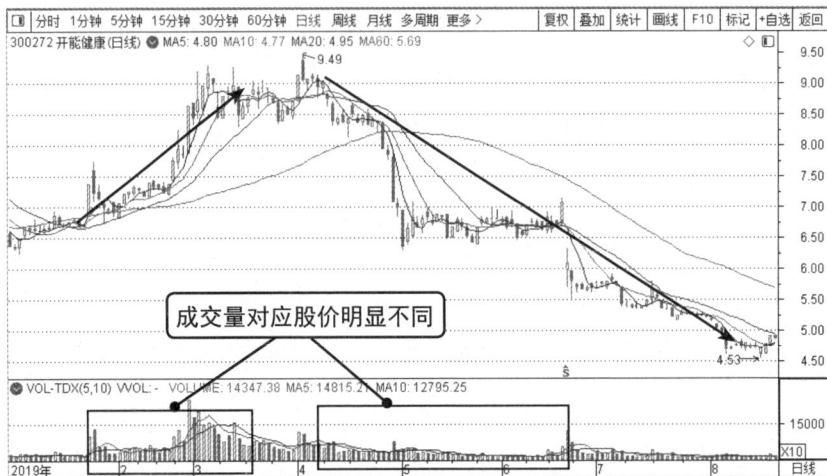

图 2-7　成交量对股价的影响很大

◆ 时间周期是买卖的参考

由于市场是人的心理活动的结果，所以节气和传统时间都会对股市造成重复的影响。正如每年春节和年底之前，投资者都会结算离场，准备现金欢度春节，正是这种资金的流出，必然会给股市带来下跌的过程。反之，资金又会流入股市，为股市带来新鲜的血液，股价通常都会上涨。

牛市中股价也不会一路上涨，在上涨过程中必然会受到市场打压，出现短暂的调整时机。江恩将这种调整时间一一罗列，但是笔者发现这种时间和国内股市水土不服。

因为江恩研究的市场是欧美文化背景，而国内市场是中国文化，两者文化差异造成不同的调整时间。但是细心的股民通过长期的研究，也能发现这种规律。简而言之，就是节气和大假前后，股市会出现典型回调的机会，如果股民大胆心细，利用这种节气和大假，即使不会复杂的技术分析，也能获得丰厚的短期利润。

◆ 在高低点上移时买入

江恩认为股价的趋势在短期内是很难改变的。当市场正在创出更高的最高点和更低的最低点时买入，这是大势所趋，股民还能够乘势而为，获得更多的利润。这种情况直到市场受到外力的作用，才会转变趋势。当然，这种追涨的行为适合大胆的股民，众多股民还是趋于保守。

◆ 最安全的买卖点

什么时候是最安全的买卖点？就是当趋势中确定的变化已经建立之后。在股市中，为什么总是很少一部分人获利？因为这些少数人能够在最安全的买卖点买卖股票，而不是在其他时机买卖股票。在熊市变为牛市建立之后初期买入股票，是获利的最佳买入点。反之，在牛市变为熊市初期时，卖出股票，是最佳的卖出时机。这就要求股民要善于把握这两类市场的变化。

◆ 快速运动中的价格递增

江恩认为，当市场非常活跃时，而且上涨或下跌得十分迅速时，这种震荡幅度在 1% 左右就是非常正常的。如果超过 1%，可能就是趋势变化的前兆。当然，股民不能完全依靠这 1% 作为判断标准。江恩的意思其实非常简单，就是股市上涨或者下跌超过人们的预期时，人们开始疯狂买卖时，这就是趋势变化的预兆。再简单点儿，就是说你要在人们离开股市时进入市场，人们进入市场时刻就是你离开股市的时刻。

2.3　量价理论——股市能量理论

量价理论就是分析成交量和股价的关系，利用成交量增加或者减少的迹象，推测股市后市走势。其发明人是美国著名金融专栏作家和投资发言人葛兰碧，该理论发表于《股票市场指标》一书中。

葛兰碧认为成交量是股市波动的内在因素，是直接表现股市交易是否活跃和人气是否旺盛的指标，对股价起到推波助澜的作用。股价能否继续延续之前的趋势，完全依靠于成交量能否继续持续或者超越之前的成交水平。

如果市场缺少成交量的支持，股价将会维持原来的价位，甚至跌落到更低水平。而随着成交量的上涨，巨大的成交量通常能够带来熊市向牛市转变的信号，这种变化已经是众人皆知的常识。葛兰碧的量价理论主要有以下几个方面。

1. 量涨价涨

量涨价涨即所谓的有价有市，这是非常容易理解的，每一次大牛市或者从熊市向牛市转换时，股价往往落后于成交量的涨幅，只有成交量明显增加，大部分股票的股价随着增加，这才能出现牛市来临的迹象。

如图 2-8 所示，从国创高新（002377）走势图上我们能够发现，在2019 年 2 月初，成交量和股价同时出现典型的增长，这种两个指标同时增长也预示着后市将进入牛市行情。

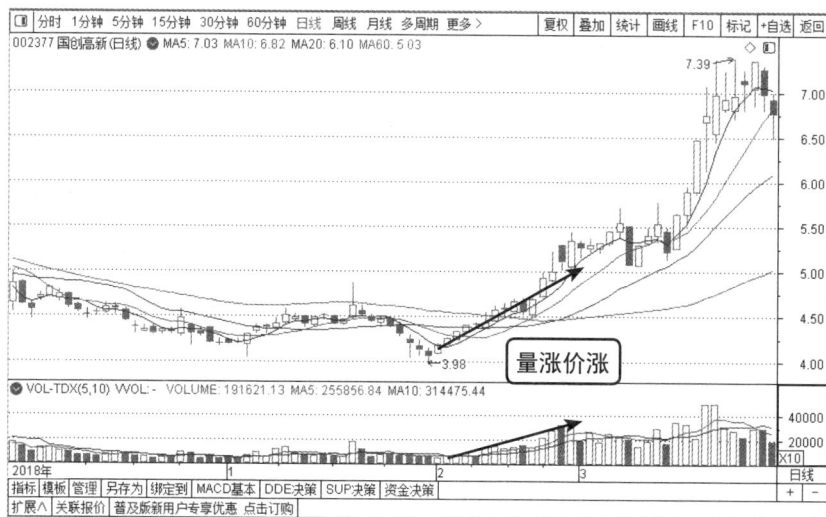

图 2-8　量涨价涨

2. 量平价涨，股价创新高

随着股价上涨，必然需要大量入市资金买入大量股票，这样才能维持这种上涨趋势。如果股价创出新高，资金并没有大量进入市场，反而维持在一个平均线附近，这说明股民对于现在的股价已经感觉很高，不急于买入，这是可疑态势产生的先兆。

如图 2-9 所示，我们发现日盈电子（603286）从 2019 年 2 月开始出现连续上涨态势，成交量随着股价上涨而不断上涨，刺激股价不断创出短期新高。但是到 4 月初，股价已经创出近期最高点，然而对应几日的成交量并没有出现明显增长，这就说明后市被股民看淡，应引起警惕。

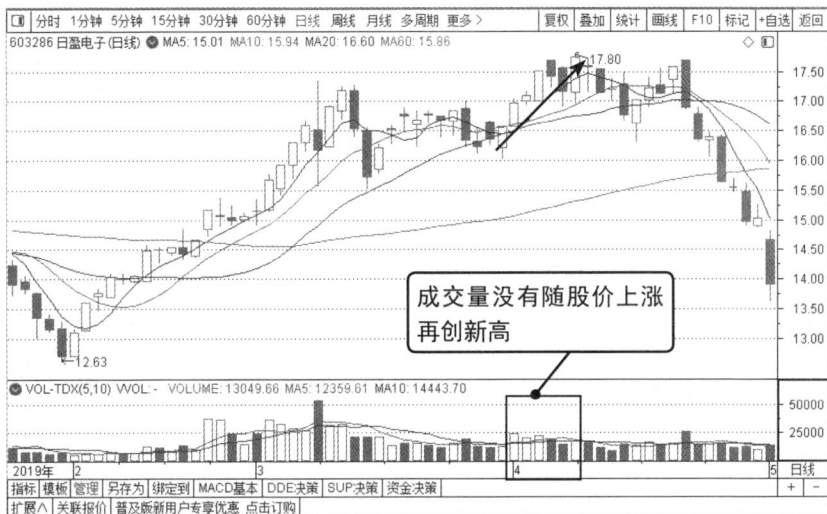

图 2-9　量平价涨

3. 量跌价涨

股价随着成交量的递减而回升，显示出股价上涨原动力不足，股价趋势存在反转信号。这种情况在股市中并不多见，特别在整体趋势向好的情况下，这种价涨量跌是非常少见的。

但是，这种相互矛盾的走势在个别大盘股中非常明显，因为大盘股大部分都是机构掌握，而机构的操作模式比较有纪律性。

图 2-10 所示为露笑科技（002617）2019 年 4 月至 9 月的 K 线走势。

从图中可以看到，在 2019 年 7 月中收出 4.01 元的新低，随后止跌，股价开始大涨，股价保持着强势上涨的趋势，但成交量却逐渐萎缩，呈现量跌价涨的态势。

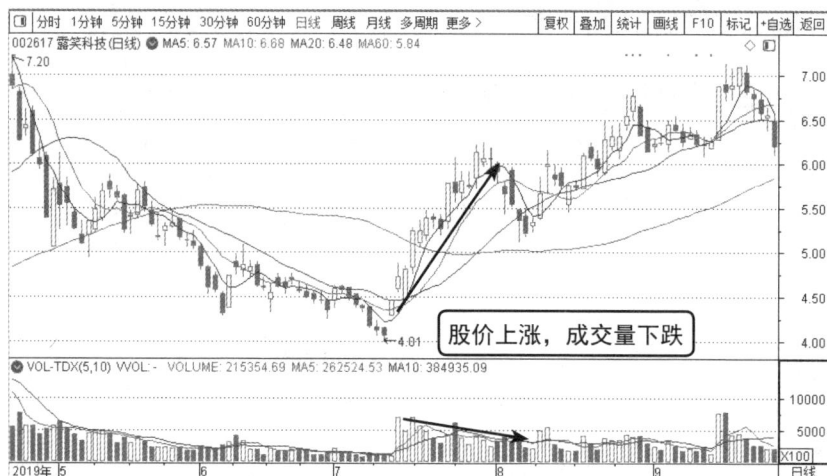

图 2-10　量跌价涨

4. 量跌价拉升

股价随着成交量递增而逐步上涨，如果成交量突然增加数倍，股价大幅拉升，随后成交量出现严重萎缩，股价跌落剧烈，这说明涨势已经到达末期，股民最好离场观望。反之，股价到达底部，股民最佳入场机会来临。

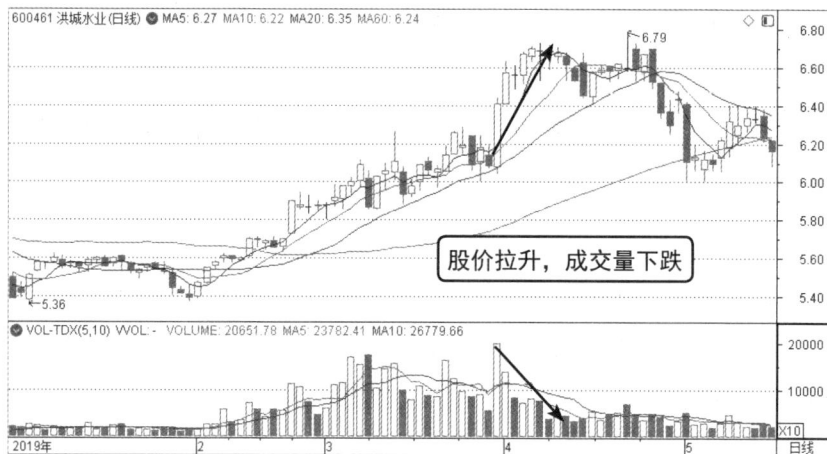

图 2-11　量跌价拉升

如图 2-11 所示，洪城水业（600461）在 2019 年 2 月初，随着大盘的上涨，一路从 5.4 元上涨到 6.7 元附近，涨幅超过 24%，当然这种涨势离不开众多热心股民的热捧。

当股价在 6.7 元附近时，成交量出现明显的缩水现象，这就是涨势的末期来临，股民此时应该见好就收，否则将会被套牢。

5. 股价和成交量的背离

股价和成交量双双走高，持续时间越久，说明后市下跌的机会越大，如果此时出现成交量猛烈减少，在这种情况下，股价继续冲高也是枉然，必然会跌落到一个更低的价位，股价没有成交量支持，往往是一种危险的信号。

反之，低位出现大幅成交量，如果股价小幅波动，这种情况预示股民要选择入场机会，因为大成交量预示着庄家或者市场多头开始慢慢吸货。

这一点类似于前一点，但是前一点是成交量猛烈增加，而第 5 点成交量是缓慢增加，然后突然减少造成股价无法受到市场支撑而下跌。这种情况在股市中非常少见，股民也很难遇见，所以笔者就不再详细说明。

6. 结合成交量判断反转迹象

股价下跌要结合成交量判断真正反转迹象，如果成交量并没有明显增加，这种反转可能只是昙花一现，如果成交量连续放大，这种情况通常就是多方开始发力，股民应该趁机进场，顺着多方拉升赚一笔横财。

如图 2-12 所示，绿庭投资（600695）在 2019 年 4 月出现连续下跌走势，在 8 月中旬出现底部的迹象，随后股价出现短暂反弹，但是这种反弹并没能维持，仅仅持续了十几个交易日，股价又开始出现明显下跌趋势。

究其原因，我们发现在反弹过程中，股价一直维持在底部低位水平，并没有出现明显的增长趋势，反映市场并不看好这次短暂的回升，市场既然已经看淡该股，该股走势只能顺着市场期望方向继续下跌。

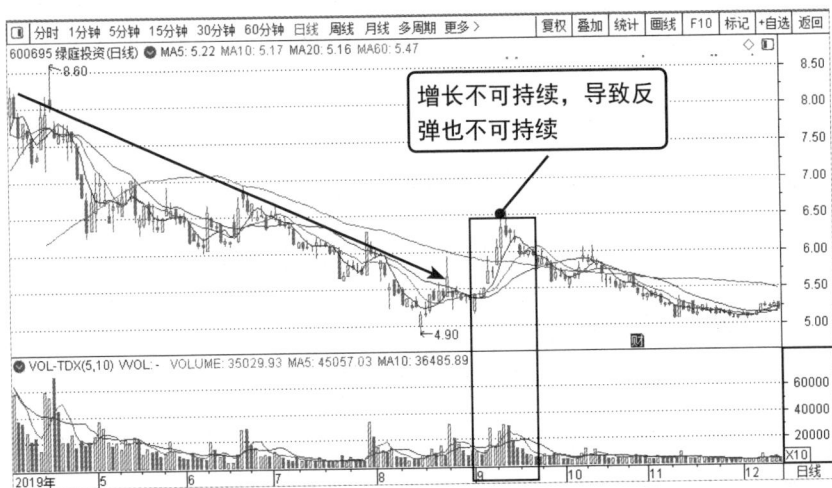

图 2-12　成交量突增并不意味着股价也会反转

7. 底部盘整迹象的反弹须关注成交量

股价在下跌过程中，已经明显出现底部盘整迹象，反弹时，必须关注成交量，如果反弹无成交量激增迹象，股民最好继续等待，直到成交量明显放量，如图 2-13 所示。

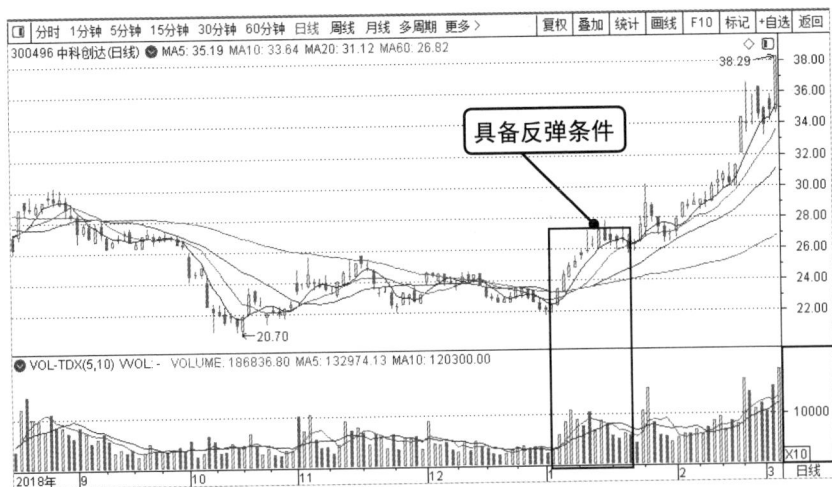

图 2-13　成交量变化条件符合反弹要求意味着股价也会反转

中科创达（300496），在 2018 年 9 月开始下跌行情，股价持续下跌，但是这一次在底部反转成功，这次反转有两个明显现象。第一，该股已经在 22 ～ 24 元形成窄幅震荡，股价底部已经逐步形成。第二，该股在反弹过程中，成交量随着股价上涨而上升，并且增长率超过股价上涨率，这说明市场对于该股未来持乐观态度，这种反弹就属于比较稳定和可以持续的反弹。

8. 成交量和均线配合影响股价

股价向下跌破形态趋势线，或跌破长期移动平均线（通常为 20 日和 60 日），此时是否是持续下跌，必须依靠成交量作为判断的主要依据，只有出现大量抛盘时，才能明确该下跌是长期下跌的开始，否则就是短期下跌的迹象。如图 2-14 所示。

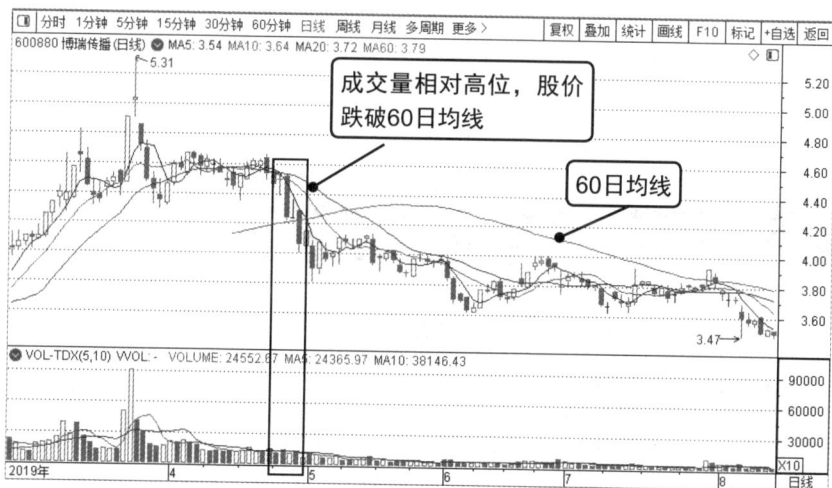

图 2-14　成交量和均线配合影响股价

从图中可以看出，博瑞传播（600880）在 2019 年 4 月大跌的过程中，当股价跌破 60 日均线时，成交量依然维持在前期高点，随着股价继续下跌，成交量依然稳定在前期的相对高位，说明此时下跌已经成为定势，短期不可能出现明显好转，股价可能还会出现更进一步大跌的可能。

葛兰碧的量价理论第一次将成交量和股价联系到一个指标，这就是我们之前介绍的 OBV 指标。但是 OBV 指标不能完全反映成交量的增长幅度，所以，股民在利用量价理论时，必须结合蜡烛图和成交量两者综合判断。这也是为什么 OBV 指标只是一个辅助指标而已，虽然是第一个量价结合的指标，依然不能替代成交量柱状图和蜡烛图的作用。

近十年，国内对于量价理论研究也是进展缓慢，这其中的原因众多，最主要的原因就是市场的信息太复杂，即使股民按照量价结合的方式研究股票，在判断股价是上涨还是下跌的过程中，仍有许多无法得知的消息。

不过，根据笔者的经验，中长线买卖股票依靠量价方式判断的成功率要大于短线和超短线方式。所以，股民如果想利用量价理论来提高成功率，最好选择中长线策略。

2.4 箱体理论——平台震荡理论

股市中，任何人都是公平的。无论你是博士，还是文学家，只要你肯下功夫研究，一样能够获利丰厚。

尼古拉斯·达瓦斯是世界著名的舞蹈家和作家，也是一名独立思考的投资者。他在自传书籍《我如何在股市赚 200 万》一书中，将自己如何从3 000 美元起步，依靠自己努力和发明箱体理论，在 18 个月净赚 200 万美元的经历公布于世，这已经超越了大部分"股神"的短期增长率。

"箱体"这个特殊的词汇，是作者从长期在全世界演出携带的旅行箱而来。达瓦斯认为：股价就像受到地球的吸引力一样，总是有一个明确的上涨或下跌的趋势,这个趋势一旦确立就会持续。股价总是沿着这一趋势展开一系列的波动,这就是箱体运动;股价会在高低之间不断波动,这种波动区间就是一个箱体。

如图 2-15 所示,建设机械(600984)在上升趋势的过程中,每一次股价创出新高或者新低时,都会形成一个高位阻力和低位支撑,这两者之间的间隔就是箱体。从图上我们能够发现,至少有 4 个依次上升的箱体。按照达瓦斯的理论,只有当股价突破箱体上方的阻力线时,才是最佳买入机会。如图中 A、B、C 和 D 这 4 个突破点,才是股民买入的最佳时机。

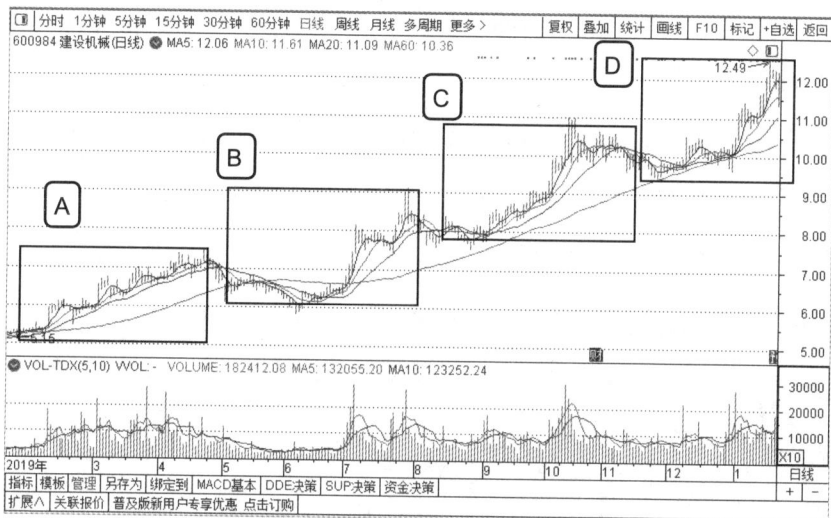

图 2-15　上升箱体中的最佳买入点

达瓦斯在选择箱体时,第一个前提条件就是箱体建立在确定的趋势中,只有趋势确定上涨时,箱体才能起到关键作用。

原因很简单,就是市场永远是正确的,无论你愿意还是拒绝,你的股票价格不会按照你的意愿波动。股民只有在确定股价确实受到市场热捧时,才能进入,否则"箱体"只会给你带来高位套牢的结果。

箱体理论的第二个关键因素,就是选择质地优秀的股票,不一定是要熟悉其年报，而是要看重其未来的行业走势。

达瓦斯发现每一次技术革新浪潮都会带来投资机会，如蒸汽机发明时，投资者将资金投资到铁路等新兴行业，将会获利丰厚；当汽车出现时，汽车相关的行业又会给投资者带来丰厚的利润。

在达瓦斯所处的 1975 年，正好是电子行业和化工行业开始作为领头技术的时代，他果断地将资金投资到这两个行业，获得股市的第一桶金。

箱体理论第三个关键因素就是寻找合适的止损点，必须保证本金安全。这一点和众多股市成功投资者所见一致。在股市投资过程中，没有股民能够逃避被套的风险，而如何在亏损过程中，果断止损，这就是成功者和失败者的差别。

"留得青山在，不怕没柴烧"，在投资中，股民务必设置止损点，这个止损点就是"箱体"下方的横线，当股价跌破箱体下方时，只要低于买入成本，就是止损点。如图 2-16 所示。

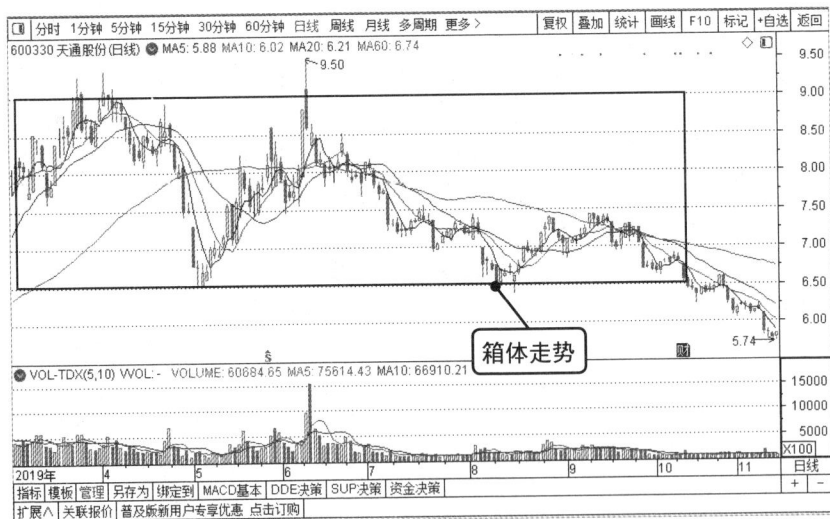

图 2-16　箱体止损线

从图中可以看到，天通股份（600330）在 9 元至 6.5 元之间形成典型的箱体走势，股价一直在这个区域波动，股价在 6.5 元形成一个支撑，这个支撑正好就是箱体的底部，当股价下跌到底部下方 1% 附近，如 6.3 元，这时股民就应及时止损，避免更大的损失。

箱体理论第四个关键因素就是独立思考，排除干扰。这是达瓦斯亲身经历的总结。当达瓦斯在全球巡回演出时，远离华尔街，远离证券市场，他唯一能够获得的信息就是自己股票的股价。

任何股评人士和股评家的高见他都没有办法看到或听到，因为此时他远在外国，那时可没有现在的互联网和全球卫星电视。他严格按照自己的"箱体"判断股价的走势，获得第一个 50 万美元。

但是随后，他开始近距离接触华尔街，耳边充满了流言蜚语和小道消息，这些因素的干扰，让他几乎放弃自己的"箱体"理论，在短短的几周内就迅速损失接近 10 万美元。当他再一次远离华尔街时，他又获得巨大的成功。资产很快上升到 100 万美元，随后他利用认股权（即股指期货），迅速将资产上涨到 200 万美元。

虽然只是损失 10 万美元，但是这次损失让达瓦斯重新发现股市中为什么失利的大部分原因，那就是"耳朵是我们最大的敌人"。

箱体理论最后一个因素就是保持思维敏捷和冷静。达瓦斯在全书中一再强调不能在情绪波动剧烈时候进行判断，每一次当他看见自己获得丰厚利润时，都会先让自己冷静，再决定如何对待这种诱惑，是继续持有股票还是卖出股票对于一个周游世界演出的演员是没有人能够提供建议的，他能够依靠的只有自己的大脑。

每一次达瓦斯都能从容对待账面利润，只有他认为时机成熟时，才会将这些账面利润换为时机利润。这种冷静思考的基础在于思维敏捷，达瓦斯为了获得丰厚利润，已经在股市中潜心研究 7 年，阅读大量投资书籍，训练出职业敏锐感和独立思维能力，不会随着股评人士人云亦云。

如图 2-17 所示，闻泰科技（600745）一次又一次突破箱体，每一次突破都是一次诱惑，大部分股民都无法等到最好的价格卖出。

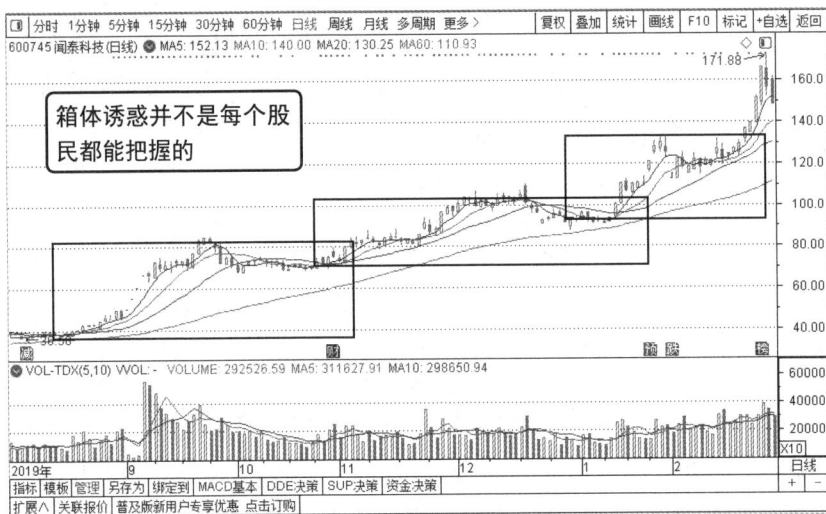

图 2-17　箱体诱惑

达瓦斯的箱体理论其实整体上并没有多么复杂的公式、高深的理论，大部分都是达瓦斯的亲身经历的总结。股民按照这种方法操作，至少不会损失过大。但是，达瓦斯也提出了几点警示。

◆ 股市里没有确定的事情——大部分时间股民判断都是错的。

◆ 我们必须承认第一条，并以此来调整自己的操作——必须压制住自己的自豪感和自尊心。

◆ 我们必须成为没有偏见的分析家，不能完全相信任何一个理论，也不能对任何股票产生依赖。

◆ 仅仅抓住机会是不够的，在抓住机会的同时，降低自身的风险。

达瓦斯最后补充说，成功不完全是依靠箱体理论，而是借助认股权获得大量借入资金在股市操作，利用杠杆原理，小资金带动大资金，这一点和当前的股指期货是完全一致的。在这种操作的过程中，股民必须承受本金完全亏损的风险。

其次，达瓦斯在获得 200 万美元资金的时间是 1957 ～ 1958 年美国的大牛市中，当时他投资的股票包括现在电子行业的巨人——德州仪器，这个机会是非常少见的。

2.5　波浪理论——潮涨潮落波动理论

波浪理论在国内股市是最著名的理论之一，由于其较高的预测性闻名于股票和期货市场，随着蜡烛图的引入，波浪理论在蜡烛图的图像上更是如鱼得水。

在 20 世纪 30 年代，拉尔夫·纳尔逊·艾略特发现股票以可识别的模式前进和波动，类似于波浪起伏，而且这种波浪起伏具有一定的周期性，在专心研究后，他分离出 13 种这样的波动模式，也就是"波浪"形式。

波浪理论最主要的观点就是每个市场决定不仅受制于有价值的信息，同时也会产生有价值的信息，这种关系类似于物理中的力学原理，当你向一个物体发力时，物体也会反作用于你。

市场和人们心理是相互作用，相互刺激对方。市场向好，会吸引更多的投资者入场，而更多的投资者进入，必然会进一步拉高股价。

艾略特利用这种相互作用对市场研究分析后，发现波浪理论主要是对市场如何表现的一种细致划分，波浪产生的过程也是市场反应的过程。但是每一次上涨必然会引起获利者离场，当获利者离场时，股价会出现下跌的趋势。

这种情况常常又能引起买方的关注，这种一买一卖的博弈，时常会推动股价继续上升。这就是艾略特的波浪基本形态。在买卖双方的不断斗争，刺激着股价逐步阶段走高。

然而，市场终究会到达顶部，出现蜂拥而出的卖出者，这时大量卖单的涌出必然引来雪崩式的下跌，虽然买方希望稳定股价，但是大部分情况都是徒劳的。这样就形成下跌式波浪，这是一次完整的波浪走势。

但是大部分股价上涨和下跌并不是完全遵守波浪理论的基本原理，在上涨过程和下跌过程中出现多次震荡，无数的小波浪一次次出现，这就是波浪理论的复杂之处。

波浪理论内容如下。

◆ 市场股价走势分为五浪，每一浪都是连续递进的，如图 2-18 所示。

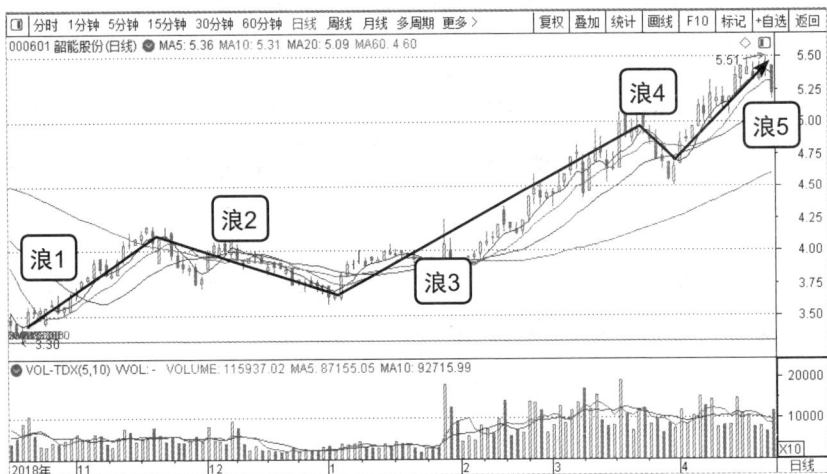

图 2-18 波浪理论的基本五浪形态

韶能股份（000601）在 2018 年 10 月股价低位开始向上爬升，每一次上涨到一个高点，必然会出现一轮下跌走势，这种一升一降反复出现，逐步抬升股价创出新高。图上表示一个完整的五浪形态。同时，我们观察下面对应的成交量，每一次上升浪都会带来大量成交，下跌浪带来成交量萎缩，而上升和下跌的反转时，成交量又会创出短期的新高，这就表示市场参与的股民多寡决定浪的形态，证实市场和股民心理是相互关联，相互刺激的。

- ◆ 在五浪形成过程中，艾略特发现 3 个永恒的定律：浪 2 的运动永远不会超过浪 1 的起点，浪 3 永远不是最短的浪，浪 4 永远不会进入浪 1 的范围。从图 2-18 中我们也能发现，这种理论依然有效。第二浪在下跌过程中，永远不会跌破第一浪上升时的起点，也就是股民可以选择适当的第二浪下跌时买入。在第三浪和第四浪的调整过程中，不必惊慌，直到出现最后第五浪，选择适当的股价卖出，利用波浪理论的五种模式完成一次买卖过程。

- ◆ 波浪分为驱动方式和调整方式。驱动方式为五浪结构，形态呈节节上涨态势；而调整浪多为三浪结构或者变体，形态呈逐次下跌态势。驱动方式也是股价上涨的过程，是股价受到市场投资者的追捧不断创出新高的过程，而调整浪主要在上涨过程后，股价进入下跌行情，投资者纷纷抛售手中持有的股票，了结获利离场，股价在巨大抛压的打击下不断下跌。

- ◆ 驱动浪和调整浪必然会相伴出现，原因主要是市场正常调整的内部因素，这种调整又会造成部分意志不坚定的股民卖出手中的股票，会让股价跌落到一个较低的位置，这时，持币观望的股民经历股价上涨过程，必定不会错过这一买入的最佳时机，大量股民持币入场，股价就会逐步扭转下跌趋势，重新进入驱动浪的过程，股价也重新上涨。只要股价不高到出奇的低位，永远会有大量股民进场抬升股价，如图 2-19 所示。驱动方式和调整方式在牛市的情况下，通常是驱动方式占据大量时间，而调整方式只是短暂占据市场，随后就会被驱动方式替代，其原因就是股价快速拉升时期，股民近似疯狂的买入，必然会造成股价一路上升的过程。

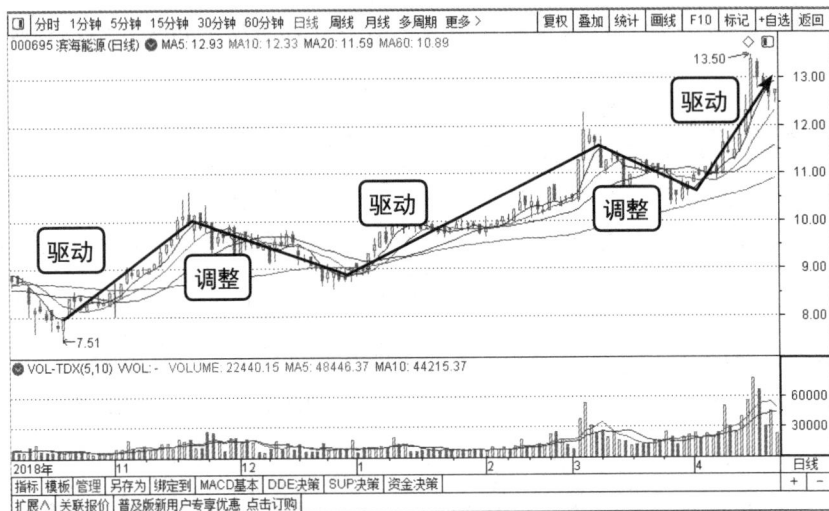

图 2-19　驱动方式和调整方式示意图

◆ 完整的循环由八个浪组成。股市上涨过程和下跌过程是一个连续的过程，波浪理论对这种过程进行详细划分，在股市上涨过程中一般是五浪过程，然而股市下跌过程中，由于卖盘的恐慌，通常只需要三个浪就能将股价拉低到上升初期的价位，这就是为什么通常牛市要花较长时间才能将股价推到一个高价位，而熊市只需要很短时间就能把股价打回原形。

◆ 如图 2-20 所示，韶能股份（000601）股价上涨到最高价花费的时间比股价从最高价跌落的时间多许多，这也是股市中为什么大部分股民没有及时逃离的原因，因为股价从高位下跌时间短暂，等待股民反应过来时，股价已经有较大跌幅，股民已经被严重深套，在股民犹豫的过程中，股价经历短暂的反弹时，股民大量割肉离场，这样也会造成大量股票卖出，恐慌继续延续，反而更加刺激股价下跌，加速股民被套深度。

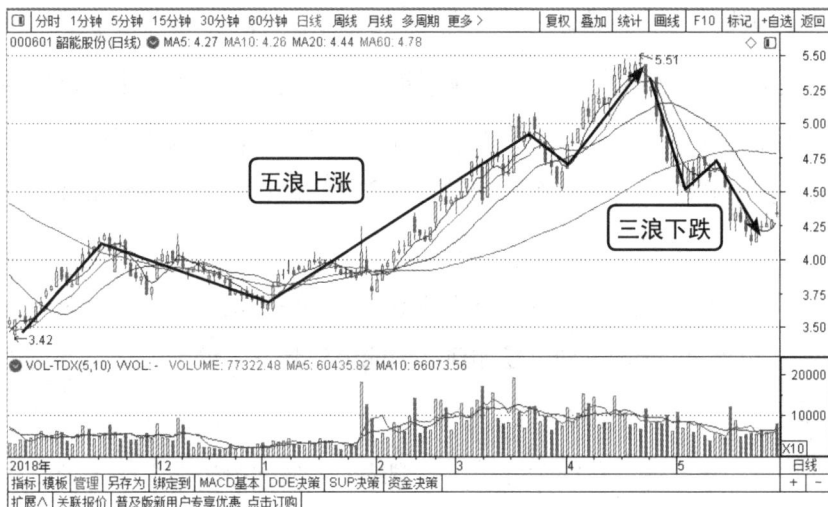

图 2-20   上升过程和下跌过程完整波浪形态

◆ 更为复杂的波浪可能由更多五浪和八浪构成。波浪理论最让人头
疼的就是浪很多，因为市场波动非常剧烈，时常产生更多的小浪，
这些小浪在一定程度上混淆股民对于大浪的判断，什么情况下应
把小浪忽略，什么情况下应该把小浪看成重要的大浪，这一点波
浪理论并没有详细地解释。这也是为什么有人说"波浪理论，光
数浪就会让你头昏眼花"。

◆ 这个时候，股民就要利用其他方法来判断波浪，通常可以利用成
交量的变化周期或者蜡烛图典型组合重新划分大浪和小浪，集中
力量研究大浪，把握股市的大行情、大趋势，忽视那些影响甚微
的小浪，避免乱七八糟的市场信息影响自己的判断。

波浪理论是一个以图为基础的理论，没有什么复杂的数学公式和判断
公理，仅仅是依照股价波动来判断走势，似乎是股民会看图就能领悟波浪
理论的内容。

然而正是波浪理论依靠股价走势，并不是具体数值，这往往会给股民

带来不同的见解，正所谓"仁者见仁，智者见智"。

波浪理论产生的市场是在欧美股市，欧美股市经历了一个多世纪的发展，相对比较完善，而国内股市发展时间相对短暂，各种法律制度也在逐步完善的过程中，内幕操作和老鼠仓等情形也会让股价出现异常波动，这也是波浪理论在国内市场不灵的原因。

所以，股民朋友对于波浪理论知道即可，主要是领悟发明者对于波浪理论的评价"仅仅是一种市场如何表现的细致划分"就足够了，不用过于深究原因。

但是，在波浪理论的指导下，我们能够大概判断蜡烛图的未来走势，这就是波浪理论带来的好处，在随后的蜡烛图讲解中，作者会进一步介绍这两者的联系和相互作用。

拓展知识 *波浪理论的总结*

　　波浪理论在整个技术分析领域被广泛应用。特别是在众多股评节目中，有部分股评家会以波浪理论来鼓励股民买入质地较差的股票，或者反向而行之。波浪理论虽然是预兆性指标，但是波浪理论的预测作用至今都没有被广泛地接受。原因很简单，市场走势几乎和股民的预测是相反的。不仅仅股民无法预测，连发明者也承认这一点。所以，波浪理论也仅仅是一个理论，不要过于迷信。

2.6 周期理论——中长线投资理论

股市周期理论是最新发展的一种理论，也是逐步开始热门的技术分析方法。这种方法主要建立在金融宏观调控的环境下，利用国家对于特定行业的扶持，在这些特定行业中选择盈利呈现周期性的股票。

众所周知，任何行业的发展都具有一定的周期性，这是由于经济大环境具有周期性造成的。

比如，最近几乎每隔十年一次的金融危机，造就美国股市在最近 10 年轮回一个大牛市和大熊市，每当金融危机来临时，股市就会受到影响，无论市场信心如何高涨，也无法挽救股市大跌的结局。而当金融危机走入末路时，市场信心再悲观，股市也会受到宏观经济好转而出现缓慢反弹的走势。

在国内，这种现象更为明显。由于国内大部分行业都处于发展阶段，没有一个行业能够独立抵抗金融危机。所以，政府扶持是非常重要的因素，而政府扶持由于受到宏观层面的影响，政府所扶持的行业也会出现不断转换的过程，这种过程不仅能够带来相关行业的变化，同时也会给相关行业的股票带来不一样的走势。

如图 2-21 所示，美锦能源（000723）属于能源类股票，在 2016 年到 2019 年期间内，出现 2 次高峰，每一次高峰都是受到宏观政策影响，在 4 年时间内，股价涨跌幅度非常剧烈，如果股民把握住这种走势，获取巨额利润是非常容易的。

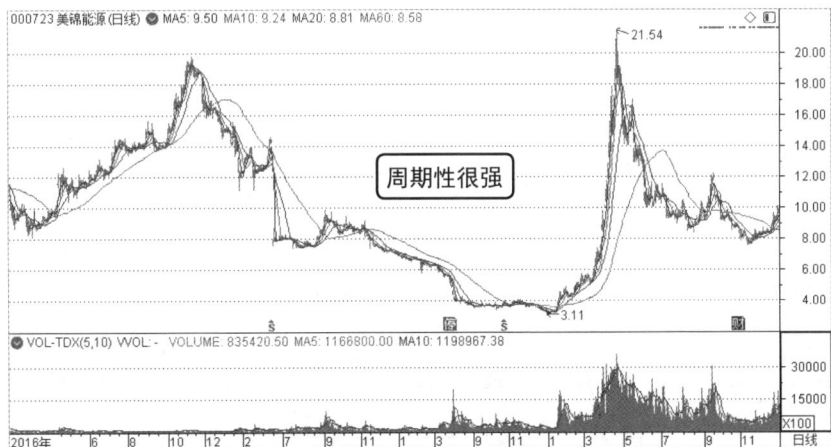

图 2-21　能源股走势完全符合周期理论

即使股民不能完全领悟周期理论的内容，从蜡烛图上也能明显感觉股价的走势明显具有周期性，不会一直下跌也不会一直上涨，而且，随着经济发展，涨跌的周期更加短暂，股民能够抓住的机会更多。

周期理论相比之前的各种理论，有以下几个特点。

◆ 周期理论需要股民从宏观面分析股市。因为构成股价涨跌变化的因素很多，包括政治、财经、业绩以及人为因素等。这些知识已经超越技术分析的范畴，笔者就不再赘述，但是股民只有不断提高自身素质，才能获得最终的胜利。

◆ 每一行业都有自己发展的周期，唯一不同的就是周期长短而已。比如钢铁业发展周期较长，因为从建设钢厂、产出产品到市场热销，是一个漫长和复杂的过程。反观软件业就比较简单，软件行业由于投入低、产出高，可重复性高于其他行业，所以软件业的周期是最短的，从盛极一时到衰落，再从衰败到兴盛，往往仅需几年时间。正是这种不同行业由于自身原因产生的不同周期，给股民提供了无数的机会，如图 2-22 所示。

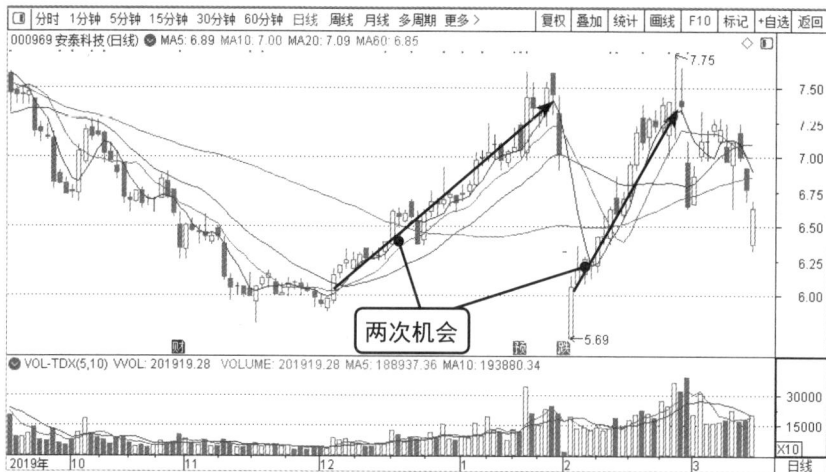

图 2-22　安泰科技走势完全符合周期理论

安泰科技（000969）是一家钢铁行业的上市公司，在2019年9月到2020年3月这段时间中，已经经历两波上涨，这两次就是股民赚钱的好机会。

◆ 每一次周期的产生过程中，不仅股价出现剧烈上涨，成交量也会出现山峰和山谷走势，这也能给股民提供一些线索。

◆ 同种行业的股票如果出现连续大量成交的迹象，往往预示着该行业受到市场追捧，股民此时也可乘势而为，进场买入。

◆ 当同行业股票的成交量出现明显下跌，股价也同时止步不前，这种情况通常就是这种行业上涨已经接近尾声，股民此时应该离场观望，寻找其他机会，如图2-23所示。

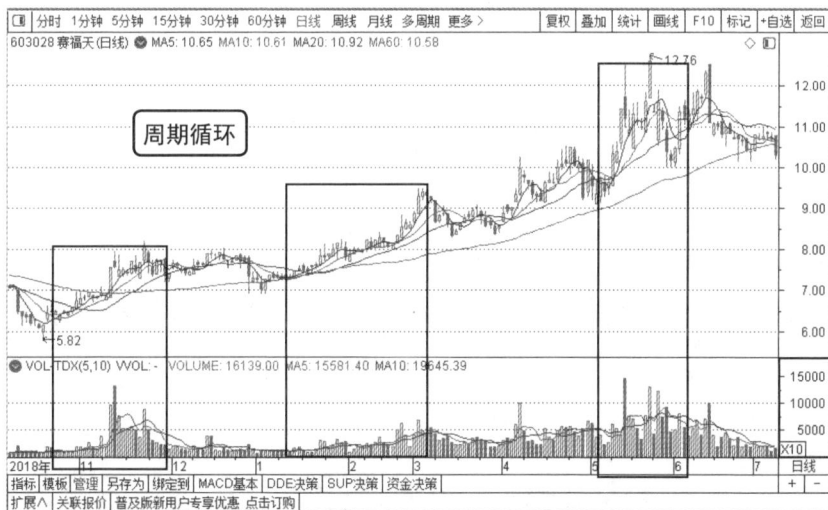

图2-23　成交量和股价波动都呈现周期循环

我们可以发现赛福天（603028）在股价周期波动时，成交量也出现明显的周期波动。两者相互印证市场由观望变为参与模式。同时，对比图2-22可知，两者都是钢铁行业，同样出现成交量和股价大涨的迹象，说明钢铁行业将会引来整体牛市行情，从随后股价走势也验证了周期理论的判断。

　　周期理论是一个比较抽象的理论体系，主要参考指标就是蜡烛图和成交量。但是周期理论也有其不完善之处，因为每一个行业也会面临被淘汰的可能。

　　正如传统加工行业逐步被密集型加工行业取代，这种事情每天都在发生，所以股民在对一个行业分析的过程中，必须考虑到该行业的过去、现在和将来。特别是技术革新较快的行业，传统的发展周期观念已经不能满足现在的分析需要，必须更加注重基本面的判断。结合基本面和技术面，这才是完善的周期理论分析。

第 3 章

常见蜡烛线类型

　　股市大部分流行理论在蜡烛图中都能非常容易显示，在蜡烛图分析中，最主要的就是基本结构的识别。这是所有分析的基础。按照作用不同，分为4种，在本章中我们将详细学习这4种蜡烛线类型。

3.1　底部支撑蜡烛线种类

底部简而言之就是股民进场的机会，所以按照买卖顺序，我们先从底部开始讲解。如果股民能够掌握常见的底部形态，能够在股价上涨初期进入市场，这就是一次绝佳的抄底机会。

底部在蜡烛图上是比较容易分辨的，这种底部往往跟随大幅下跌出现，当股价从高位下跌，会出现多次反弹迹象，这些短暂的反弹很快又会变为迅猛的下跌，这种反弹虽然不是底部，但离底部已经很近了。

此时，我们就要借助其他理论来判断底部，如图 3-1 所示。按照江恩理论的双重底原理，我们能够在图中发现一个典型的底部，这个底部在蜡烛图上就像一个 W，而组成这种底部通常会由三种类型构成：探底针、双针探底和齐头平地线。

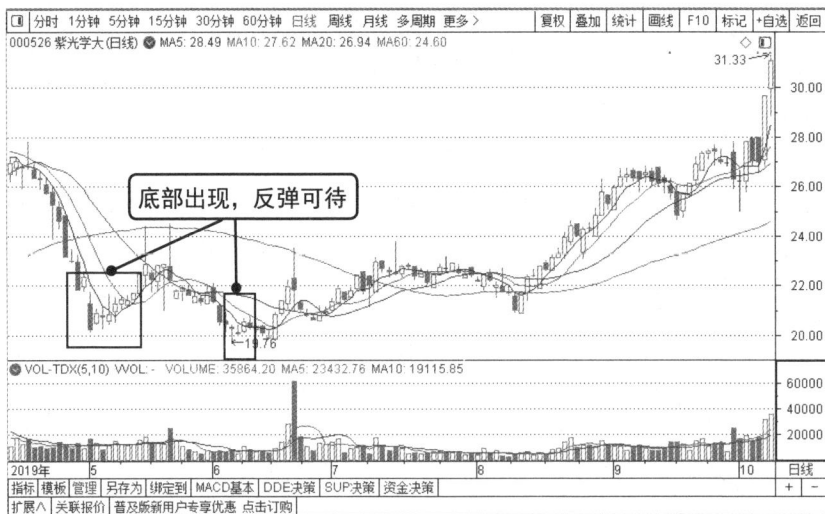

图 3-1　典型蜡烛图底部形态

从图 3-1 我们能发现第一次触及底部时，形成的是一个探底针，就是蜡烛图典型的底部形态。

随后，股价出现短暂上涨走势，但是受到前期下跌的影响，大部分卖方抓住这一解套机会卖出股票，股价又出现一次剧烈下跌，形成新的底部，此时也是一根探底针。两次下跌都引起反弹，证明探底针是底部信号。

该股票继续上涨，但好景不长，很快又落入 22 元价位线附近，此时形成一个齐头并地形态。在这次齐头并地形态发生后，股价开始一路走高，最终上冲到 31.33 元，这是齐头并地形态底部反弹最明显的证据。

通过该实例，我们能够发现，蜡烛图能够比较准确地提供底部形态，让股民知道何时是底部，如果结合前一章的各种理论，股民就能够更加明确底部的形态和预测随后的走势。

3.1.1 探底针

探底针，探测底部深浅，预示底部平台建立的蜡烛线形态。

探底针是蜡烛图中最简单的形态，每个探底针由 4 个指标构成：开盘价、收盘价、最高价和最低价。从图中我们能够发现，在探底针的形成过程中，开盘价和收盘价几乎一致，而最低价远远偏离开盘价，最高价离开盘价反而较近，如图 3-2 所示。

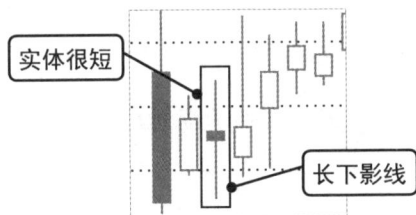

图 3-2　探底针形态

从探底针的形态我们几乎能够感觉当日的股价受到卖方的强烈打压，双方竞争激烈。虽然卖方在随后的交易中显示优势，股价整体表现下跌，但是买方动能强劲，并且在尾盘时出现大量买入，使股价并没有继续下跌，而是将股价维持在收盘价附近。这说明盘内卖方的势能释放完全，买方开始占据优势，场内的局面即将发生反转，如图 3-3 所示。

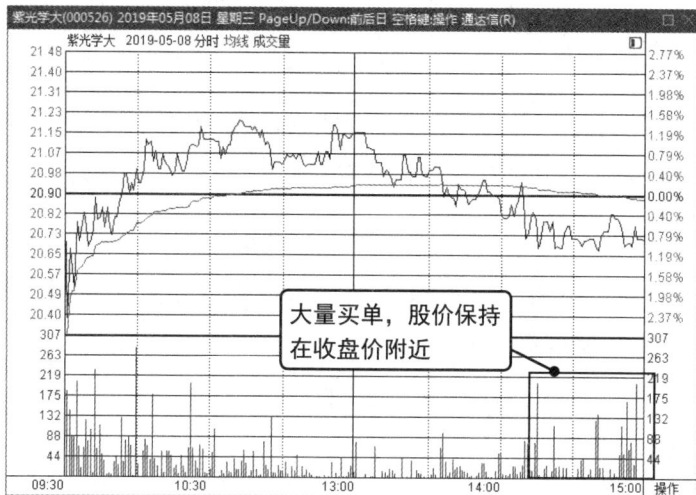

图 3-3　探底针形成原因

所以，探底针出现，通常是一种对后市看好的迹象，按照波浪理论的观点"市场能够反作用于股民心理，股民的心理也能刺激市场的走势"，双方相互刺激下，探底针通常就是股价反弹的征兆。

实例分析

底部形态探底针实例——江泉实业（600212）

图 3-4 所示为江泉实业 2019 年 6 月至 10 月的 K 线走势。

图中探底针出现后，市场成交量开始均匀放量，随着成交量增加，股价开始逐步走高，江泉实业在 2019 年 8 月形成典型的探底针，多次显示买方的心理价位，这是探底针最明显地在起作用——预示股价不会继续下挫。

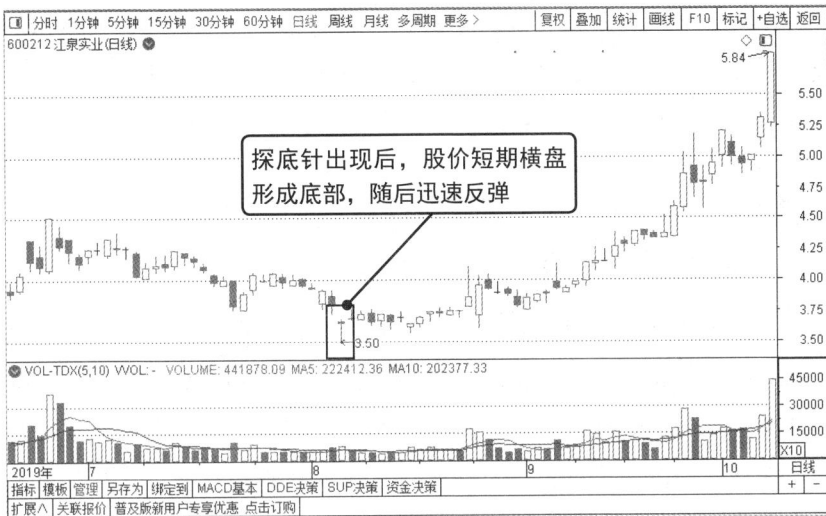

图 3-4　江泉实业 2019 年 6 月至 10 月的 K 线走势

　　探底针当日的分时图上，我们能够发现，股价在 3.64 元附近形成支撑，股价一旦发生偏离就会遇到多头反击，被迅速拉回。这说明在 3.64 元已经形成强力支撑，底部平台建立，形势出现好转，如图 3-5 所示。

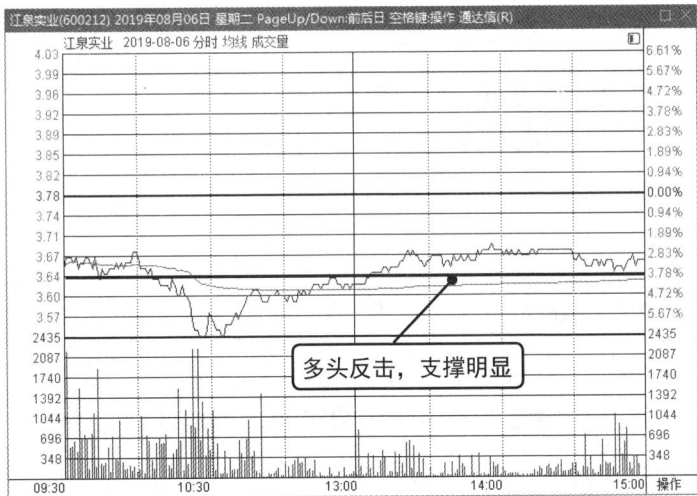

图 3-5　8 月 6 日的分时走势

探底针出现，将底部支撑线暴露无遗，市场开始关注这种明显探底的股票，随着股价在底部盘整，交易量逐步攀升，股价也逐步上涨，最终在短期内，该股从底部 3.5 元附近上冲至 5.84 元，涨幅超过 66%。

实例分析

底部形态探底针实例——海波重科（300517）

探底针不仅是预示底部建立的标识，在长期下跌的过程中，如果多头不断建仓，但是迫于市场整体形势，股价会一直下挫，直到探底针出现后，市场开始恢复信心，看多的股民会逐步增加，这时多头也不会放过这种低价的机会，会迅速大量买入，将股价飞速拉升，形成一个以探底针为底的 V 字形走势。

图 3-6 所示为海波重科 2019 年 10 月至 2020 年 1 月的 K 线走势。

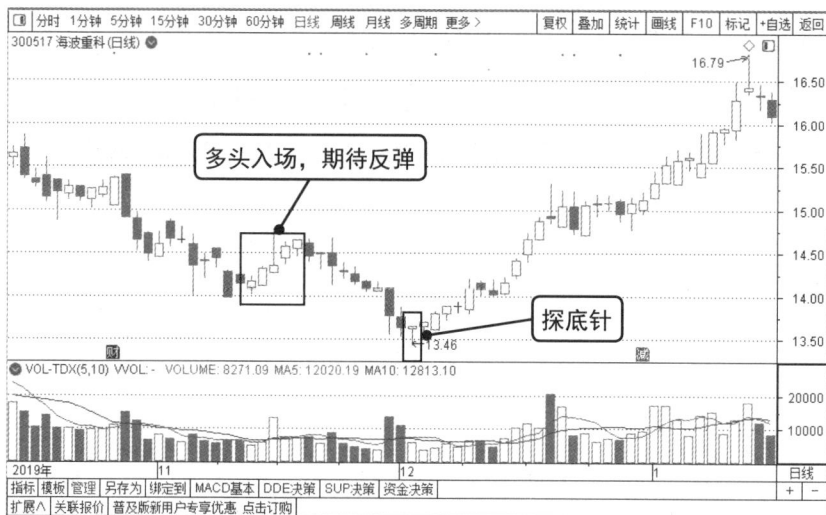

图 3-6　海波重科 2019 年 10 月至 2020 年 1 月的 K 线走势

从图中可以看到，海波科技前期处于下跌通道中。其间多头在 14 元附近大量买入股票，期待挽救颓势，但是受到市场恐慌心理的影响，这次挽救无济于事，股价继续下挫，继续下探至 13.5 元附近，直到出现探底针形态，市场信心恢复，股价止跌。

在探底针形成后，对市场心理形成积极的影响，股民开始逐步进场，期待短期反弹，这种情况也被多头察觉，多头在探底针形成后的第二天，就开始大规模买入。

随着多头参与，市场买入热情被点燃，越来越多的股民开始进场，股价出现快速爬升态势。

拓展知识　*下跌过程放量值得关注*

　　股价在长期下跌的过程中，由于机构和庄家的贪恋，时常希望抢反弹，但是受到整体局势不明朗影响，股价会继续下跌，这样庄家和机构就会被高位套牢，股民在其下方买入是安全和明智的选择。

3.1.2　双针探底

双针探底，表明探底更加准确，反弹非常接近。双针探底这一底部支撑形态，就像两根探底针并排出现，说明买方多次将低位的股价拉升到开盘价附近，说明买方对后市继续看好，这种乐观态度超过探底针，如果出现这种双针探底的图示，通常意味后市反弹会非常猛烈。

双针探底图示如图 3-7 所示，类似两根大头针刺入底部，形成坚固的支撑。

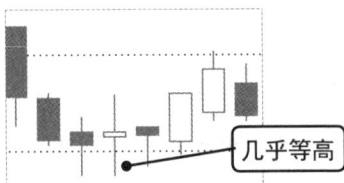

图 3-7　双针探底形态

双针探底的探底针不一定都有很长的下影线，但是两者最低价的价位几乎一致，这种一致的价位，通常会反复出现，这就说明买方在该价位"寸土不让"，也就意味着形成了支撑线。

实例分析

底部形态双针探底实例——万泽股份（000534）

如图 3-8 所示，万泽股份在 2019 年 6 月初出现一次双针探底形态，表明股价止跌触底，且两次低点价位相同为 8.11 元，表明股价在该价位线附近触底，盘整一段时间后，股市将迎来大幅拉升。

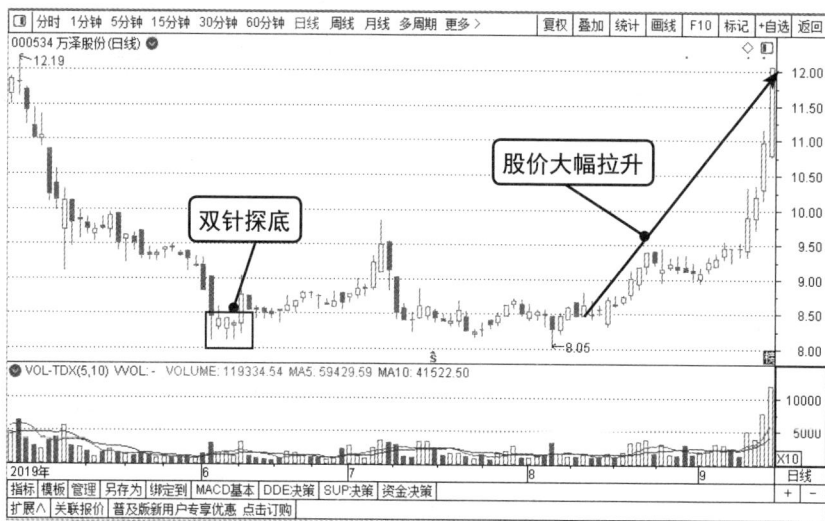

图 3-8 万泽股份双针探底

双针探底同一价位，根据波浪理论，这一次下跌应该属于波浪中的调整过程，更大的驱动力量将会在随后爆发。

所以，在两次探底后，市场已经形成默契的配合，多方已经明确知道空方实力，多方此时已经开始反击，股价随后出现大幅拉升过程，这也验证了双针探底的后市反弹会更加猛烈的理论。

再看看两次双针探底时分时图的趋势，如图3-9所示。我们发现6月6日，股价探底明显，开市股价快速下跌探底，随后出现剧烈的拉升过程，股价在短时间被拉升，并稳定在8.24元价位线上。尾盘时，突然放量拉升，将股价拉升至收盘价。

再看6月10日的分时走势，发现股价依然开盘下跌探底，随后被拉升上涨，并稳定在8.25元价位线上，尾盘时突然放量拉升，将股价拉升至收盘价附近。说明多方探底结束，卖方的筹码消耗殆尽，后市将由买方掌控。

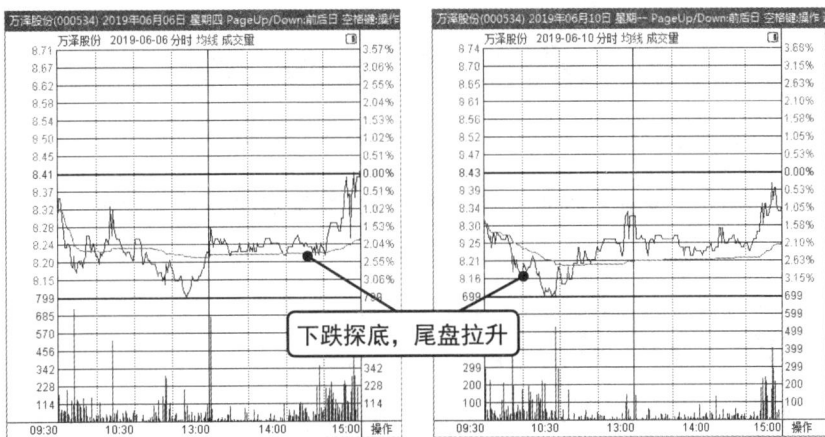

图3-9　双针分时走势

实例分析

底部形态双针探底实例——澳洋顺昌（002245）

双针探底的底部形态需要满足一定的条件才可以，否则双针探底形态也会失效。图3-10所示为澳洋顺昌2019年1月至6月的K线走势。

从图中可以看到，股价涨至6.35元后止涨下跌，当股价运行至6月下旬时K线出现双针探底形态，两根K线以4.32元和4.33元的低价形成典型的双针探底形态。此时可以判断为股价触底，后市反弹上涨吗？

图 3-10　澳洋顺昌 2019 年 1 月至 6 月的 K 线走势

我们查看股价前一轮的上涨行情发现，股价从 3.66 元上涨至 6.35 元，涨幅超过 73%。而此时的 4.3 元低位距离上一轮上涨低位还有一定下跌的空间，说明场内的空方势能还未完全释放，后市可能会继续下跌。现在出现的双针探底形态为假底部形态。

图 3-11 所示为澳洋顺昌 2019 年 4 月至 8 月的 K 线走势。

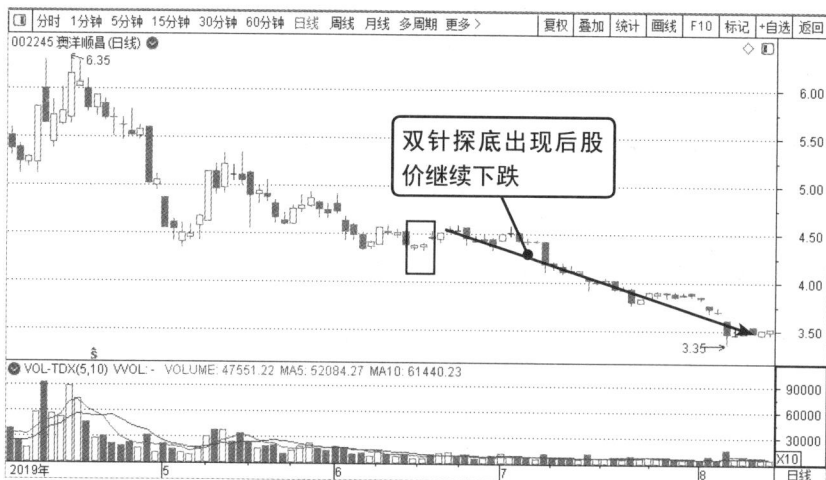

图 3-11　澳洋顺昌 2019 年 4 月至 8 月的 K 线走势

从图中可以看到，果然双针探底形态出现后股价短暂横盘之后便开始继续下跌行情。这是为什么呢？原因在于场内主力高位出逃还未完全抛售干净，所以刻意制造双针探底形态，吸引抢反弹的散户接盘。

因此，判断双针探底形态的关键在于双针探底是否处于股价下跌末期的低位。

3.1.3　齐头平底线

齐头平底线，预示着底部价位，建仓时机临近。

齐头平底线最主要的就是两个蜡烛图形成的底部一样，相差不大，如图 3-12 所示。这种两个底部同样高度，就意味着买卖双方心理平衡在该底部。

而且双方实力几乎瞬间转换，通常是前一根蜡烛图是大阴线，后一根是大阳线，这一阴一阳说明前一日空头占据市场，能够将股价打压到底部，而后一根蜡烛图说明多头势力猛增，将前一日的失利全部收回，而且还可能收复更多的"失地"。

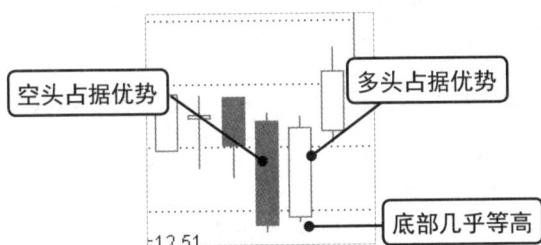

图 3-12　齐头平底线示意图

齐头平底线出现的频率要小于探底针和双针探底，但是这种形态出现通常意味着该股票走势会出现短暂的反弹，而且第二根阳线超越第一根影线的程度通常和反弹高度成正比，超越越多，后市反弹越猛烈。

实例分析

底部形态齐头平底实例——洪城水业（600461）

如图 3-13 所示，洪城水业在 2019 年 8 月 9 日形成一根大影线，市场开始恐慌，但是 12 日的大阳线一举收复前日的"失地"，说明多方已经能够稳定在相对高位吸货。

既然多方能够在高位买入，说明多方对后市充满期望，在这种情况下，股民可以选择随后出现的探底针时进入。

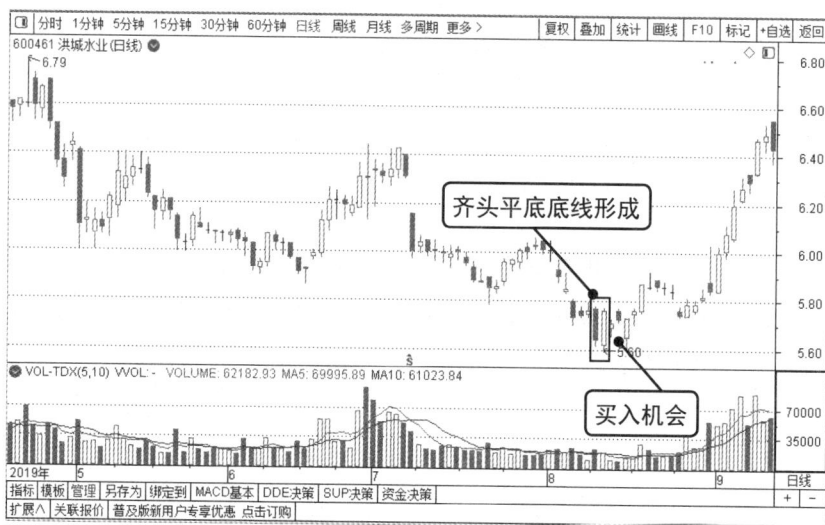

图 3-13　洪城水业 2019 年 4 月至 9 月的 K 线走势

同时，我们观察 8 月 9 日和 12 日两日的分时图，如图 3-14 所示。

从图上我们也能感受到两日多头和空头势力明显不同，在 9 日的走势图上，空头占据绝对优势，在空头打压下，多头没有任何招架之力，股价单边下跌。

而在 12 日股价反而出现大幅反弹，股价单边上涨，两日走势泾渭分明，结合随后几日出现的大阳线，表明市场已经开始逐步走强，多头占据优势。

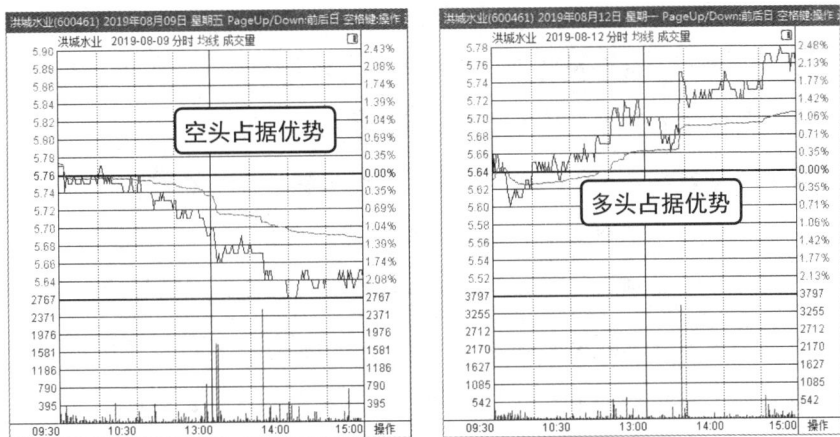

图 3-14　洪城水业 8 月 9 日和 8 月 12 日分时走势

实例分析

底部形态齐头平底实例——泛微网络（603039）

　　齐头平底线不仅仅由两根蜡烛图构成，有时候可能是由一个探底针和多根蜡烛图构成，如图 3-15 所示。我们发现泛微网络在短期底部形成时，在底部出现多根探底针，探底针和其余蜡烛图形成等高的水平底部。

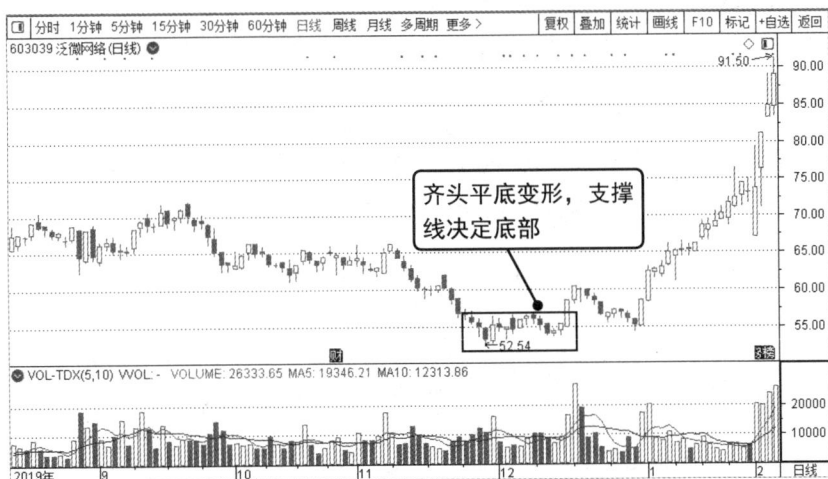

图 3-15　泛微网络 2019 年 8 月至 2020 年 2 月的 K 线走势

这种情形说明买方已经建立心理价位，坚守 55 元的价格底线，空头无法突破该价位，随后股价在该价位线附近稳定上升，成交量也出现明显的增加，这就是一个典型的齐头平底线扩展变化的案例。

齐头平底线从另外一个方面来看，其底部形成的底部支撑线才是关键，无论是探底针还是双针探底，其底部几乎都是买卖双方的心理线，突破这一心理线是非常困难的。所以，这种心理线附近就是买家进场的机会。

当底部支撑线形成时，通常伴随成交量的低迷，这时股民可以拭目以待，直到成交量出现明显增长，而股价依然在底部盘整，这才是最佳的进场时间。如果成交量增长时，股价已经开始突破前期高位，此时按照箱体理论，股民也可以适当跟进。

3.2　底部反转蜡烛线种类

前面介绍底部支撑形态，主要应用于底部明显出现，通常比较容易，但是在有些情况下，底部时间非常短暂，很快从下跌转为上涨，这种情形就要借助底部反转蜡烛图选择买入时机。

如图 3-16 所示，ST 椰岛（600238）股价前期出现大幅下跌，快速下跌至 4 元附近，但股价并没有在底部形成盘整，便迅速被多头买入，成交量急剧上升，股价迅速从 4 元上冲到 7.5 元附近。

这就是一次典型的快速反转信号，从图中我们可以发现，并没有底部平台形成的蜡烛图类型，而是一种新的形态，这就是反转形态。

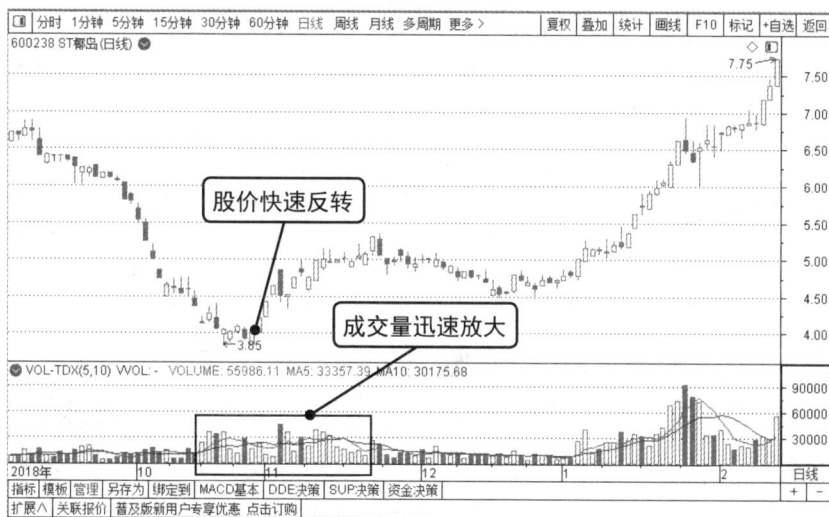

图 3-16　股价快速反转

在本节中我们将着重讲解快速反转形态，这种形态一共有 8 种，每一种形态都有典型图形，同时结合成交量的陡升，大部分反转一般都会成功。

这种反转形态通常配合消息面和政策面同时作用，反转会非常迅速，有时候股价下跌并不是市场行为，而是庄家或者机构故意打压股价，将信心不足的股民震荡出局。

这一点也符合箱体理论的解释，当股价接近箱体底部时，股价可能并不会跌破底部，只是庄家的一种恐吓伎俩，股价在反弹到箱体顶部时，并呈现超越迹象时，股民此时可以适当跟进。

如图 3-17 所示，苏州固锝（002079）在 2018 年 3 月至 12 月之间形成典型的箱体震荡，在箱体的最后一次震荡中，一个典型的迅速反转态势出现，随着底部成交量激增，股价短期涨幅超过 65%，这就是迅速反转态势的又一体现。

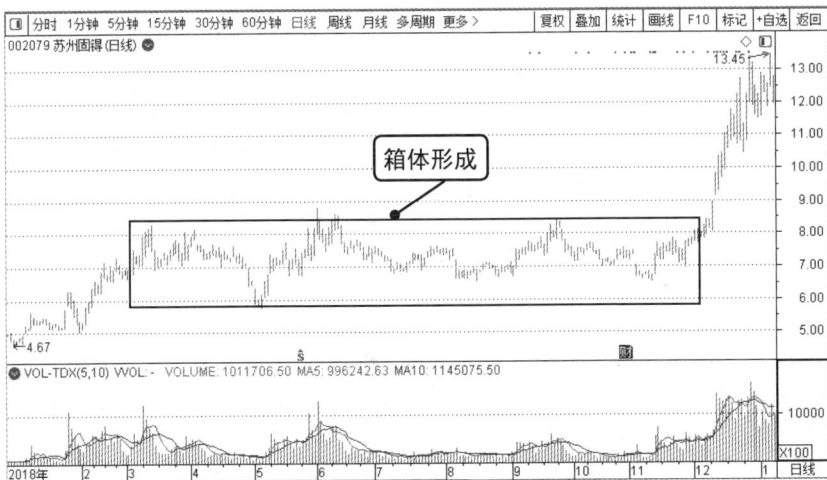

图 3-17　迅速反转和箱体理论联系

在这次反转过程中，我们依然没有发现底部平台形态。所以，我们必须要学习迅速反转的类型，如果股民能够抓住这种机会，短线操作将会获利非常丰厚。

3.2.1　锤子线

锤子线，就像榔头一样敲打底部，股价必将反弹。

锤子线，顾名思义就像一把榔头一样挂在底部，这种锤子线类似于探底针，底部都有很长的下影线，但是实体长于探底针，上影线也没有探底针那么长，是一个典型的榔头形状，如图 3-18 所示。

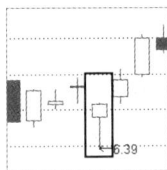

图 3-18　锤子线

　　锤子线在日语中原来意思为"探水杆"或"试一下水的深浅"。探水杆不会长期留在水下，当船夫知道水深后，就会采取下一步措施。

　　在股市中，这个锤子线是买方试探卖方力量的"探水杆"，通常意味着之前的下跌趋势已经结束，在卖方力量没有增加的情况下，买方将会占据市场主力。

　　从分时图上我们也能发现这种抢占市场的现象。

　　正如前文所述，锤子线主要是由买方抢占市场筹码行为造成，当卖方受到市场恐慌心理影响，将股价一路打压到近期最低价时，买方心理已经感觉该股价非常便宜，不想放过这种低价进货的机会，于是大肆买入，这种买入必然造成股价上涨。

　　随着股价上涨，越来越多的股民参与其中，股价受到上冲趋势的惯性影响，一路超过之前的开盘价，形成一个较长的实体，这也给没有买入股票的股民带来希望，这部分股民通常会在第二个交易日跟进买入，这就是锤子线形成的内因，如图 3-19 所示。

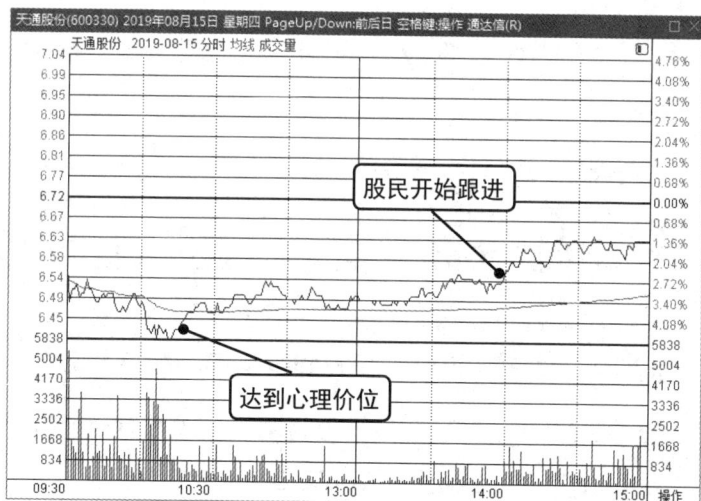

图 3-19　锤子线分时图

拓展知识 *技术分析手段的三个基本前提*

在技术分析的过程中，存在三个基本前提，这三个前提条件就是：市场行为包含一切信息；价格呈趋势运动；历史会重演。这三个基本前提在大部分情况下都无法同时满足，这也就给技术分析带来了大量的变数。所以，技术分析准确性长期受到质疑，股民也不能完全相信技术分析。

实例分析

反转形态锤子线实例——上海电力（600021）

如图 3-20 所示，上海电力在 2019 年 11 月 18 日出现一个锤子线，下影线下探至 6.91 元，但是很快就被买方拉回 7 元上方。随后出现连续上涨态势，成交量也瞬间放大，股价也逐步创出短期新高。

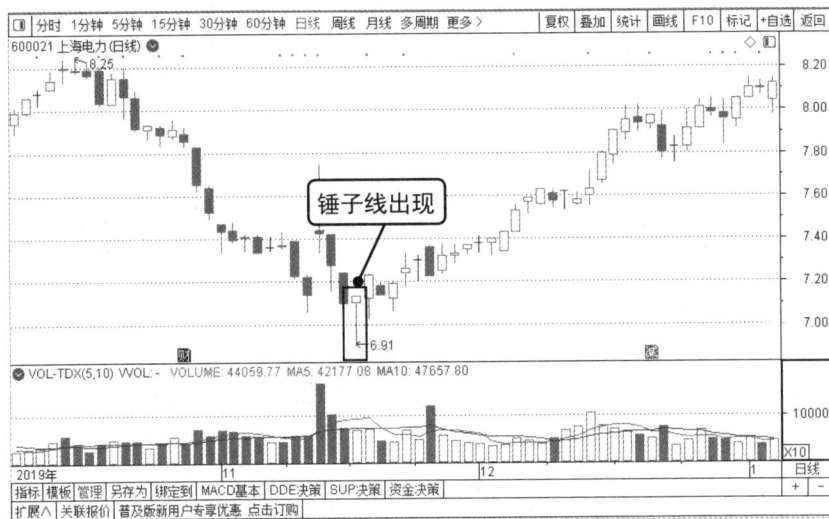

图 3-20　上海电力 2019 年 10 月至 2020 年 1 月的 K 线走势

如图 3-21 所示，观察 11 月 18 日分时图，我们发现该股在开盘后，股价急速下跌，随后成交量放量，股价被迅速拉升至收盘价线上，并维持在收盘价附近波动。但是到收市前 1 小时，股价开始出现连续拉升态势，成交量密集增加，这反映投资者对后市明确看好的迹象。

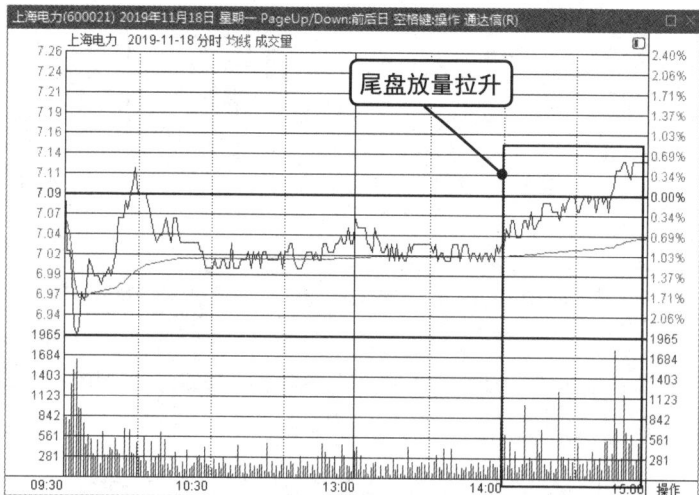

图 3-21　上海电力 2019 年 11 月 18 日分时走势

实例分析

反转形态锤子线实例——宝通科技（300031）

有时候，锤子线底部下探不会低于前期的支撑线，支撑线是买卖双方的心理价位底线，两者连续出现，通常意味着股市反弹机会来临。

图 3-22 所示为宝通科技 2019 年 3 月至 12 月的 K 线走势。

宝通科技在 2019 年 8 月以 10.51 元触底，随后股价在 11.5 元至 12.5 元窄幅震荡，支撑底部已经建立，但上涨也由于没有成交量支撑，无法突破 12.5 元压力线。

然而在 12 月 3 日，出现一个典型的锤子线，说明买卖双方在相互试探多次后，开始逐步加大力量，买方已经明确卖方不会继续打压股价，开始试探性拉升股价。

图 3-22　宝通科技 2019 年 3 月至 12 月的 K 线走势

在当日拉升过程中，卖方已经无力打压股价，股价呈现向上走势，12 月
3 日分时走势如图 3-23 所示。

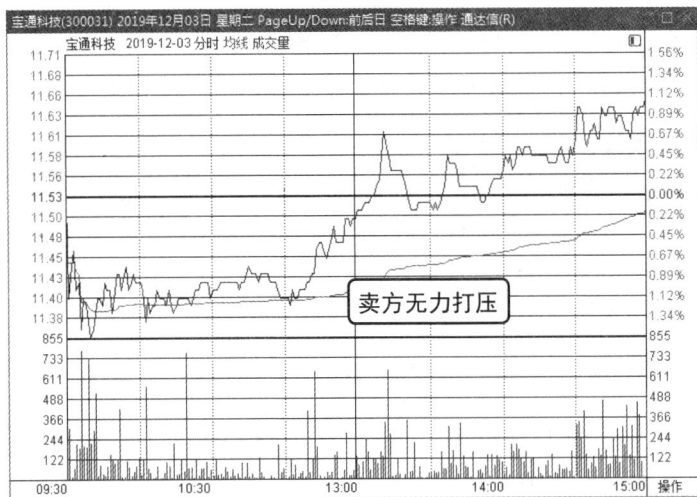

图 3-23　宝通科技 12 月 3 日分时图

3.2.2　启明星

启明星是黎明前太阳出现前最明亮的一颗星星，通常意味着黑夜结束，白天即将来临。

蜡烛图中启明星也是同样的寓意，预示着股价下跌或者盘整态势已经结束，将重新开始逐步上涨的过程。

如图 3-24 所示，启明星先是一个大阴线下跌，随后向下跳空出现另一个小实体，第三日出现一个大阳线，将前两日的下跌趋势完全弥补。第二个下跌的小实体就像一颗星星在底部闪亮，非常明显。

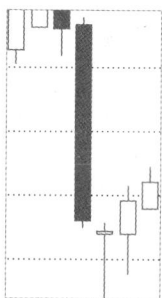

图 3-24　启明星

本形态出现预示下跌即将结束，上冲临近的信号。第一根大阴线出现通常是下跌趋势依然存在，空头依然占据主要市场，但是第二日的小阴线或者小阳线，意味着多头已经开始反扑，空头势力开始退却。

第三日的大阳线或者小阳线，只要能够上冲到第一日实体内部或者上方，就意味着多头开始掌握市场，上冲程度决定着空头的力量，上冲越厉害，多头和空头的差距就越明显。

在理想的启明星图示中，第一日和第三日通常都会与第二日出现明显的缺口，如图 3-24 所示，缺口意味着买卖双方实力差距非常明显，不会拖泥带水，后市走势一目了然。

实例分析

反转形态启明星实例——科伦药业（002422）

如图 3-25 所示，科伦药业经过缓慢下跌后，在 2019 年 6 月 5 日、6 月 6 日和 6 月 10 日出现了启明星 K 线组合，预示股价结束下跌，开始重新步入上升通道。当启明星出现在股价的相对低位时，发出的是股价见底信号，投资者可以根据该信号做抄底操作。

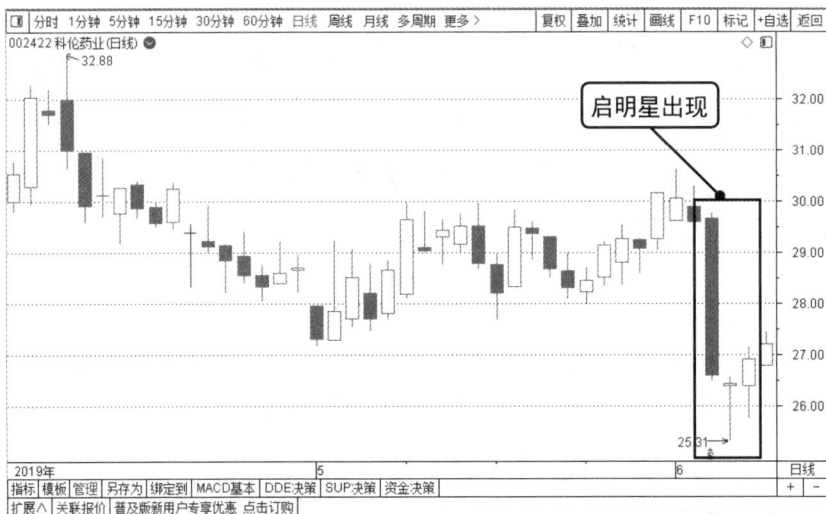

图 3-25　科伦药业 2019 年 4 月至 6 月的 K 线走势

图 3-26 所示为科伦药业 2019 年 6 月至 8 月的 K 线走势。

从图中可以看到，启明星出现后，股价迎来了一轮上涨行情，对短线投资来说是有利的。

通常情况下出现了启明星后可以根据短线操作方法进行入场，要么在盘中确定是希望之星后顺势买入，要么是第二天继续保持上扬势头买入，当然这两种情况的风险是不同的。

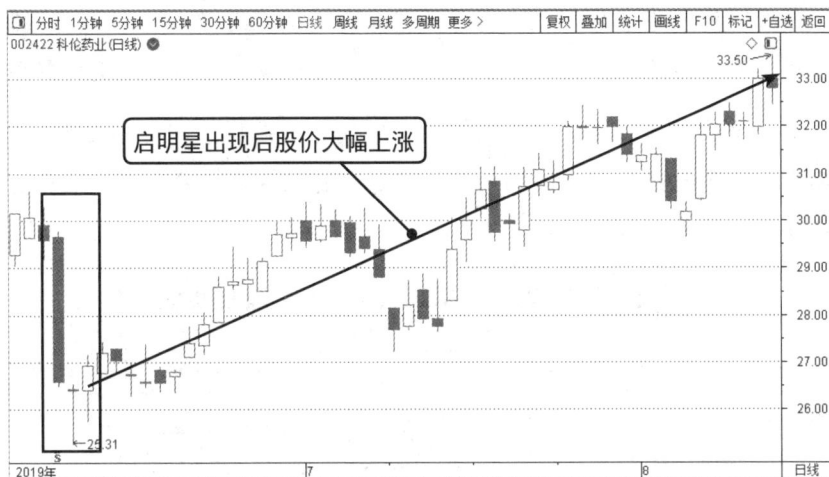

图 3-26　科伦药业 2019 年 6 月至 8 月的 K 线走势

实例分析

反转形态启明星实例——新亚制程（002388）

启明星中第三根阳线如果反冲到第一根阴线上方，将两者包裹，这种包裹越多，上冲越厉害，说明后市反弹越猛烈。

图 3-27 所示为新亚制程 2019 年 5 月至 9 月的 K 线走势。

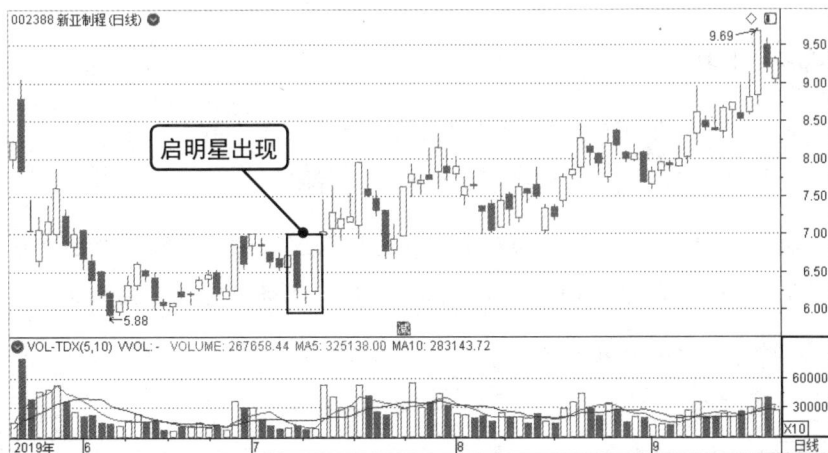

图 3-27　新亚制程 2019 年 5 月至 9 月的 K 线走势

新亚制程前期表现下跌走势，股价跌至 5.88 元触底止跌，并在 6.5 元价位线上波动，随后在 7 月 8 日、9 日和 10 日形成一个启明星反转形态。

这一次反转中，启明星后的第三根阳线非常强势，一举突破第一根阴线高点，这种就是反转强烈的态势，通过当日的分钟交易情况，我们也能发现该股当日受到买方拉升，股价迅速上扬，如图 3-28 所示。

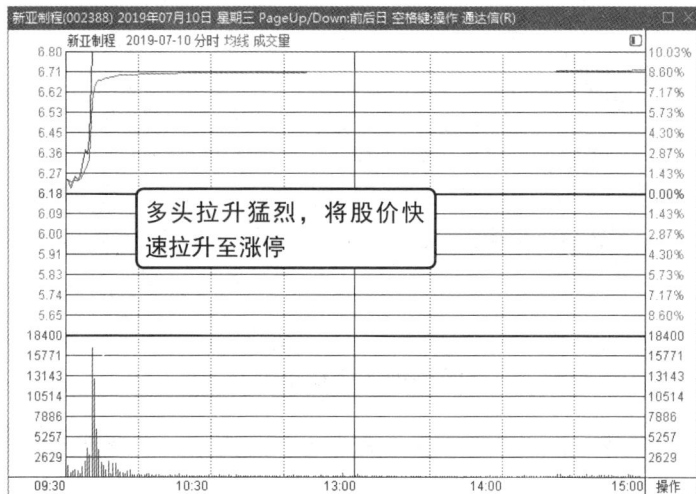

图 3-28 新亚制程 7 月 10 日分时走势

3.2.3 阳抱阴

抱线，有阳抱阴和阴抱阳之分，两者分别预示不同反转情况。小阴线在前，大阳线在后，大阳抱小阴，预示上涨可待。

如图 3-29 所示，在本来处于下降趋势的过程中，连续下跌已无法预测其底部，但是后来出现一根长长的大阳线，将前面那根短短的小阴线一举抱入怀中，形成明显对比。

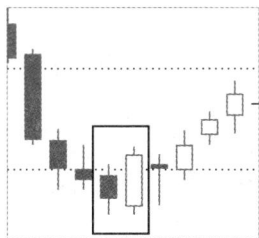

图 3-29　阳抱阴

阳抱阴预示市场买方力量已经压倒卖方力量，在卖方打压股价过程中，卖方已经将亏损降到最低，再也没有办法继续压低股价，力量已经枯竭，而此时正好是买方开始大量买入廉价股票的时候。

所以，买方一鼓作气，将连续多日的跌势收复，卖方此时也只能眼睁睁地看着买方低价买入，自己已无能为力，买方此时占据主动。

出现阳抱阴形态时，可从以下两个方面进行判断。

◆ 在阳抱阴态势的形成过程中，股民首先要认清股价是长期下降趋势还是短期调整趋势，因为短期下跌不一定是短期底部，有可能股价会继续下跌，此时就要慎重判断。

◆ 如果股价长期下跌，跌势已经处于末端，即使股民在较高位买入，也不会被严重深套。这一点符合前面道琼斯理论关于"趋势在给出明确的反转信号之前被假定一直有效"，如果短期反转不能确定，不如等待长期反转信号。

◆ 要保证第二个大阳线完全包含第一根阴线的实体范围，不一定要包含上下影线。

◆ 在蜡烛图中，实体意味着开盘价和收盘价，如果大阳线实体包含小阴线实体，意味着大阳线的开盘价虽然低于小阴线。但是，收盘价远高于后者的收盘价，说明市场对该股后市非常看好，不惜高价买入。

实例分析

反转形态阳抱阴实例——海普瑞（002399）

如图3-30所示，海普瑞从2019年8月开始下跌，股价从22元附近滑落至16元左右，下跌趋势明显，股民谁也不知道下跌何时能够到头，买方一直在等待最佳买入信号。

直到11月18日，出现一根大阳线，形成阳抱阴的形态，一举将前面几日的阴霾扫除，带给市场一线希望，后市可能出现买方控制的市场，股价会一路上涨。随着市场信心增强，股民开始陆续入场，股价也逐步从低位反弹。这种反弹不仅收复前期的下跌区间，也不断创出近期新高，股价在后市一路上涨。

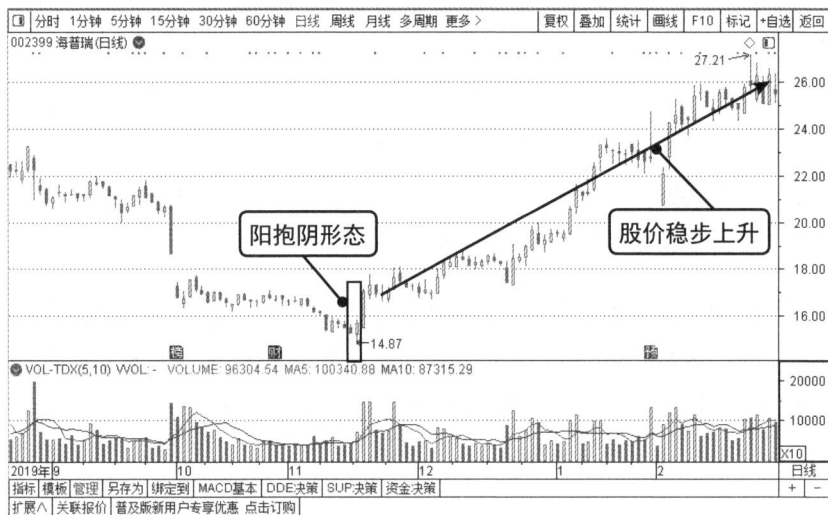

图3-30　海普瑞2019年8月至2020年2月的K线走势

通过阳抱阴两日分时图，我们能够发现11月15日的股价一直在开盘价下方波动，股价低迷。而11月18日的市场走势明显增强，股价持续上涨，买方一鼓作气将股价从前一日收盘价下方拉升到收盘价上方，幅度较大，对应成交量也明显放大，这就是市场信心的体现，如图3-31所示。

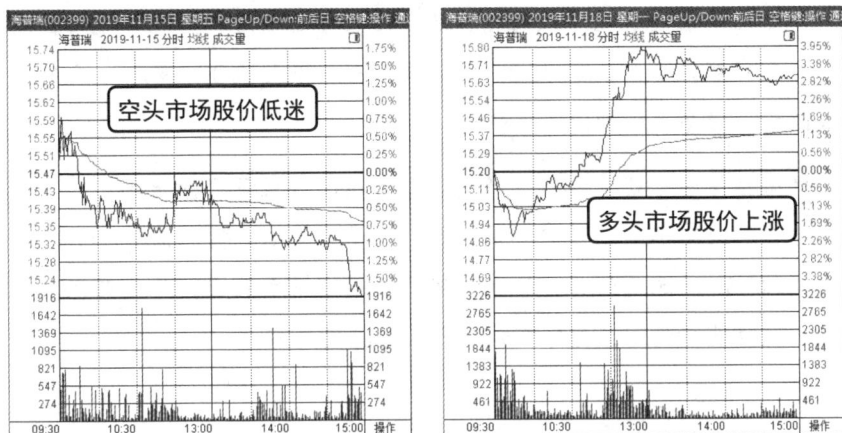

图 3-31　海普瑞 11 月 15 日和 18 日分时图

实例分析

反转形态阳抱阴实例——龙星化工（002442）

有时候股价不一定要在下跌过程中出现这种阳抱阴，在盘整过程中也会出现。图 3-32 所示为龙星化工 2019 年 7 月至 12 月的 K 线走势。

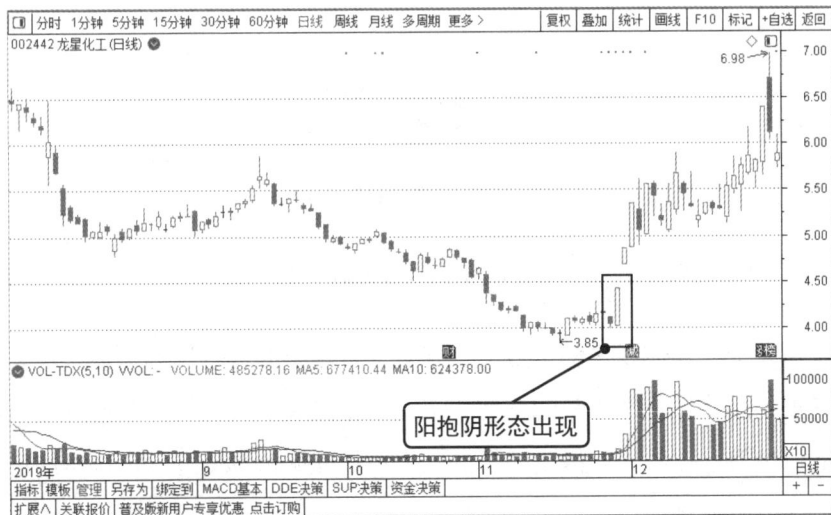

图 3-32　龙星化工 2019 年 7 月至 12 月的 K 线走势

龙星化工经过一轮下跌行情，股价跌至4元附近，并在4元价位线上盘整，形成短期底部。11月28日K线收出一根大阳线，与前一天的阴线形成阳抱阴形态，股价出现转机。

这种阳抱阴形态出现后，随着大盘走高，成交量也开始剧烈放量，这几点向好的迹象都刺激股价一路走高，该股从4元一路上涨到6.98元，涨幅达到约75%，这是最典型的买方势力控制市场的表现，股民若在阳抱阴形态出现时进行买入，并持有到后市，定能获利不少。

3.2.4　阴孕阳

长阴线带小阳线，就像母亲孕育着孩子，预示着新的希望即将来临。

阴孕阳通常由两根蜡烛线构成，其中第一根蜡烛线比第二根蜡烛线要长，通常完全包含第二根蜡烛线，形成孕形态，如图3-33所示。

孕线是来自日本一个古老的名词，意味着"怀孕"，在此形态中，长的阴线就是母亲，而短的阳线就是孩子。

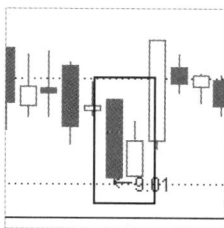

图3-33　阴孕阳

前一个大实体线说明卖方力量强大，可以将股价打压到更低价位，而第二根小阳线表示卖方势力在前一个交易日已经消失殆尽，买方开始浮出水面。虽然反弹不大，但是短暂的反击也能提振市场信心，市场可能出现分道扬镳的迹象。

拓展知识 *十字孕线是强烈的反转形态*

　　孕线形态是后面一根 K 线实体较小，并且被前一根较长的实体包容进去。该形态名字的由来，也是缘于"怀孕"的意思。长的 K 线为"母"线，短的 K 线为"子"线，或是"胎"线，以示其包容含义。十字孕线是其第 2 天的小实体，为一根十字线。一般的孕线，不属于主要反转形态，但十字孕线形态的反转意义更为强烈。十字孕线在顶部预示着大盘下跌，而在底部出现，与顶部相反，预示着大盘反转。

实例分析

反转形态阴孕阳实例——信捷电气（603416）

　　如图 3-34 所示，信捷电气从 2019 年 4 月初开始，受到大盘下跌影响，连续出现下跌走势，股价在两个月的时间里从 32.98 元跌至 22.33 元，跌幅达到约 32%，多头完全没有能力挽回败局。

　　然而在 6 月 10 日，K 线收出一根阳线，与前一个交易日形成阴孕阳的组合，市场开始再次出现希望。

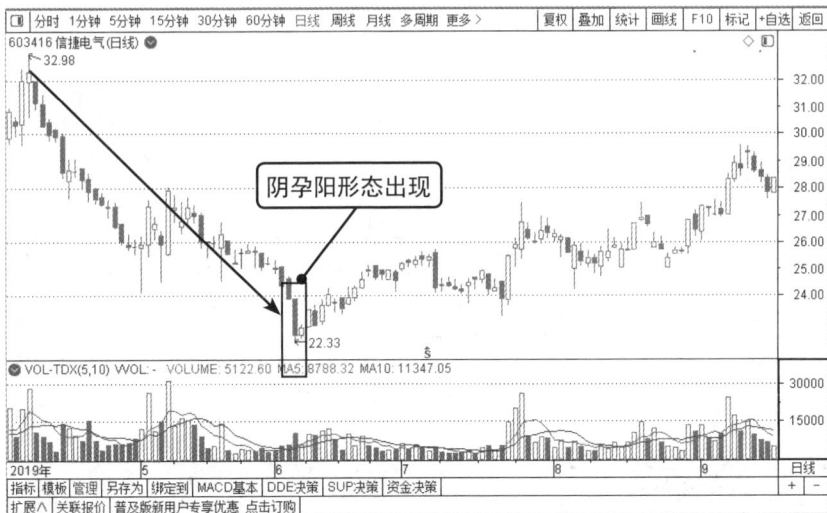

图 3-34　信捷电气 2019 年 4 月至 9 月的 K 线走势

这一次阴孕阳是否是会引来股价的反弹上升，股民无法确认，只能等待随后几日的反弹走势来判断。在6月初的走势中，股价出现连续反弹上涨的迹象，且反弹中的高点不断向上拔高，表明股价上涨愿望强烈，股民可以试探性买入。

从这一走势，可以明显判断反弹已经接近，股价可能再次出现上涨走势。果然，在买方多次试探后，成交量明显放大，买方开始逐步推高股价。

实例分析

反转形态阴孕阳实例——南京港（002040）

阴孕阳形态不仅在蜡烛图日线中出现，在周线和月线中也会显现，意味着空头和多头开始轮换，多头逐步占领市场，在多头的刺激下，市场人气聚集，股价上涨也是必然结果。

如图3-35所示，从南京港周线上发现，股价从2011年7月开始下跌，股价从高位跌落，随后在4.5元至5.5元之间形成震荡走势，形成一个短期平台。

图3-35　南京港周K线

从箱体理论解释，就是一个箱体已经建立，股价将会在箱体内继续震荡，除非出现趋势明显的反转信号，否则这种震荡可能继续持续。

然而，从 2013 年 6 月 28 日和 7 月 5 日，出现一个阴孕阳形态，打破箱体平衡，说明该市场经过多次震荡，买方市场开始出现买入积极信号。

在成交量的不断增加下，股民开始逐步进场，后市出现典型放量上冲状态，这一切都是阴孕阳形态引发并催化出现的。

3.2.5 向上跳空组合

市场最激烈的波动不是大阳线，而是跳空运动。

向上跳空形态由两根蜡烛线组合而成，典型特征是第二根蜡烛线的实体和第一根蜡烛线的实体有明显缺口，两个蜡烛线就像原地跳高，显示一种上冲的爆发力，如图 3-36 所示。

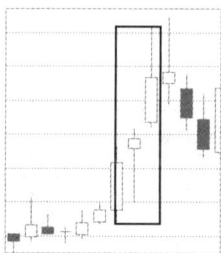

图 3-36　向上跳空形态

买方为了获得足够的筹码，刺激低迷的卖方市场，最简单的方法就是抬高股价，这种股价跳空拉升，通常会带来市场的关注，必然会吸引股民进场，这是向上跳空对于市场心理的影响。

另外，市场出现跳空缺口也可能是受到消息刺激，在消息面突然出现异常情况下，买方开始出现大量买入，股价就会出现急速上冲态势，空头此时虽然大量抛售股票。但是，在多头的强烈刺激下，原来属于空头的卖家也会逐步增强信心，加入买方行列。

向上跳空出现后，长期低迷股票会继续上冲，而在高位的股票也可能创出近期新高，这虽然增加股民期望，但是也要防止是庄家释放的假消息，股民不能见涨就追，这样风险较大。

实例分析

反转形态向上跳空实例——太阳纸业（002078）

如图 3-37 所示，太阳纸业在 2019 年 4 月出现大幅下跌，股价下跌至 6 元附近后止跌，并在 6 元价位或附近盘整。

但是在 6 月 21 日，股价出现向上跳空，不仅改变了市场的低迷情况，同时也给市场带来新的希望，当然，这种反弹从成交量上看，引起部分股民关注，股价呈现量增价升的走势。

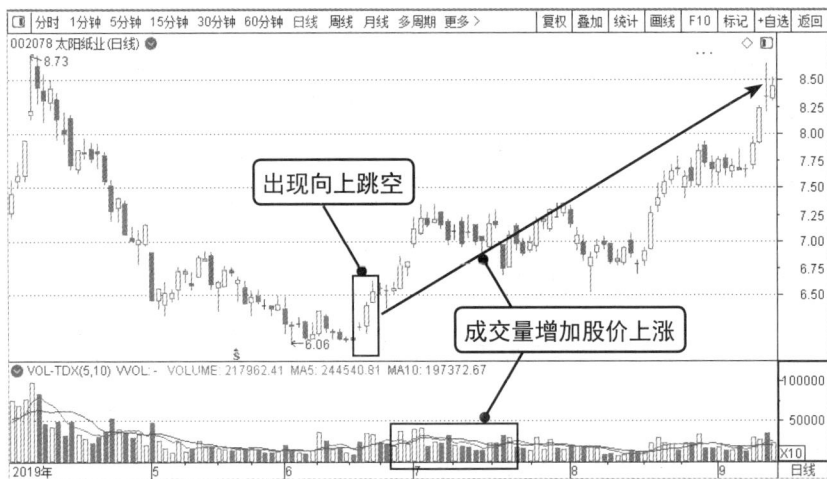

图 3-37　太阳纸业 2019 年 4 月至 9 月的 K 线走势

向上跳空出现主要是一种心理推动作用，必须配合成交量的增加，如果成交量出现下跌的局面，这种上跳只能获得短期支撑，长期还需要其他指标证实，否则就会出现反复震荡的局面。

同样，向上跳空不仅仅在连续下跌过程中能够起到扭转局面的作用，在平台整理过程中也会引起市场变化，趋势由盘整变为上冲走势。

这种上冲过程依然不能忘记成交量的决定作用，同时结合其他指标综合判断，这样获利的机会将会增加。

实例分析

反转形态向上跳空实例——苏州固锝（002079）

如图 3-38 所示，苏州固锝股价经过一轮上涨行情，将股价拉升至 7 元附近，随后股价在 7 元价位线上波动调整，移动平均线逐渐走平，成交量均线也呈现出水平走势，意味着该股在市场中没有得到股民的青睐，关注者不多。

然而，11 月 13 日，K 线收出向上跳空大阳线，此时成交量开始逐渐放大，5 日均量线开始逐步上移到 10 日均量线上方，最终形成一个典型的金叉形态。

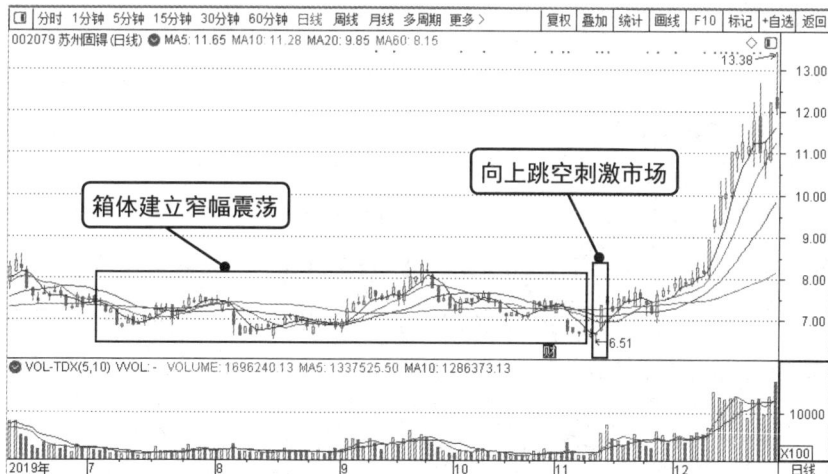

图 3-38 苏州固锝 2019 年 6 月至 12 月的 K 线走势

在蜡烛图上，股价在3月13日出现大幅跳空，盘中虽然遭到空方的反击，但多方开始发力将股价向上拉升，如图3-39所示。

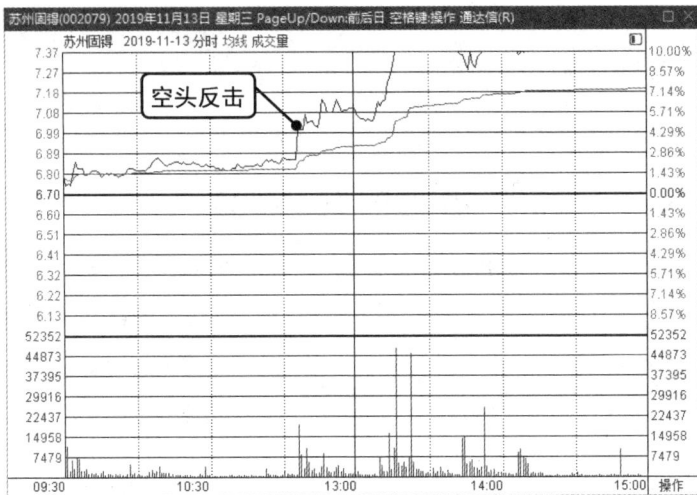

图3-39　苏州固锝2019年11月13日分时走势

这种大量买单涌入，将前期盘整态势完全打破，也打破前期的箱体，市场开始重新看多该股，股价也受到市场的追捧，一路向上。

3.2.6　三川组合

在日本文化中，"三"是一个特殊的数值，由于日本文化是从中国文化继承而来，中国文化中"三"也是非常特殊的。

"川"意味着河流，河流冲击而成，就是峡谷。三川组合也就是由河流冲击而成的形态。

如图3-40所示，每一个高点就是山峰，每一个低点就是山谷，其中山谷就是河流冲击而成，这就是三川组合的由来。

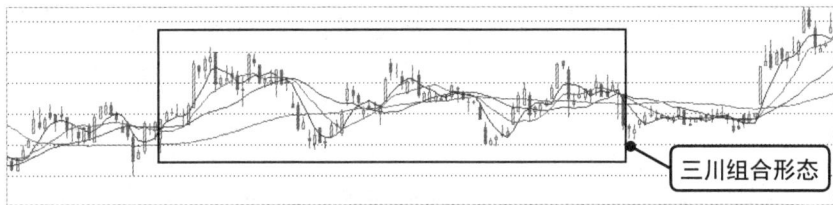

三川组合形态

图 3-40   三川组合形态

三川组合是指出现在股价盘整底部，股价出现波浪起伏态势，买卖双方多次争夺市场，然而实力相等，谁也无法将对手完全消灭，而最高点就是卖方的心理线，而平台最低点是买方的心理线，股价就在这两个价位之间波动。

三川组合类似于波浪理论，同样将股价的波动看成一种自然现象，只是蜡烛图理论远远早于波浪理论。

三川组合从另外一方面来看更加类似于箱体理论，三川组合在底部出现时，如果右侧山峰没有高于前几次山峰，股价将会继续盘整，如果最后一次山峰已经超越前几次山峰，说明买方已经期待打破束缚，开始进入上涨区间。

实例分析

反转形态三川组合实例——移为通信（300590）

如图 3-41 所示，移为通信经过一轮下跌行情后，股价跌至 20 元低位区域。在 2018 年 6 月至 11 月，股价出现连续波动状态，在 19 元至 24 元之间徘徊，每一次上冲都受到 24 元阻力线打压，很快就被空头打压到 19 元附近。

在接近 19 元时，又受到多头买入，股价迅速反弹，在 2 个月的时间里，股价来回波动多次，形成三川组合态势。

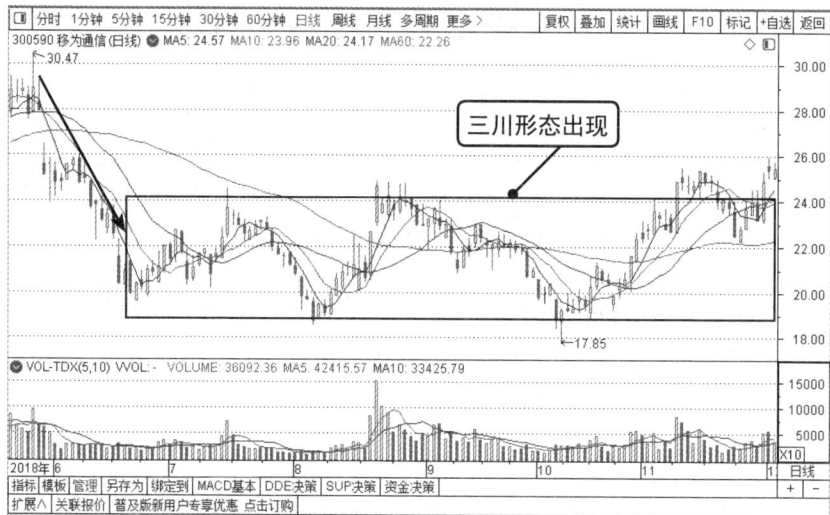

图 3-41 移为通信 2018 年 5 月至 12 月的 K 线走势

三川组合多次来回震荡，大量消耗空头优势，当空头无法再打压股价时，就是市场反转的时机，多头就会立刻将市场抓在手中，股价也会随着多头的加入，逐步上涨。此时，空头已经失去控盘的能力，股价只有任其上涨，如图 3-42 所示。

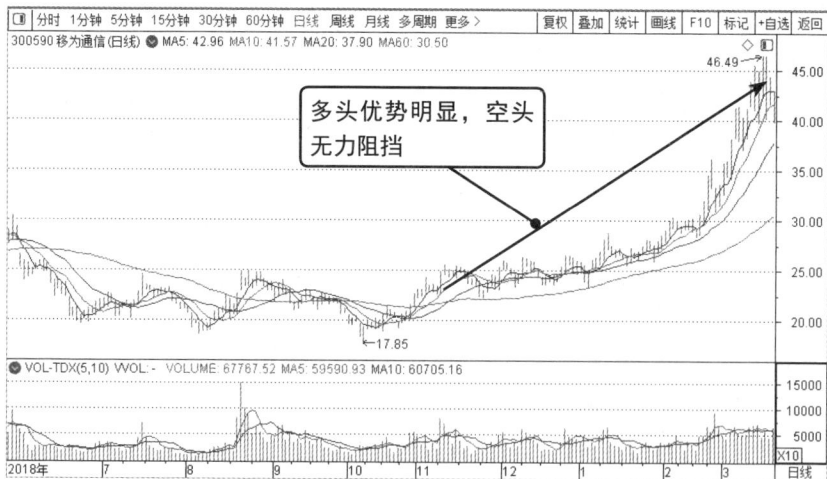

图 3-42 移为通信 2018 年 6 月至 2019 年 3 月的 K 线走势

实例分析

反转形态三川组合实例——格力电器（000651）

三川组合不仅出现在盘整过程，在从盘整过程跌入谷底时，三川组合也能迅速地将买卖双方的力量消耗殆尽。

由于双方已经经历艰难的底部盘整，而此时股价已经较前段时间的平台盘整下跌较深，更多的市场买方开始进入，股价开始出现快速上升，这种局面也能预示后市将会上涨。

如图 3-43 所示，格力电器受到大盘下跌影响，股价开始下跌，从 55.8 元下跌至 35 元附近，股价在底部受到买卖双方激烈搏斗，在 35 元至 40 元之间形成三川形态，这次三川形态消耗双方力量。

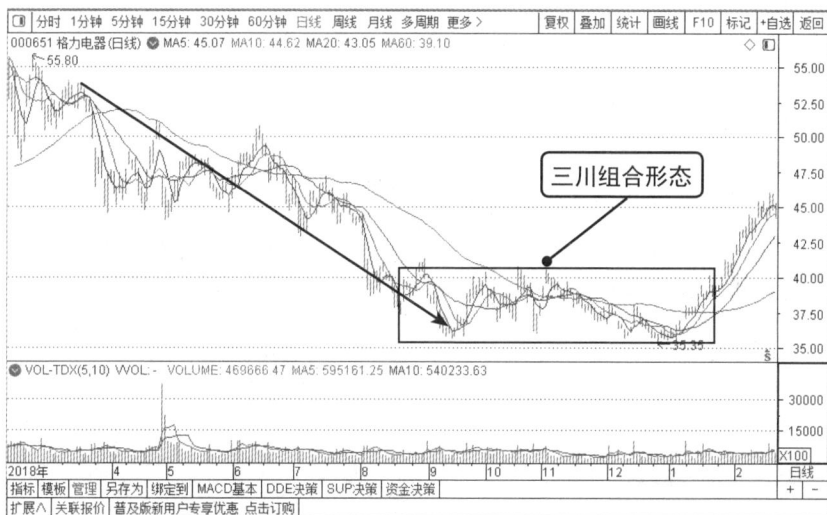

图 3-43　格力电器 2018 年 3 月至 2019 年 2 月的 K 线走势

随着三川形态的变化，股价很快突破箱体压力线，继续向更高的区域突破，股价也不断创出新高，不仅超越前期的高点，而且成交量也出现爆发形态。

这是因为在三川组合过程中，卖方力量被削弱，买方有新力量进入，造成实力悬殊，这也是股价上冲的典型实例，股民可以获得短期收益的最佳案例。

从这两个实例中读者都可以发现，该组合通常发生在底部盘整或者突然急速下跌过程后。当股价在高位盘整过程中，这种三川组合就不再有效，而是一种预测下跌的迹象，这一点在随后的章节中笔者将介绍另外一种类似的组合——三山组合。

拓展知识 *三川组合和箱体理论关系*

三川组合和箱体理论原理类似，但三川组合较箱体理论更为完善，结合蜡烛图的各种形态，股民能够更加详细发现市场多头和空头的变化，掌握市场结构。而箱体理论只是三川理论的变形和简化。

3.2.7　前进三兵

"兵者，诡道也。"——《孙子兵法》

从蜡烛图诞生的过程中，战争后遗症就影响着蜡烛图的命名。本节将介绍另外一种反转形态——前进三兵形态。

该形态由连续出现的 3 根阳线组成，它们的收盘价依次上升，形成一个稳健的走势，如图 3-44 所示。

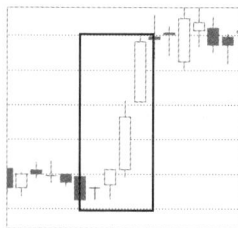

图 3-44　前进三兵形态

前进三兵形态意味着多头开始进攻，空头开始放弃的过程。多头不断抬升股价，而空头无法控制股价在底部，只有节节败退，股价在不断上涨的过程中，也开始吸引市场的注意，更多的散户跟进买入，逐步打破股价下跌的态势，股价也将迎来强烈的反弹，这种走势将会带动市场心理向好，如果结合成交量增加，这种三兵形态将会带来股价的飙升。

拓展知识 *前进三兵的由来*

"前进三兵"这一名词来自发明者所处的历史背景。蜡烛图是产生于日本内战后期，各派军阀混战，各种战争用语也流行于民间。当部队进攻时，步兵是作为先头部队向前突击的。所以，前进的步兵预示着攻击开始，发明者也借鉴这种军事用语，意味着股价会逐步上扬，逐步攻下一个个价格高位，给投资者带来收益。

实例分析

反转形态前进三兵组合实例——四创电子（600990）

如图 3-45 所示，四创电子在 2018 年 10 月底股价下跌到 31.82 元，随后股价开始止跌，并在 35 元价位线上调整，这是多头在底部准备进行反击的征兆。

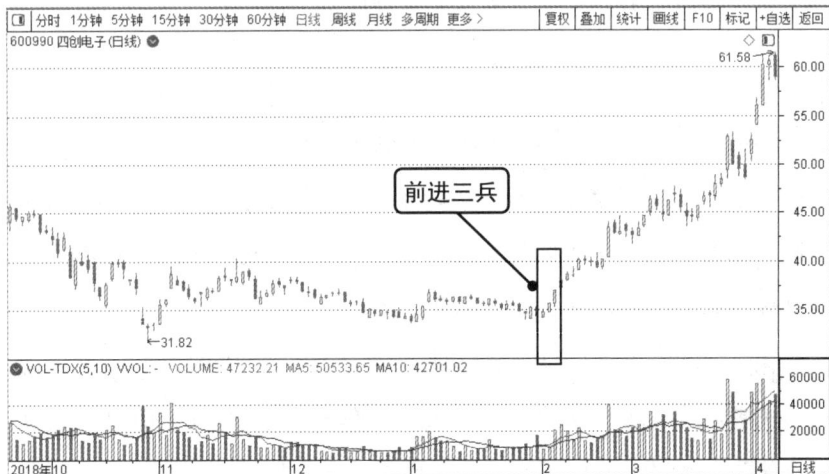

图 3-45　四创电子 2018 年 9 月至 2019 年 4 月的 K 线走势

2019 年 2 月初，多头迅速买进股票，在股价跌幅不大时便开始反攻，形成了前进三兵形态，这三个交易日里的前进三兵形成剧烈反击，将股价从下跌走势转为上涨走势。

在前进三兵形成后，股价开始大幅上涨，在后市的上涨过程中虽偶有回调，但都无法改变股价上涨的大趋势，股价稳步上涨的动能来源，正是上涨初期的前进三兵，这个形态告诉股民：买方完全有能力控制市场。

特别是在 2 月初的七连阳，这可以看成前进三兵的变形，这种连阳预示买方已经完全赢得市场，在下方对应成交量猛增的情况下，可以明显发现股民已经参与其中。

在这种情况下，股价继续上冲的可能性很大。所以，股价在成交量的刺激下和市场的关注中，一路上涨超过 85%。前进三兵在这次上涨过程中，承担着扭转局面的作用，同时也相应影响着市场的心态。

另外，我们从图中的震荡过程中发现这种前进三兵是出现在行情底部的，此时空头力量得到充分释放，已经逐渐转弱，此时出现前进三兵，可以确定是买方受到市场关注，力量明显增强。这样，股价只要突破前期调整的箱体，必然会引起更多的买入，这种股价上涨也是理所当然。

实例分析

反转形态前进三兵组合实例——亿纬锂能（300014）

前进三兵不仅在下跌过程中能够反转局势，它还能在盘整过程中，将股价迅速拉高，造成一种强烈买入的气氛，这种气氛如果配合市场消息面，往往能够将股价拉升态势演变成飙升的走势。

如图 3-46 所示，亿纬锂能处于上升行情中，股价上涨至 55 元后止涨，下跌回调随后在 50 元价位线上横盘。但是，1 月 9 日、10 日和 13 日，K 线连续三天收出上涨小阳线，并形成前进三兵形态。

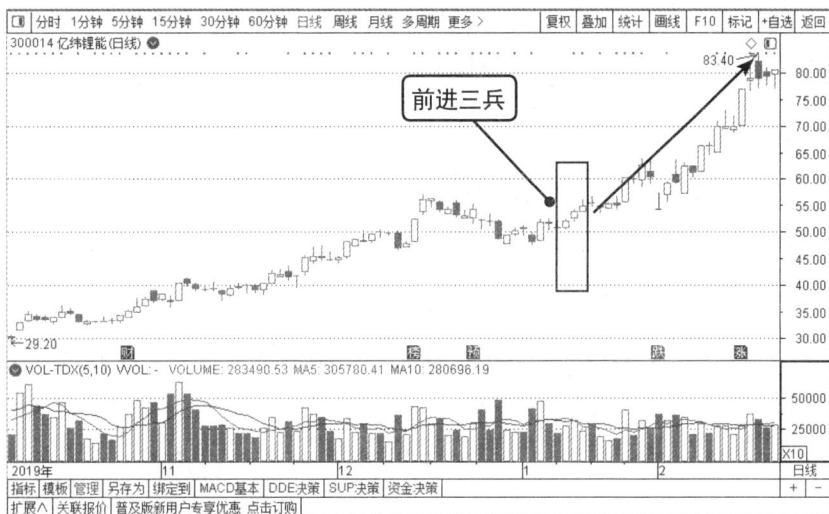

图3-46 亿纬锂能2019年10月至2020年2月的K线走势

前进三兵形成后，鼓励了市场中的散户跟进，由于受到散户的跟进和消息面刺激，该股继续上冲，形成一个巨幅上涨的走势。

这一次市场行情看好刺激加上前进三兵的走势，两者都能够对市场形成较大的影响，再根据江恩理论中关于"趋势在外力刺激下，一定会继续持续，除非受到其他力量阻止"理论，这次上冲是一个典型的实例。

3.3 顶部建立蜡烛线种类

底部如果是买股的最佳时机，那么顶部就是卖股的最佳时机。在股票市场有一句名言"买得好的是学生，卖得好的是老师"，说明何时卖出股票将比何时买入股票更需要技巧和经验。

而在牛市和熊市的变化趋势中，我们也能深刻地感觉到股市从熊市变为牛市的过程是缓慢的，而从牛市变为熊市是迅速的，如何在这种迅速变化中获得最佳卖出时间段，蜡烛图的创始人已经进行了深入的研究，如何判断股价到达高位平台，也是有迹可循的，可以照葫芦画瓢。

如图 3-47 所示，美尔雅（600107）从 6 元上涨到 10 元附近，形成一个短暂的高位，这时高位平台已经显示出顶部较强的卖出压力。2019 年 3 月 8 日，股价上冲到 9.5 元，很快受到前期形成的压力线打压，股价迅速回落，形成一个上影线很长，实体很短的蜡烛线——流星线。这根上吊线是高位受到阻力的典型蜡烛图。

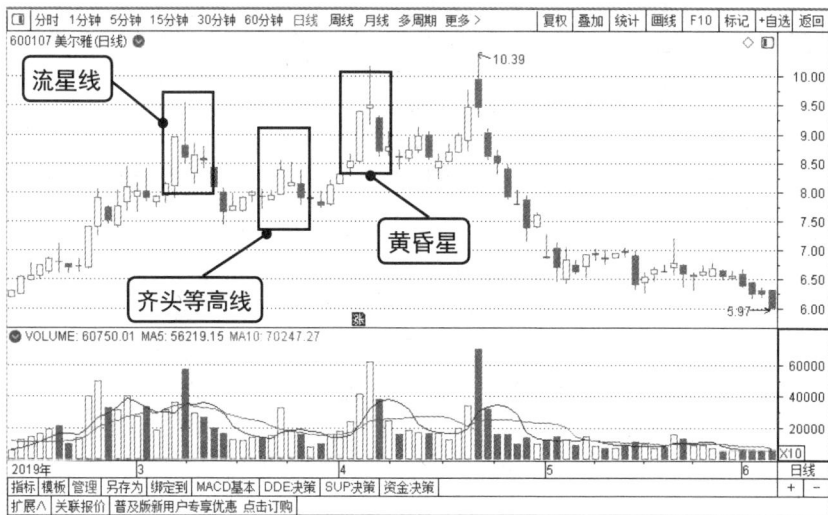

图 3-47　顶部建立蜡烛线实例

4 月 4 日一根十字星出现在两根蜡烛线之间，这种组合就是蜡烛图中典型顶部形态——黄昏星形态，黄昏星预示着上涨态势即将结束，股价可能进入高位盘整或者下跌的趋势。

该股在高位触顶后，股价停止继续上涨的趋势，开始回调。在黄昏星出现之前，即在高位盘整过程中，3 月 22 日和 25 日的两根蜡烛线形成高度相等的上影线，这也是短期上涨态势结束，顶部形成的组合——齐头等高线，再次预示高位呈现阻力线，没有任何消息面刺激的情况下，股价短期会继续在该价位建立高位平台，突破该平台不容易。

美尔雅在该阶段的蜡烛图走势中，股价连续在 10 元部分受到阻力，3 种不同类型的蜡烛图都预示上涨不能继续，高位已经建立。这 3 种图形就是蜡烛图上涨趋势结束，进入平台整理的典型组合。

在接下来的几节中，我们将分别来研究这 3 种不同的蜡烛图高位见顶形态。

3.3.1　流星线

流星线，预示着上涨的欢乐情景将很快结束，如流星一样转瞬即逝。

流星线是一根上影线很长，下部实体较短的蜡烛线，主要出现在股价上涨过程的末期，预示上涨趋势即将完成，股价已经开始接近这一轮上涨的顶部，如图 3-48 所示。

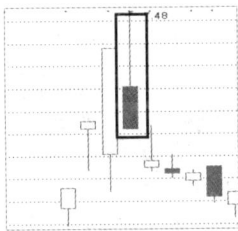

图 3-48　流星线形态

由于上影线很长，预示着买方力量已经耗尽最后力气上冲，但是卖方力量在上涨过程中已经逐步累计，在上涨末期开始占据市场，开始将股价从高位打压到开盘价附近，这种打压越厉害，越表示股价顶部的接近程度和持续程度。

如果股价在上涨过程中，连续出现这种高位流星线，通常说明股价已经在顶部范围,随时都有可能从顶部范围变为下跌趋势。

在流星线出现的过程中,如果交易量在前几日异常放大,这种流星线形成的平台持续时间将迅速减少,很快股价就会从高位盘整变为迅速下跌走势。

拓展知识 *高位放量的危险*

股价能够在高位放量,大部分是受到消息面刺激或者前期获利丰厚的机构出逃造成。当高位放量出现后,如果没有强大的多头支撑,股价会出现明显的下跌走势,给股民造成心理压力,恐慌出逃可能更加明显,后市反弹将会困难重重。

实例分析

顶部形态流星线实例——宁波东力(002164)

图 3-49 所示为宁波东力 2019 年 4 月至 11 月的 K 线走势。

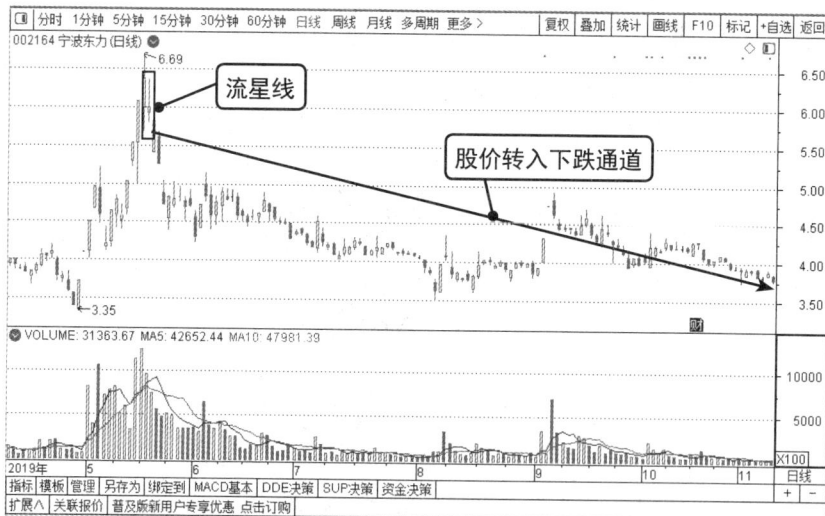

图 3-49 宁波东力 2019 年 4 月至 11 月的 K 线走势

从上图可以看到,宁波东力前期受到市场关注和大盘上涨的影响,股价进入上涨趋势。在 5 月 21 日，蜡烛图出现流星线形态，预示着股价在多头的大量买入下，前期获利股民开始离场，多头的力量逐步减弱，空头力量开始增强，后市有反转的可能。

此时我们查看 5 月 21 日的分时走势，如图 3-50 所示。

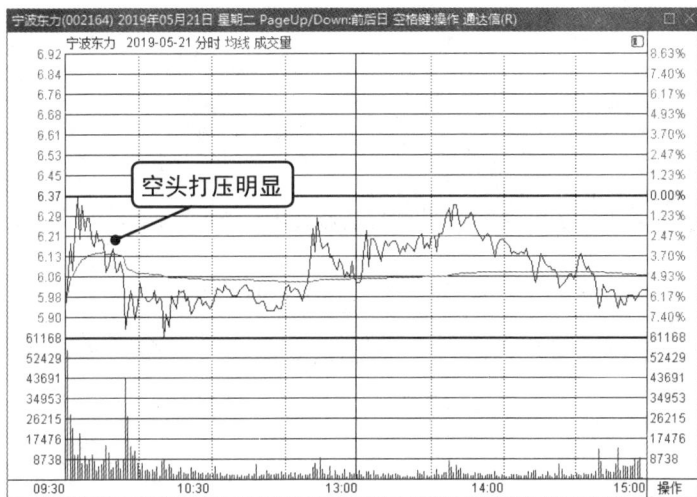

图 3-50 宁波东力 5 月 21 日分时图

从上图可以看到，当天开盘后股价放量拉升，但随即受到空头的打压，股价下跌，虽然盘中多头发起反击但很快便被镇压，进一步说明多头力量逐步减弱，空头力量增强。

随后股价转入下跌通道中，成交量急剧萎缩，股价大幅下跌。

实例分析

顶部形态流星线实例——太原重工（600169）

如图 3-51 所示，太原重工也出现类似宁波东力的走势，股价一路上涨，多头相比空头更多的控制市场。但是 4 月 18 日 K 线收出流星线，此时已经对上涨态势提出预警。

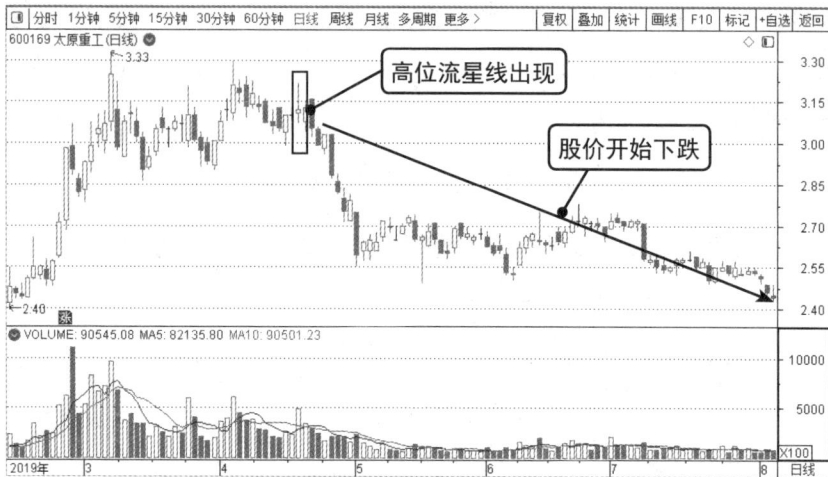

图 3-51   太原重工 2019 年 2 月至 8 月的 K 线走势

高位流星线的出现，透露空头开始占据市场的现象，市场此时才开始注意这则信息，股价开始进入下跌行情。

3.3.2   齐头等高线

齐头等高线意味着高位阻力乍现。

齐头等高线通常由两根或多根蜡烛线构成，典型特点是蜡烛图最高点价位顶部几乎一致，形成一个典型的顶部等高走势。其中上影线或者实体上部，都可以作为蜡烛线的最高点，如图 3-52 所示。

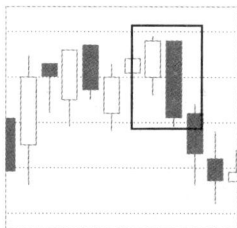

图 3-52   齐头等高线形态

　　齐头等高线形态意味着在连续多日的多头上冲过程中，股价都在相同的价位受到阻力，这种现象说明买方力量已经减弱，不能继续将股价抬升到更高的位置，而卖方虽然希望股价能够继续上涨，但是买方的心理价位已经形成，无法继续跟进买入，双方在这一价格线形成拉锯姿势，价格不会继续上冲，高位平头线已经临近。

拓展知识 *齐头等高线和齐头平底线关系*

　　齐头等高线和齐头平底线都是以等高为判断关键。齐头等高线主要是以蜡烛图最高点为判断依据，而齐头平底线主要以蜡烛图最低点为判断依据，前者意味着高位阻力线已经接近，后者则反映底部支撑线已经建立。

实例分析

顶部形态齐头等高实例——金陵饭店（601007）

　　图 3-53 所示为金陵饭店 2019 年 5 月至 11 月的 K 线走势。

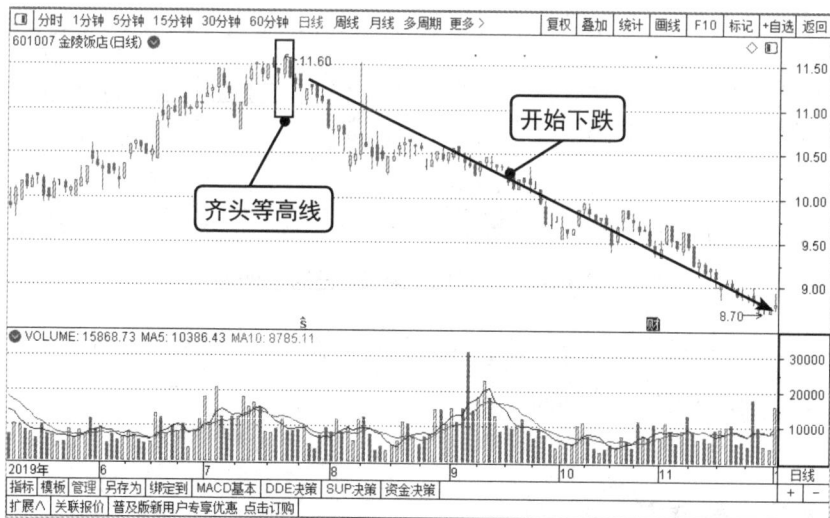

图 3-53　金陵饭店 2019 年 5 月至 11 月的 K 线走势

从图中可以看到，该股前期表现上涨走势，涨至 11.5 元附近后止涨横盘，此时成交量表现放量，后市行情乐观。

到 7 月 19 日股价上冲到 11.60 元，然而，第二个交易日股价出现一根低开低走的大阴线，且两根蜡烛线在高位呈现齐头等高线形态，股价似乎到了上涨的末期。

如图 3-54 所示，观察 19 日和 23 日分时图，我们能够感觉这两天的走势完全不同，前一日是多头占据优势，股价上扬，而 23 日却是空头占据市场，股价一路在开盘价下方波动，无法突破开盘价，而这个开盘价就是前一日的收盘价，这说明买卖双方的心理价位已经建立，股价上涨已经进入末期，顶部即将来临。

图 3-54 7 月 19 日和 23 日的分时图

随后，该股果然停止上涨，开始转入漫长的下跌过程，股价从 11.6 元跌至 8.7 元，跌幅达到 25%。

3.3.3 黄昏星

黄昏星是黑夜来临时最亮的一颗星，预示着股市走势将会变化。

黄昏星是由 3 根或 3 根以上蜡烛图构成，第一根蜡烛线是一根阳线，随后出现跳空的一根十字线，第三根蜡烛线是一个跳空低开的阴线或者阳线，第二日跳空形成的星线，与前后两日都形成一定的缺口，这就是黄昏星形态，如图 3-55 所示。

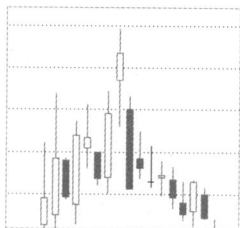

图 3-55　黄昏星形态

黄昏星通常出现在股价连续上涨过程的末期，多头想在上涨结束末期再一次刺激市场，将股价拉升到新高度，迫不及待地跳空高开，但是由于空头此时已经实力雄厚，将多头的拉升力量完全消耗掉，形成开盘价和收盘价几乎一致的高位星线，此时，多头势力消耗殆尽。

在随后的交易日中，空头使股价跳空低开，多头已经没有力量反击，预示着上涨已经结束，空头开始进入反击过程，股价只有下跌或者高位盘整的结局。

黄昏星和启明星是完全相反的形态，黄昏星和启明星都预示着走势即将变化的情况，当这两种形态出现时，对股民心理也将产生明显的影响。

实例分析

顶部形态黄昏星实例——千山药机（300216）

如图 3-56 所示，千山药机在 2019 年 2 月进入一次小波段上涨过程。这次上涨过程受到成交量支撑，量价齐增下，市场似乎开始进入一轮上涨通道，股价从 3 元冲破到 5 元上方，涨势非常迅速。

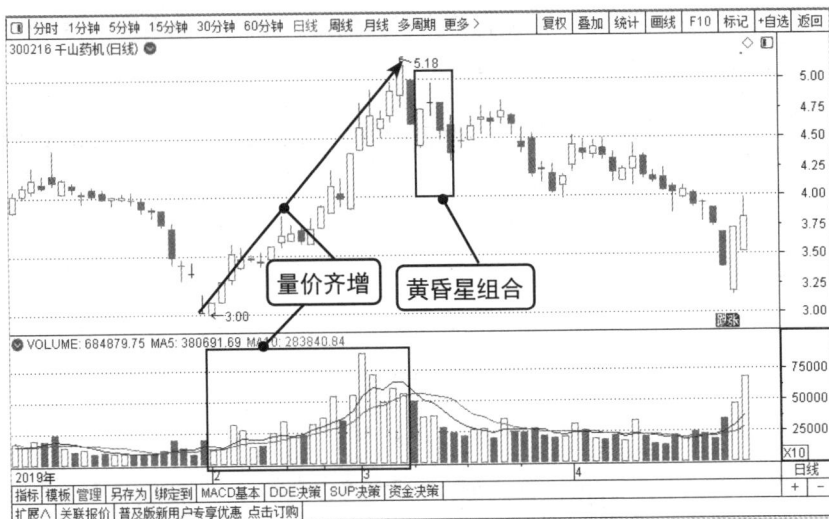

图 3-56　千山药机 2019 年 1 月至 4 月的 K 线走势

　　然而股价并没有继续上涨，反而下跌回调。在 2019 年 3 月 12 日股价出现高开形态，但是很快就进入下跌过程，最终以实体很小的阳十字星收盘，说明当日多头和空头博弈激烈，最后空头占据市场，股价从震荡逐步回落到开盘价附近。

　　3 月 13 日 K 线收出一根低开低走的大阴线，由此黄昏星组合形成，说明股价上涨行情结束，后市将迎来一轮下跌行情。股民发现黄昏星线后应该及时出逃。

拓展知识　*缺口*

　　在前面介绍的多个形态中，都存在缺口形态。这种缺口大部分都是受到消息刺激，买方或者卖方为了买入或者卖出而强行将股价拉高或打压，与前一交易日形成差距，这样就产生了缺口。

3.4 下跌初期蜡烛线品种

本节是蜡烛图最后一种类型——下跌初期类型。

下跌初期往往是股民最后逃离的机会，如果股民不能把握下跌初期的走势，不能准确判断股价是否处于下跌初期，后果可能会是严重深套到割肉离场。

在蜡烛图类型中，总共有 5 种类型能够预示下跌已经临近，分别是向下跳空、三只乌鸦、阴抱阳、阳孕阴和乌云线。

如图 3-57 所示，我们能够发现在下跌初期分别出现两种形态——阳孕阴和三只乌鸦。

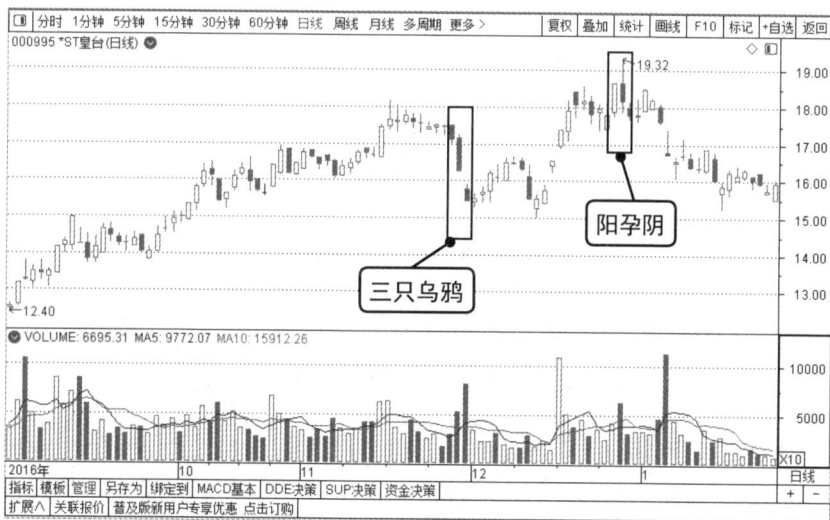

图 3-57 下跌初期蜡烛线形态

这些形态的出现都说明股价已经在高位无法支撑，空头已经占据市场，股民也最好乘势而为，卖出股票。

在股市运行周期中，下跌过程往往迅速而且持久，如果股民不能在下跌初期提早离场，后果不是割肉就是严重深套，将错失在底部抄底的机会。本节将一一介绍各种下跌初期的蜡烛图走势，希望能够起到一定作用，帮助股民逃离熊市。

3.4.1　向下跳空

老股民经常说："向下跳空，绝对是一件恐怖的事情。"

向下跳空出现，主要是由于卖方急于卖出股票，在第二日开盘时将大量卖单价格较前一个交易日降低过多，使两根蜡烛线之间出现空缺，如图 3-58 所示。

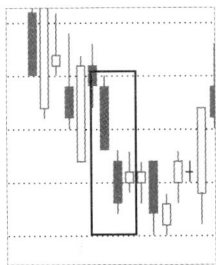

图 3-58　向下跳空形态

在股价高位盘整过程中，突然卖方不惜成本将股价打压到低位大量卖出，这说明此时空头即卖方开始出逃，随着这种大量卖单的涌出，会引起市场关注。

而且缺口越大，越能引起市场恐慌，这种恐慌心态会进一步蔓延，造成市场更加恐惧，价格下跌将会更迅猛。向下跳空过程，如果股价全天走势都没有出现反转迹象，说明空头和多头力量差距较大，多头已无力挽回股价，无力承担大量的卖单，在分时图中，股价呈现单边下跌之势。

但是部分向下跳空也可能是多头诱惑股民卖出的伎俩，股价也可能在随后走势中反弹，这种情况多数出现在绩优股和中小盘股，股民可以分别对待。

当股价在底部时，向下跳空几乎是买入的绝佳时机，但是，如果股价已经明显处于前期高点，获利的股民不断增加，向下跳空特别是超越多根价格均线时，大跌极有可能迅速来临。

拓展知识 *向下跳空的深层原因*

在股市中，个股发生向下跳空，大部分有以下几点原因。

①消息面利空，即庄家提前获知不利消息，所以在市场反应前大量卖出。

②政策利空，国家出台不利政策，市场恐慌加重，担心大跌。

③机构或大股东减持，股价到达合理心理价位，大股东和机构开始减持股票。

实例分析

下跌初期向下跳空实例——江苏国信（002608）

图 3-59 所示为江苏国信 2019 年 1 月至 7 月的 K 线走势。

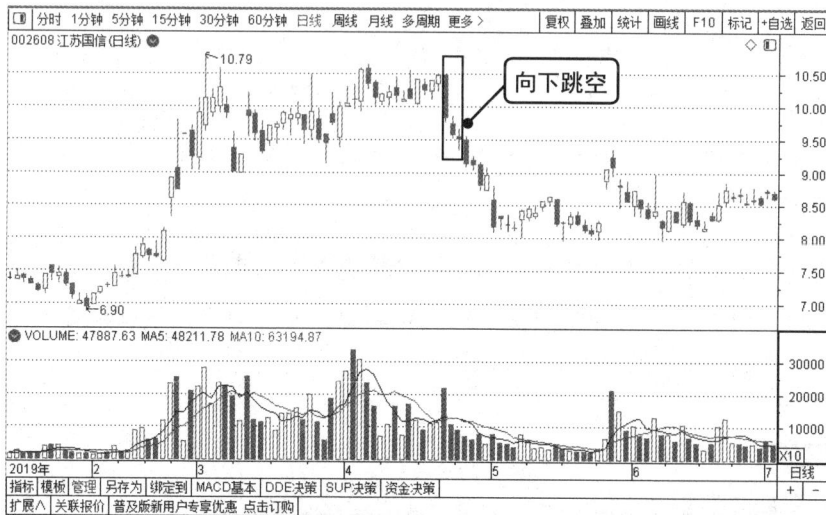

图 3-59　江苏国信 2019 年 1 月至 7 月的 K 线走势

从图中可以看到，江苏国信经过一轮上涨后，将股价拉升至10.79元，随后股价止涨回调，在10元价位线附近盘整一个多月。受到10.5元阻力线的打压，多次上冲无果，高位盘整走势已经成立。

既然高位已经建立，股民唯一担心的就是何时是下跌的初期。在4月23日股价出现向下跳空低开的上影线很长的小阴线。图3-60所是为4月23日的分时走势。

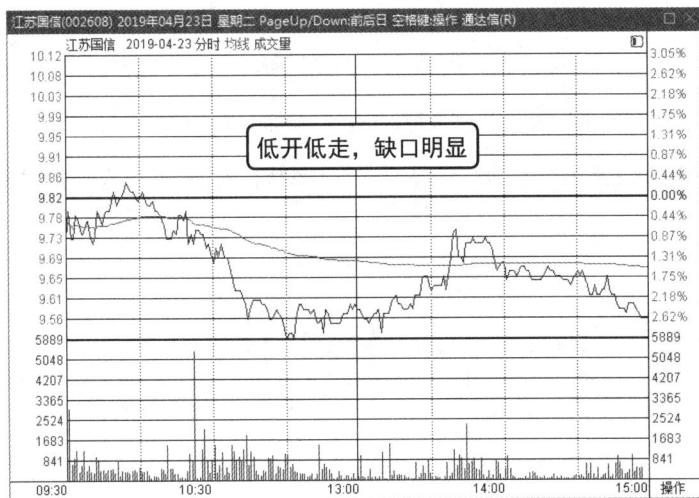

图3-60　江苏国信4月23日分时图

如上图所示，股价一路下挫，全天都没有明显的上涨，在蜡烛图上形成一个明显的跳空缺口。

在向下跳空形态出现后，预示股价将进入下跌走势，果然，在市场信心受到严重打击后，向下跳空形成缺口，卖盘大量涌出，该股股价连续多日出现下跌。

实例分析

下跌初期向下跳空实例——中国高科（600730）

如图3-61所示，中国高科在2月至3月中，股价从4.2元飙升到8.37

元，空头也无力阻止多头气势如虹的拉升，股民获利都比较丰厚，但是这种高位同样也蕴含着风险。

图 3-61　中国高科 2019 年 1 月至 8 月的 K 线走势

在急速上涨的过程中，多头力量消耗殆尽，3 月 21 日 K 线创出新高的同时，收出长上影线阳线，说明股价拉升受阻。

3 月 25 日股价向下跳空，进一步确定市场行情转变的同时，对市场形成猛烈冲击，K 线连续收阴，股价急速下跌。

3.4.2　三只乌鸦

古语说得好："好事不出门，坏事传千里"。

三只乌鸦形态由 3 根或 3 根以上阴线构成，每一根阴线的开盘价都低于前一日的开盘价，但同时又高于前一日的收盘价，是下跌初期的征兆，如图 3-62 所示。

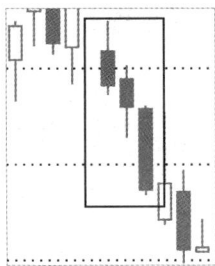

图 3-62　三只乌鸦形态

三只乌鸦形态与之前的向下跳空类似，都是阴线组合，然而，两者也有明显不同，三只乌鸦每一根阴线都插入前一根阴线实体内部，并没有形成缺口，这说明买方试图挽回局面，在第二日和第三日都奋力将股价拉升到前一个交易日收盘价上方，具有一定能力，而向下跳空过程中，买方完全无法招架卖方的打压。

当市场出现三只乌鸦形态后，市场中股民心理已经发生剧烈变换，配合成交量的增大，恐慌的股民在多次下跌过程中，大部分都会见好就收，或者割肉离场，这种反馈又进一步增加市场的恐慌，所以，三只乌鸦是下跌初期的典型形态。

实例分析

下跌初期三只乌鸦实例——冀东水泥（000401）

图3-63所示为冀东水泥2018年11月至2019年7月的K线走势。

从图中可以看到，该股处于上涨行情中，股价从9.74元一路向上攀升，涨至20.3元后止涨下跌回调。此番回调仅持续了1个月左右，之后又开始了上涨。

但是股价涨至19元附近便止涨，出现小幅下跌，有转入下跌行情的趋势，此时是否应该继续持股待涨呢？我们查看K线图发现，在股价小幅下跌的过程中，K线在7月18日、19日和22日三日连续收出下跌阴线，

且每一根阴线都插入前一根阴线实体内部，形成三只乌鸦形态。三只乌鸦
是股价下跌初期的可靠信号，说明后市股价将转入下跌行情，投资者应该
及时出逃，避免被套牢。

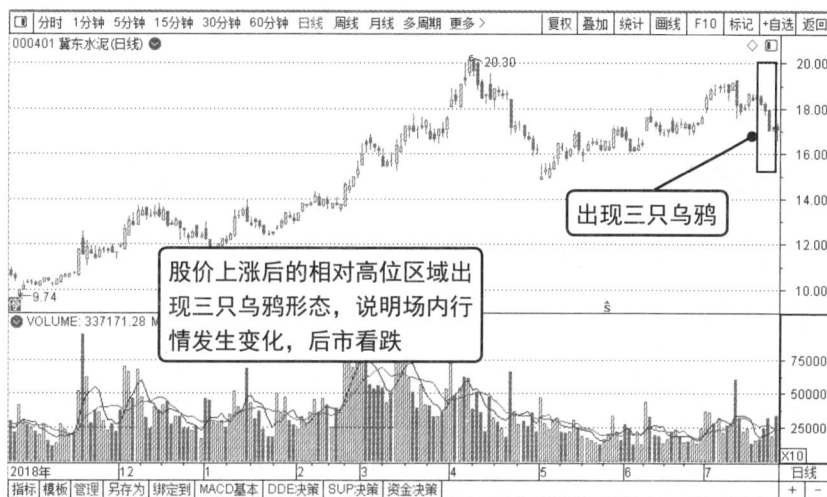

图 3-63　冀东水泥 2018 年 11 月至 2019 年 7 月的 K 线走势

图 3-64 所示为冀东水泥 2019 年 6 月至 11 月的 K 线走势。

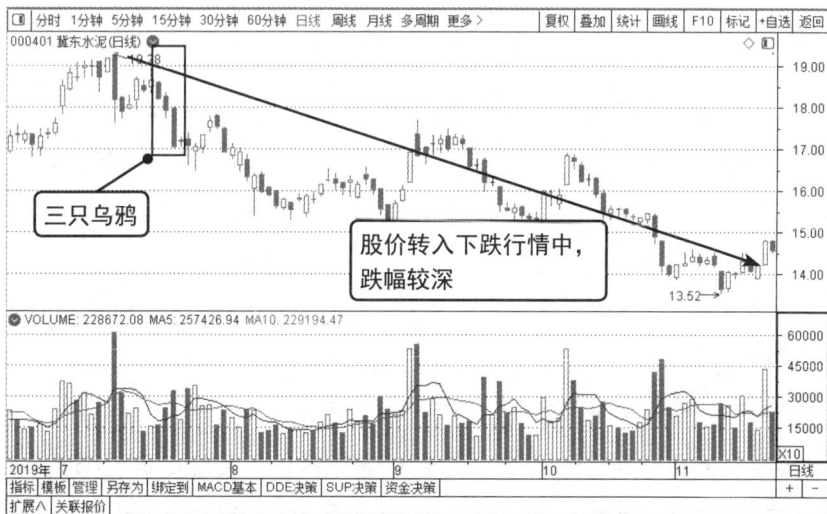

图 3-64　冀东水泥 2019 年 6 月至 11 月的 K 线走势

从图中可以看到，三只乌鸦形态出现后股价转入了下跌行情中，途中虽然有小幅反弹现象，但仍不能改变下跌的整体趋势。股价从 19.28 元下跌至最低 13.52 元，跌幅达到 29%。

此番下跌持续了 5 个月左右的时间，如果投资者在三只乌鸦出现时还对市场抱有期望继续持股，将面临巨大损失。

3.4.3 阴抱阳

阴抱阳，大阴抱住小阳，预示后市不妙。

阴抱阳形态如图 3-65 所示，第一根为小阳线，第二根大阴线从头到脚将小阳线的实体全部包括，形成包围之势。

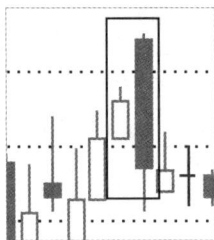

图 3-65 阴抱阳形态

阴抱阳预示着市场力量的变换，前一个小阳线形态说明当日是多头占据优势，虽然不明显，但是第二日的大阴线说明多头虽然想继续拉升股价，然而，空头开始发力，不仅将多头上升态势阻止，同时也将多头前一日的成果完全抵消，与市场期待完全相反，市场心理将会受到严重打击。

实例分析

下跌初期阴抱阳实例——冀东水泥（000401）

冀东水泥在前期上涨过程中，受到市场热捧，股价迅速爬升到 19 元附近，涨幅较大。成交量在股价创出 19.28 元新高的同时，放出天量，感觉前期获利的股民已经开始逐步退场，19元高位不可能维持，随时可能出现下落迹象，如图3-66所示。

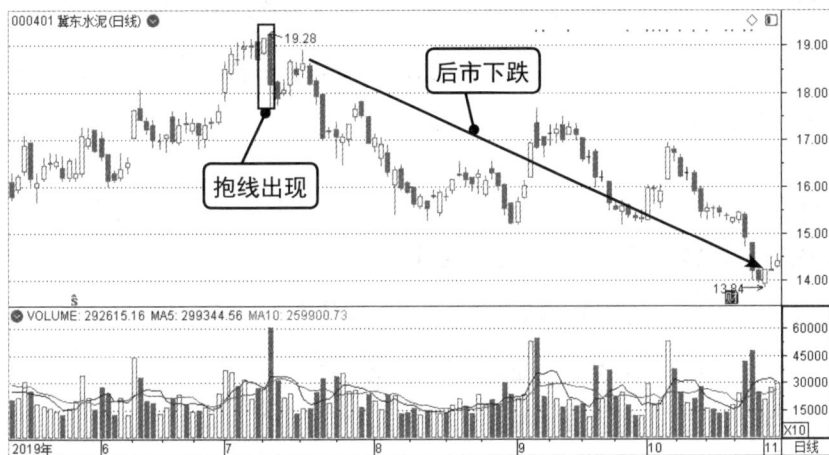

图3-66　冀东水泥2019年5月至11月的K线走势

该股在7月10日创出新高的同时，收出一条实体很大的阴线，与前一交易日的大阳线形成阴抱阳形态，将这种希望完全破灭。结合7月10日的分时图来看，更为准确，如图3-67所示。

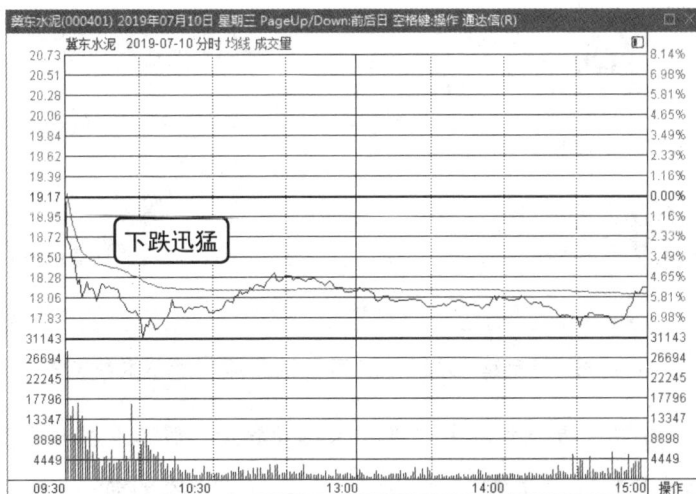

图3-67　冀东水泥7月10日分时图

从 7 月 10 日的分时走势图上我们发现，股价开盘即放量下跌，股价被大单卖出直接打压到 17.8 元下方，下午开盘后，基本上没有大单进入，股价勉强收盘在 17.8 元上方，无大单买入，这种走势让投资者比较担心。

果然，股价在 18 元线上盘整几日后迅速转入下行通道中，股价从 18 元附近跌至 14 元附近，跌幅达到 22%。

实例分析

下跌初期阴抱阳实例——红蜻蜓（603116）

如图 3-68 所示，红蜻蜓在 2018 年 10 月至 2019 年 4 月期间，短短 5 个月左右，股价从 6.5 元附近暴涨到 9 元附近，涨幅达到 38%，超出所有股民的判断。但是这种上涨的背后，也会产生更多的质疑，最主要的问题就是回调会在什么时候发生。

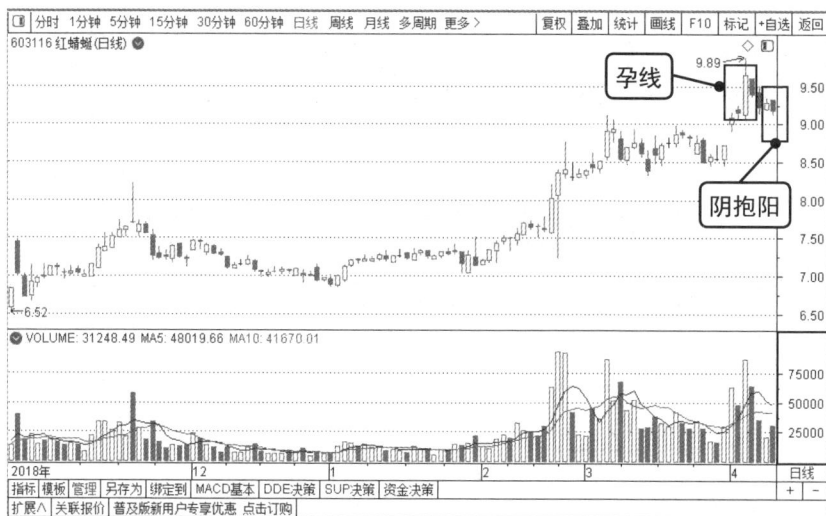

图 3-68 红蜻蜓 2018 年 10 月至 2019 年 4 月的 K 线走势

4 月 1 日多头进一步加大力度向上拉升股价，股价突破 9 元阻力线后继续升高，将股价拉升至 9.5 元附近，并创出 9.89 元的新高。第二天股价没有继续之前的涨势，而是低开低走，收出一根小阴线，与前一天的大阳线形成孕线组合，预示后市可能转入下跌行情。

另外，4月9日收出一根小阳线，4月10日收出阴线，形成典型的阴抱阳组合，阴线将前一日的小阳线完全包围，市场心理在这时出现明显转变，市场信心受损最终造成股价迅速下跌。综合种种信息，股民不要盲目乐观了。

如图3-69所示，该股出现阴抱阳形态后，开始出现下跌的态势，一路跌至7元附近。

图3-69　红蜻蜓2019年4月至8月的K线走势

3.4.4　阳孕阴

阳孕阴，预示股价短暂辉煌即将结束。（前一节有所提及，这一节内容将详细介绍阳孕阴）

阳孕阴是阴孕阳相反的组合，由一根大阳线和一根短阴线构成。

头一日的大阳线预示着股价在当日交易中受到市场热捧，收盘价远高于开盘价，而第二日的小阴线整体实体都在大阳线实体内部，说明当日开盘价低于第一日的收盘价，股民已经开始抛售，而多头也没有能力将股价继续上拉，只有勉强将股价维持在一个心理价位，如图 3-70 所示。

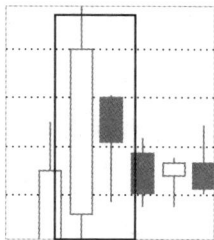

图 3-70　阳孕阴形态

阳孕阴虽然不如前面几种形态会立刻引起股价下跌，但是这种由大阳线变为小阴线，或多或少会给股民的心理造成一定的阴影。

股民会开始怀疑这种变换是否是市场力量开始发生转变，空头开始掌握市场节奏，如果配合底部成交量继续扩大，这种可能会进一步演变为连续下跌，恐惧将会弥漫在市场中。

实例分析

下跌初期阳孕阴实例——吉视传媒（601929）

图 3-71 所示为吉视传媒 2018 年 10 月至 2019 年 3 月的 K 线走势。

从图可以看到，吉视传媒在 2018 年 10 月进入一轮上涨过程，受到市场整体上涨影响，出现较大幅度增长，股价从 1.8 元迅速达到 3.2 元附近，上涨过程中伴随着成交量的同比增长，股价一直保持着良好的上涨态势，虽偶有回调，但市场中的多方上涨愿望强烈，拉升股价节节攀升。

随后，该股在 3 月 21 日上冲到 3.2 元上方后，大单大量涌出，成交量猛增，虽然当日形成一个大阳线，但是，股民卖出意愿开始增大，因为此时股价已经达到股民的心理价位。

图 3-71　吉视传媒 2018 年 10 月至 2019 年 3 月的 K 线走势

　　到 3 月 22 日，股价低开低走，与 21 日的大阳线形成一个典型的阳孕阴形态，同时对应成交量也较大，阳孕阴预示股市走势可能出现反转，同时该股在高位连续多日放量盘整，这两者对市场的信心是严重打击，如图 3-72 所示，股价出现连续下跌走势。

图 3-72　吉视传媒 2019 年 3 月至 10 月的 K 线走势

3.4.5　乌云线

乌云遮日，大事不妙。

如图 3-73 所示，乌云线是由一根阳线和一根大阴线组成，而第二日的大阴线远远高于前一个交易日形成的阳线，形成乌云压顶之势，预示后市走势可能出现变化。

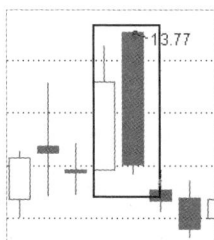

图 3-73　乌云线形态

第一日大阳线预示股价在当日出现典型上涨，多头占据优势，似乎空头无力招架，第二日多头借助前一日上涨态势，将股价跳空高开，形成一个典型高开形态。

虽然多头在当日能够将股价拉升到高点，但空头已经经历前期的蓄势，完全能够控制市场。所以在多头开始疯狂拉升后，空头开始展开反击，在多头自以为控制市场的时候，给多头当头一棒，将股价打压到底部，将跳空高开变为长长的大阴线，形成乌云线。

乌云线形成后，必将对多头造成高位受阻的心理暗示，预示多头此时不可能继续拉升股价，多头信心受到打击，市场也会随着多头出逃而出现恐慌心理。

实例分析

下跌初期乌云线实例——海正药业（600267）

图 3-74 所示为海正药业在 2019 年 2 月至 4 月上旬，股价呈现连续上

涨走势，受到庄家操盘控制，股价从 8 元快速上涨到 13 元附近。

但是股民仔细观察可以发现，股价上涨至 11 元后便止涨盘整，4 月初突然向上急涨，K 线连续收出 5 根阳线，但是底部的成交量并没有相应递增，说明这种上涨不稳定，因为无量上涨随时可能出现空头抛出的现象，股价可能出现连续下挫走势。

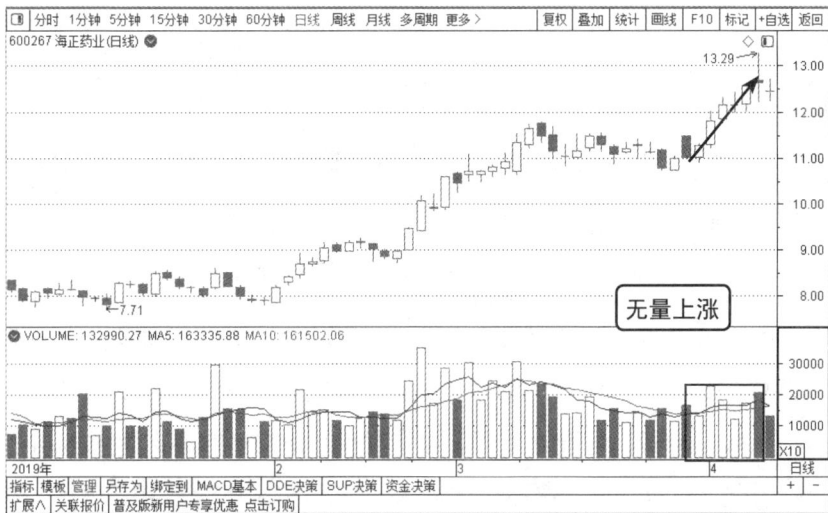

图 3-74　海正药业 2019 年 1 月至 4 月的 K 线走势

随后，4 月 10 日，庄家开始发动新一轮攻势，股价开始向 13.5 元迈进，当日一根大阳线耸立在蜡烛图中，当日成交量也呈现放量形态，似乎预示股价会继续上冲。

但是，4 月 11 日却出现转机，股价虽然开盘时高开，盘中却逐渐走低，虽然创出新高 13.77 元，但最终受到大量卖出盘影响，收出大阴线。4 月 11 日与前一日的大阳线组成典型的乌云线形态。

图 3-75 所示为海正药业 2019 年 1 月至 6 月的 K 线走势。

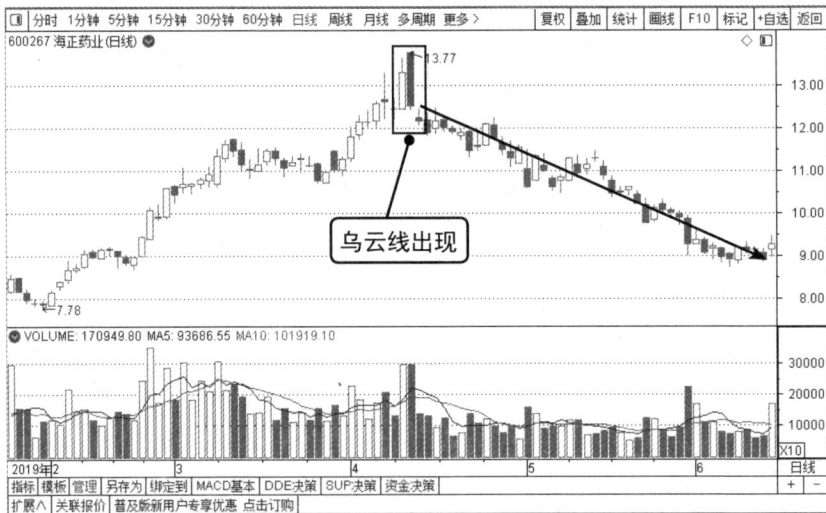

图 3-75　海正药业 2019 年 1 月至 6 月的 K 线走势

　　乌云线形成后，市场心理发生变化，加之同时期的成交量呈现高位放量的现象，让前期入场的股民担心市场继续下跌，纷纷在离场，及时了结获利，或割肉出局。这种情形下，卖方开始占据绝对优势，加剧股价下挫速度，不到 3 个月，股价就从 13 元跌至 9 元附近，跌幅超过 30%。

　　该股在高位无量盘整后，开始继续下挫，虽然后市也出现反弹，然而依然受到空头打压，股价继续保持低位盘整态势。

第 **4** 章

蜡烛线选股分析

进入股市操作的第一步不是直接买入股票，而是选择一只股票作为买入的对象。在股民不善于基本面分析时，可以试着利用技术面选择价格处于底部的股票，通过技术分析也可以抓住优质股票。

4.1 均线下行，蜡烛倒垂：锤子线选股

蜡烛图底部常见指标中有一个锤子线形态，这种形态意味着股价已经在底部，一个买股的最佳时机临近。但是，通常个股受到大盘走势和联动板块的影响，同一时间可能有上百只股票到达底部。此时，股民应该如何从这些股票中选择后期上涨迅速的股票，这就是股民的入市的第一个难题。

难题总有办法解决，此时股民可以依靠其他技术指标综合判断，选择上涨潜力最大的股票投资，往往能够博得丰厚的利润。

实例分析

锤子线选股分析——开开实业（600272）VS 康缘药业（600557）

如图 4-1 所示，我们观察开开实业从 2018 年 11 月至 2019 年 4 月走势，发现其成交量密集集中在 8.5 元至 9 元附近，其余价位成交量较少，说明大部分投资者在高位买入该股票，并且随着股价的调整，90% 都被严重套牢，这些套牢盘必然会对底部向上突破造成压力，股票接近 9.5 元就会出现割肉套牢的现象。

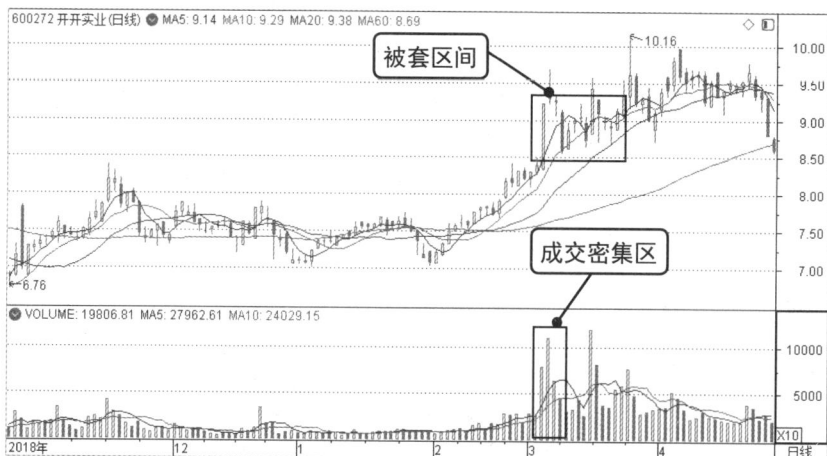

图 4-1　开开实业 2018 年 11 月至 2019 年 4 月的 K 线走势

而另外一只股票康缘药业却完全不一样，如图 4-2 所示，该股虽然也受到大盘影响，出现下跌走势。

但是，高位成交量并没有集中在一个价位，而是集中在两个价位，分别是 11 至 13 元区间和 13 至 15 元之间，这种成交量分开分布，股价阻力区分散在股价反弹过程中形成的阻力明显小于开开实业那种单一阻力区。

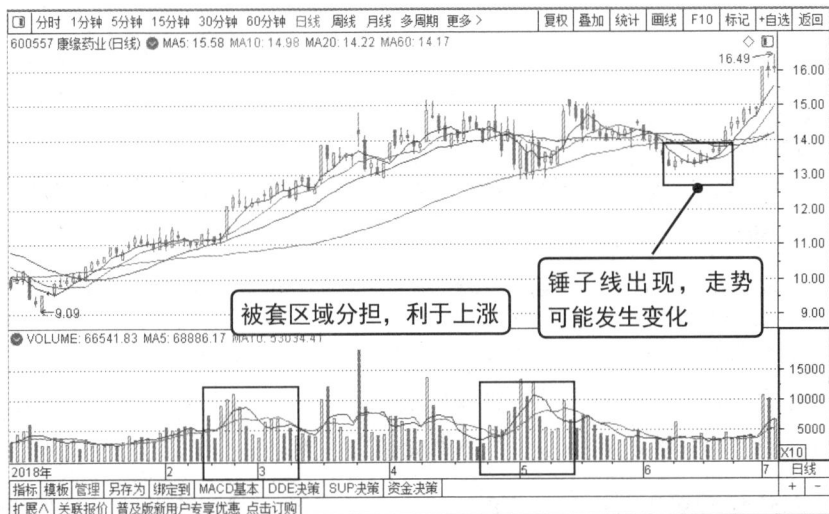

图 4-2　康缘药业 2018 年 12 月至 2019 年 7 月的 K 线走势

两只股票都在 2019 年 4 月左右进入盘整阶段。在这种盘整中，蜡烛图显示出市场对两只股票关注程度不同。

开开实业在盘整过程中，由于无成交量支撑，股价下跌非常迅猛，在 6 月下旬形成的锤子线后，价格均线呈现猛烈下行态势。

说明该股受到市场冷漠，买方意愿淡漠，无买盘承担，所以该股价下跌迅猛，后市反弹幅度可能较小。

随后该股从 2019 年 8 月中旬，逐步随着大盘反弹而进入上涨通道。但是，由于缺少市场关注，其成交量低迷，股价在上涨过程出现长期横盘走势，5 日均线和 10 日均线也多次交叉，难以掌握其节奏，股民获利困难，如图 4-3 所示。

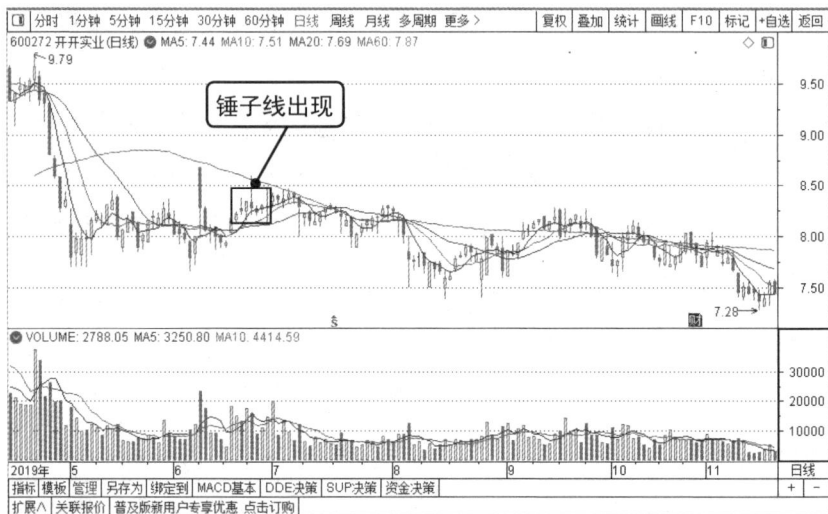

图 4-3　开开实业 2019 年 4 月至 11 月的 K 线走势

康缘药业在创出底部锤子线后，均线虽然也继续向下，然而股价很快在底部受到成交量支持，均线呈现平稳走势，非常缓和，多根价格均线也呈现多头排列，齐头并进增长，节奏比较容易把握。

在随后几个月走势中，股价随着成交量的逐步增加而走高，该股最终上涨达到 28% 以上，明显优于开开实业，如图 4-4 所示。

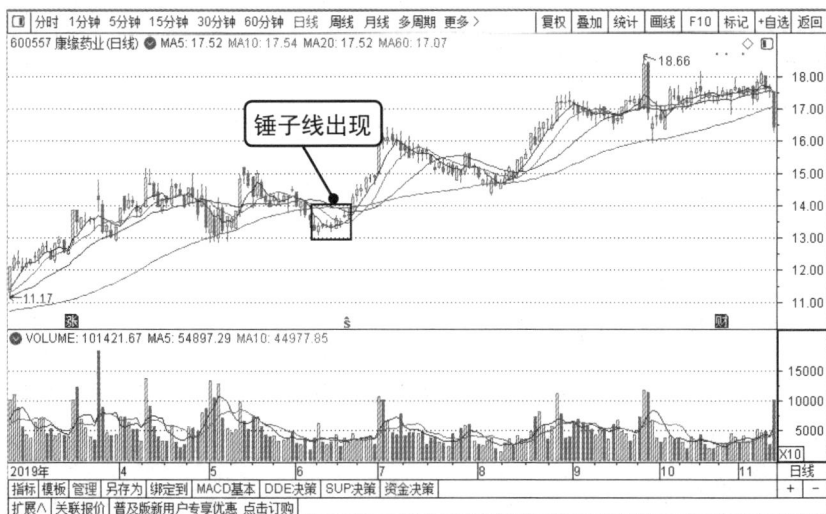

图 4-4　康缘药业 2019 年 3 月至 11 月的 K 线走势

两只股票都在出现锤子线后，股价走势出现变化，这说明锤子线能够预示股价走势变化。

但是，两只股票在反弹过程中，两者盈利相差许多，这不是锤子线能够预测的，而是之前价格走势和阻力线所决定的。

而在上涨过程中，多根均线如果波动异常，将会给股民买卖造成一定困难，股价波动太大，不利于股民寻找买卖点，应尽量选择均线呈现多头排列的股票，方便股民操作和判断。

炒股技巧 均线下行，蜡烛倒垂的选股技巧

蜡烛图中锤子线出现后，预示行情的底部已经临近，投资者应及时引起警惕。但是，股民不能判断这种底部出现后股价能够上涨的高度，此时就需要均线等辅助指标进行综合判断。

均线波动反映市场的冷热程度，市场热门股票必然能够引起股价大幅波动，这种波动就是股民赚钱的机会。

而市场反应冷淡的股票，股价涨幅就会维持在一个较低水平，甚至出现下跌的可能，股民的收益将会大大减少。

从上面实例中，股民能够发现股价呈现底部平台整理态势后，均线如果陡然升高，预示这只股票受到市场追捧热烈，庄家和机构作为主要参与者，其后期走势却难以琢磨，可能会产生大涨大落之势，不利于中长线投资。同时，这种短线走势也难发现庄家轨迹，市场节奏难以把握。

反观均线在底部出现平缓增长走势，往往能够让散户和机构在底部缓慢建仓，这种低价建仓不仅仅能够建立结实的底部，同样也能反映市场参与者心理是善于中长线技巧，这种参与者在后期股市上涨过程中，不会急于出手，反而有利于股价稳步上涨。

4.2 均线稳定，机会凸显：底部抱线选股

底部抱线主要是阳抱阴形态，该形态预示着底部盘整即将转为反转走势。但上涨高度是无法单一通过抱线确定，唯一办法就是借助之前的均线等指标综合判断。

无论是价格均线还是成交量均线，在底部的呈现不同走势，会对市场后期反弹高度产生巨大的影响，直接决定后期反弹高度和时间，股民如果选择错误的股票，后期虽然能够迎来大涨，然而不同股票带来的大涨幅度是不同的，有些甚至差距非常大。

实例分析

底部抱线选股分析——大商股份（600694）VS 第一医药（600833）

受到大盘行情的影响，大商股份从 2019 年 1 月开始走出一轮上涨的行情。2019 年 1 月至 4 月，股价从 24 元连续上涨到 33 元，创出当时最高点 33.02 元。受到上涨行情的鼓励，市场也被点燃，成交量激增。

但是到 4 月中旬，大商股份开始止涨下跌，股价从 33 元直落到 27 元附近，前景悲哀。直到 5 月底，股价出现底部阳抱阴组合，才止住下跌颓势，市场信心建立，投资者才陆续进场稳定股价，如图 4-5 所示。

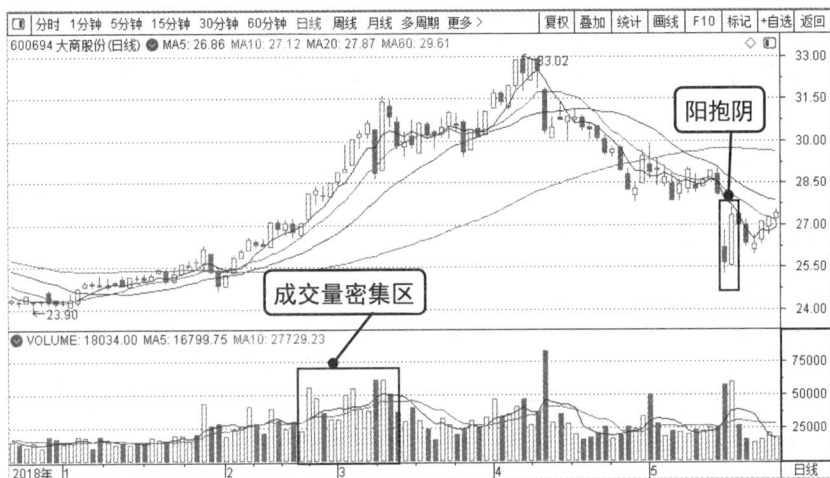

图 4-5　大商股份 2018 年 12 月至 2019 年 5 月的 K 线走势

从该股的成交量分布图形中，读者能够发现大量投资者被套在 30 元高位，下跌过程中成交量虽然出现缩量迹象，然而市场依然交易活跃。这说明市场短期投机者居于多数，希望在下跌过程中抢到一两次反弹而获得短线盈利，这是股价反弹不利因素之一。

而另一只股票第一医药却不同，如图 4-6 所示。

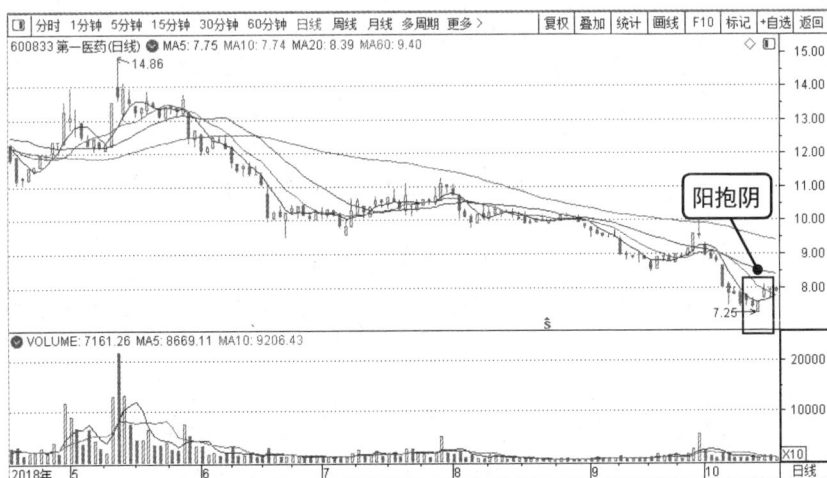

图 4-6　第一医药 2018 年 4 月至 10 月的 K 线走势

股价上涨至 14 元高位后，盘整一段时间出现大幅下跌，但在下跌过程中该股同样受到投机资金追捧，期待短期反弹获利，然而市场继续维持下跌趋势。直到 10 月中旬出现一个阳抱阴形态，股价才止跌。

两只股票的底部形成后，价格均线却呈现出不同的走势。大商股份在底部盘整数日后，股价小幅拉升，但没有得到投资者的青睐，股价开始横盘发展，5 日均线和 10 日均线几乎重合运行。同时在横盘过程中，成交量并没有明显的波动，依然维持低迷态势，这说明市场并没有被庄家拉升所吸引，投资者大部分持币观望，如图 4-7 所示。

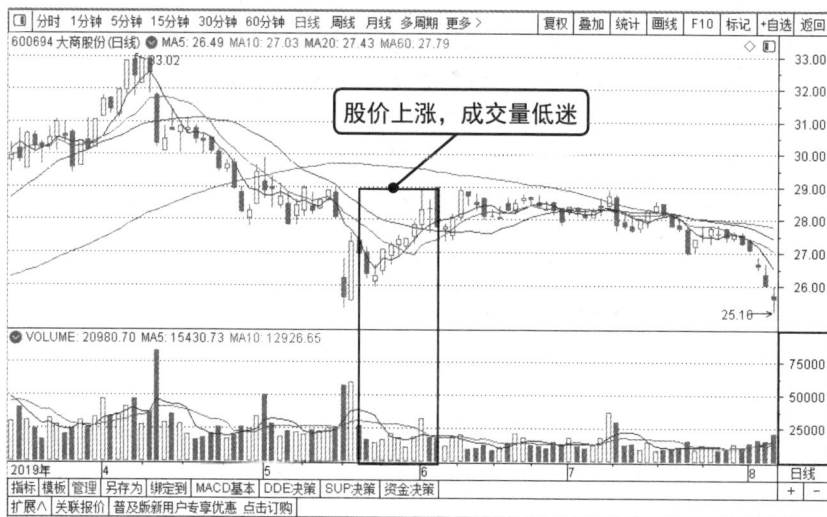

图 4-7　大商股份 2019 年 3 月至 8 月的 K 线走势

而反观第一医药走势，阳抱阴线在底部形成后，该股没有在底部盘整太长时间，5 日均线和 10 日均线呈现多次交叉，所有均线都没有出现前面大商股份那样平缓的情况。

而且 20 日均线呈现出现掉头迹象，说明中期股价出现上涨回升趋势，这样有利于短期投资者买入，如图 4-8 所示。

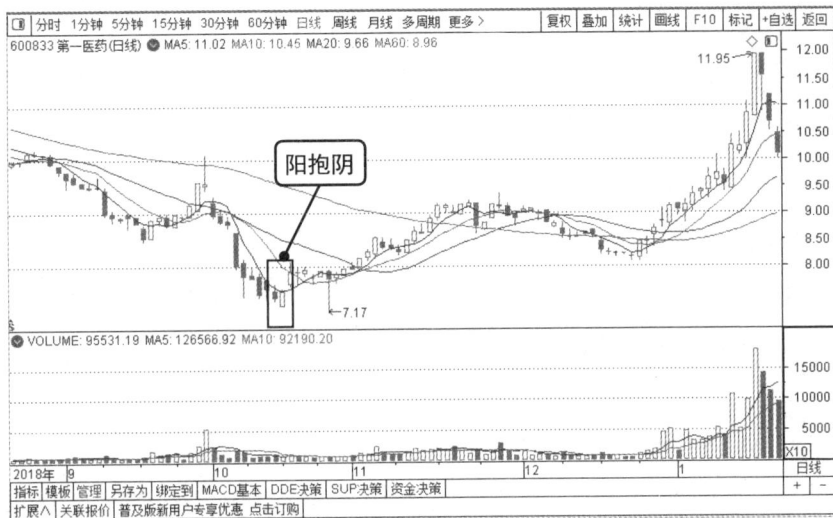

图4-8　第一医药2018年8月至2019年1月的K线走势

果然，第一医药后市转入上升行情中，虽然出现回调，但因为前期底部形成有力支撑，所以股价得到支撑继续向上。

拓展知识　*抱线与K线组合*

当股价在低位形成抱线后，只能说行情有反转的可能，投资者不能仅凭这一个条件就判断股价一定会反转上涨。可以结合K线组合形态，不仅仅是阳包阴形态。还有低位十字星，即早晨之星形成；还有红三兵，也称为前进三兵形态。当抱线与这些形态一起出现时，股价上涨愿望强烈。

炒股技巧　底部抱线选股技巧

通过前面实例介绍，我们能够发现抱线选股方法比较简单，如果股价跌破多日均线后，在下跌过程中，成交量一直处于较活跃状态，说明市场并没有完全放弃该股，多头在下跌过程中，不断逢低买入，该股具有较强的市场热点。

当蜡烛图出现抱线形态后，股价开始进入底部盘整走势后，股民除了关注底部成交量变化，还要密切关注多根均线变化。当均线走势平稳，成交量也逐步放量，说明该股在底部受到市场庄家和多头的关注，这些市场主力在稳步买入，等待后市的上冲。

股民此时就要把握股价下跌至均线下方，那就是最佳买入价。通过成交量和均线的变化，股民可以从不同的股票中选择后市上涨可能性最大的股票。

拓展知识 *底部盘整是买入最佳时机*

股民选择何种操作风格，是每个人的自由，然而不同的风格总会带来不同的风险。追涨杀跌是大部分短线股民喜欢的操作手法。但是，对于保守的股民，可以适当采用底部盘整买入法。即当股价低于多根均线后，在底部盘整多日，出现明显探底信号时，配合成交量变化，股民可以选择入场。这种操作即使后市被套，也不会亏损过多，相较于追涨，风险小，收益稳定。

4.3 均线金叉，时机恰当：反弹孕线选股

从第三章的内容，我们知道在反弹走势过程中，孕线起到预示后市走势的作用。

阳孕阴主要出现在股价从高位下跌过程前夕，预示着股民卖出的时机到来。而阴孕阳大部分出现在股价从低位向高位爬升初期，这就是买入的最佳时间点来临的标志，然而可惜的是依然无法预测上涨高度。

这种阴孕阳只是蜡烛图表现的一种反弹迹象，我们还需要借助其他方面的知识关注这种变化，正如道氏理论中"各种平均指数必须相互印证""除

非两个平均指数都给出相同的信号预测,并且相互印证,否则重要的牛市或者熊市就不能肯定"。

所以,我们必须利用均线和成交量等指标综合判断,从同样出现孕线形态的股票选择上涨潜力最大的股票。

因为不同的股票前期走势不同,对后市反弹和上涨都会形成较大的影响,选择风险较低,上涨适中的股票是股民上上策;反之,股民可能误选上涨幅度不大的股票,更有甚者,受到庄家的诱惑,选择后市大跌的股票,这样会带来双重损失。

实例分析

底部孕线选股分析——通化东宝(600867)VS 海南矿业(601969)

图 4-9 所示为通化东宝 2018 年 7 月至 2019 年 2 月的 K 线走势。

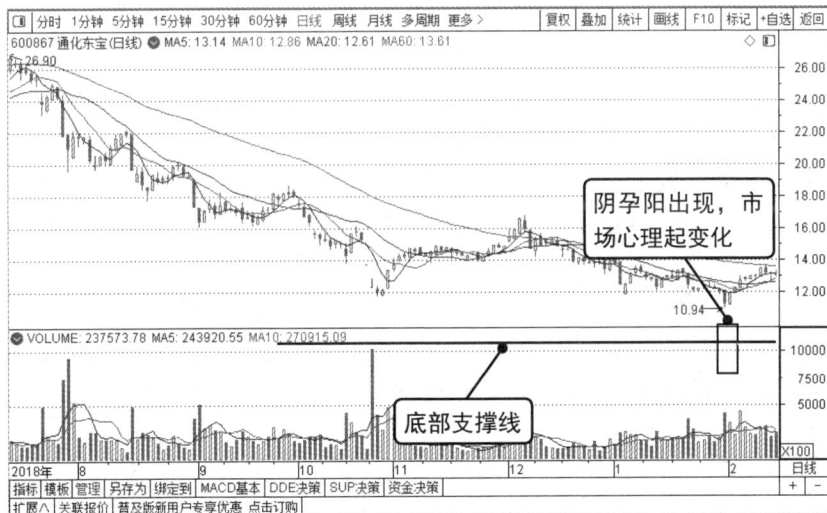

图 4-9　通化东宝 2018 年 7 月至 2019 年 2 月的 K 线走势

通化东宝在 2018 年 7 月出现典型高位下跌走势,股价一路下跌至 12 元附近,然而前期下跌过程中市场信心崩溃,股价虽然出现一定反弹,很快就被市场恐慌抛售继续打压至底部支撑线 12 元，直到 2019 年 1 月 31 日和 2 月 1 日形成阴孕阳的形态，市场恐慌心理才逐步得到缓解。

海南矿业则不同，2019 年 2 月至 11 月，股价在 5 元至 6.5 元区间宽幅震荡，成交量也比较分散。这说明高位阻力较弱，在高位空头实力有限，这样对后市上涨影响较小，可能股价会突破该阻力创出新高，如图 4-10 所示。

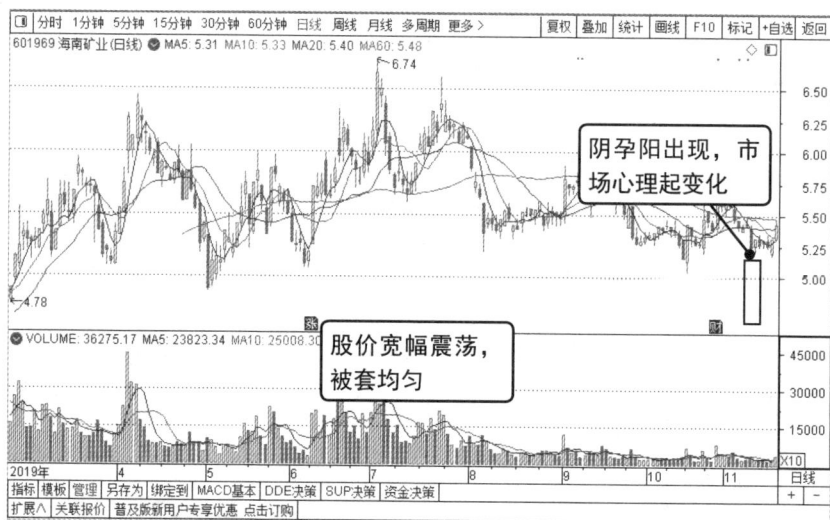

图 4-10　海南矿业 2019 年 2 月至 11 月的 K 线走势

在通化东宝出现阴孕阳形态后，价格均线起到买入的预示作用。当 5 日均线开始大幅反弹超越 10 日均线，形成金叉后，股民可以伺机买入，在密集成交区建立 12 元支撑线就转变为阻力线，但此时大盘行情持续看好，该股股价顺势突破阻力线，一路上涨至 18 元上方。

在此次阴孕阳预示的行情反转中，均线的金叉起到了尤为重要的作用，给股民提供了准确的买点。上涨过程中，成交量的递增也让股民放心不少，如图 4-11 所示。

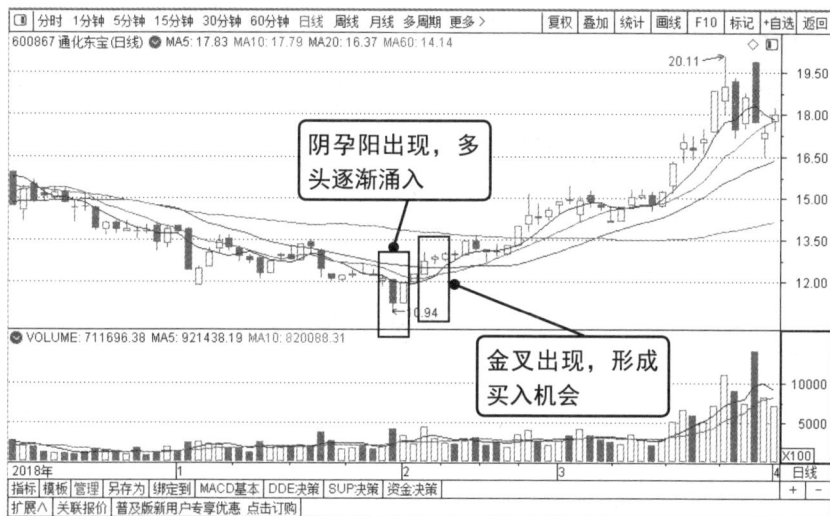

图 4-11　通化东宝 2018 年 12 月至 2019 年 4 月的 K 线走势

而海南矿业后期走势却完全不一样，如图 4-12 所示，股价形成阴孕阳走势后，均线同样产生金叉形态，走势一路上扬，成交量却没有创新高，股民选择在金叉出现时买入进场，股价很快从 5.2 元涨至 6 元附近后，转头下跌至 4.46 元，在高位没有及时卖出的股民将颗粒无收。

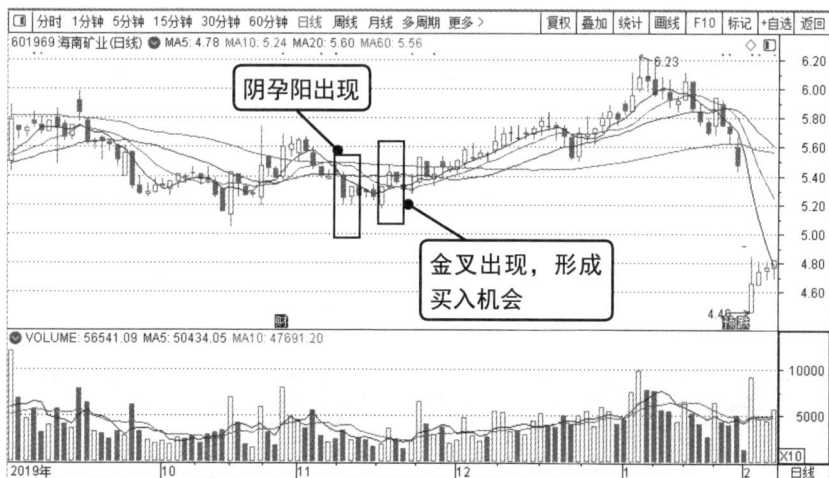

图 4-12　海南矿业 2019 年 9 月至 2020 年 2 月的 K 线走势

炒股技巧 均线金叉，反弹孕线出现时的选股策略

阴孕阳孕线出现，外加均线呈现金叉态势，两者对市场心理起到明显推动作用，能够破解受到前期下跌后市场恐慌心理的影响，金叉形态能够提供买股的最佳时间点。

同时，在同样出现两者现象的股票中，股民不能仅仅关注近期走势，同样要注意长期阻力线和密集成交区域的分布。

对于成交密集区，股民可以选择短线进入，见好就收的方法。而对于多个成交密集区出现时，在金叉出现后，市场会逐步关注该股，此时股民可以大胆进入。

加上后者阻力区域的压力小于单个成交密集区压力，股价如果能在成交量配合下攻破该区域，后市上涨的高度将会创出一个新高。

拓展知识 *密集成交区的作用*

密集成交区是指在一定股价范围内，成交量密集放量，多头和空头博弈激励的区间。密集成交区的最高价和最低价就是两个关键价位。当股价跌破密集成交区下沿时，密集成交区的最低价就是将来上涨的阻力线，而最高价就是第二根阻力线。

同样的道理，当股价上涨超越密集成交区，密集成交区形成的最高价就是第一根支撑线，最低价就是第二根支撑线。这两根线通常是市场反转的关键价位。股民可以在这两个价位进行买卖，获取短线利益。

4.4 刺透放量，阻力关键：上涨刺透选股

刺透线也是反转信号的一种。刺透线从底部向上刺透前一个交易日实

体越多，越能表示市场多头参与积极性。当股价下跌至底部时，刺透线不仅能够作为反转信号，同时也能显示市场的信心。

当刺透线刺透短期价格均线时，这种刺透显示多头买入价格高于多日均价，市场能够在底部以较高价位买入，说明市场信心已经形成。如果股民结合前期走势分析，选择上涨潜力更佳的股票也是可能的。

刺透线出现后，市场的成交量是关注的另一重点。成交量关系着市场交易活跃程度。成交量增长，说明市场已经关注该股，投资者开始逐步买入。而如果成交量低迷，说明这根刺透线只是一个巧合，不能反映市场已经开始转变风向，股民可以继续观望。

而成交量增加，刺透线的反转才能起到点燃市场信心的作用，而成交量才是市场能否启动的关键因素，所以，刺透线和成交量是双胞胎兄弟。

实例分析
上涨刺透选股分析——华脉科技（603042）VS 新泉股份（603179）

图 4-13 所示为华脉科技 2018 年 5 月至 10 月的 K 线走势。

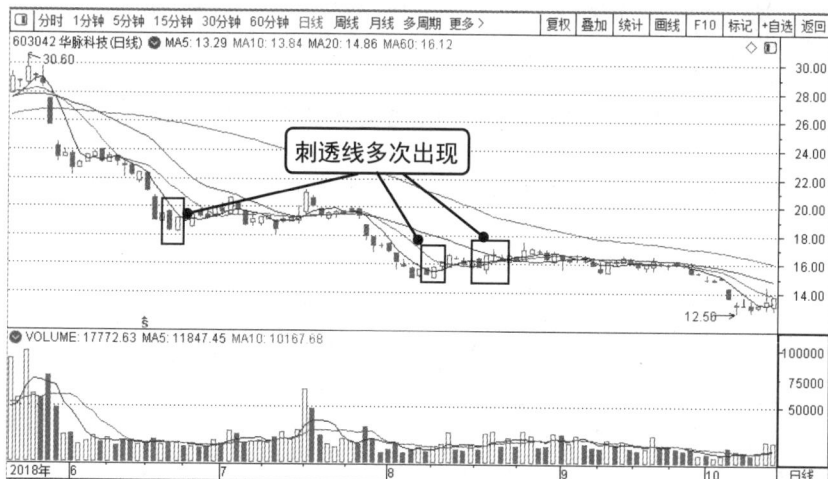

图 4-13　华脉科技 2018 年 5 月至 10 月的 K 线走势

华脉科技在2018年5月至10月的走势中,股价从30.6元跌至14元附近,在该段走势中出现几次典型的刺透线形态,但是由于当日成交量并没有放量支撑,股价上涨幅度都不大。

但是如果成交量增加,无刺透线出现,股价也不会出现明显反弹,如图4-14所示,新泉股份在2019年的下半年走势中,多次出现成交量放大的走势,但是,由于蜡烛图没有出现反转迹象,股价只能继续在12元至15元区间窄幅震荡调整。

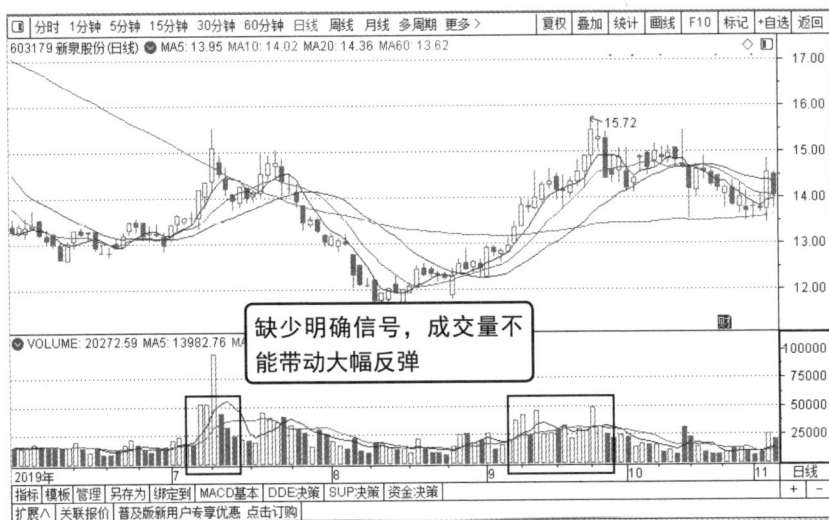

图4-14　新泉股份2019年6月至11月的K线走势

2018年下半年,股市开始逐步复苏,华脉科技也出现反弹走势。图4-15所示为华脉科技2018年9月至12月的K线走势。

华脉科技在11月中旬分别出现典型的刺透线形态,同时底部成交量出现放量,这种反弹较为有效,股价在短期内快速上涨。

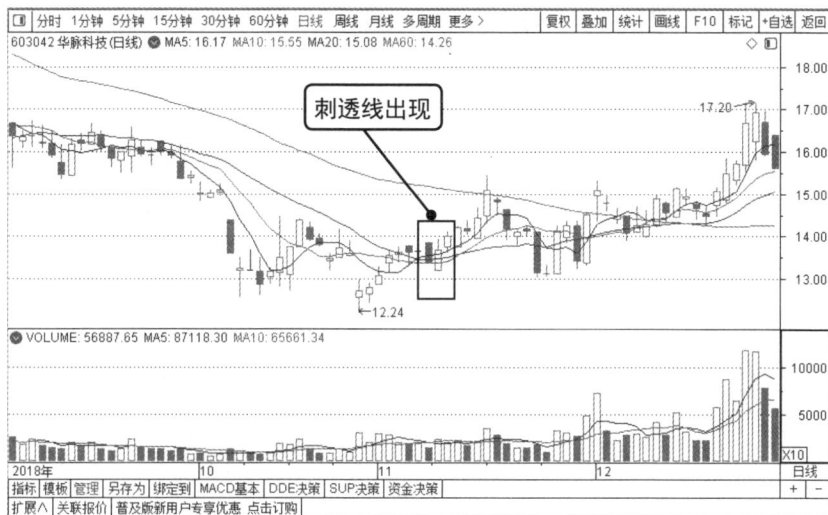

图 4-15　华脉科技 2018 年 9 月至 12 月的 K 线走势

　　而新泉股份同样受到大盘反弹影响，股价也出现刺透线形态，在刺透线出现后，成交量很快就出现密集放量，并且持久放量的态势，这表明市场持续对该股大量买进，在刺透线的利好刺激下，配合消息面不断发布利好消息，该股在下半年涨幅超过 80%，如图 4-16 所示。

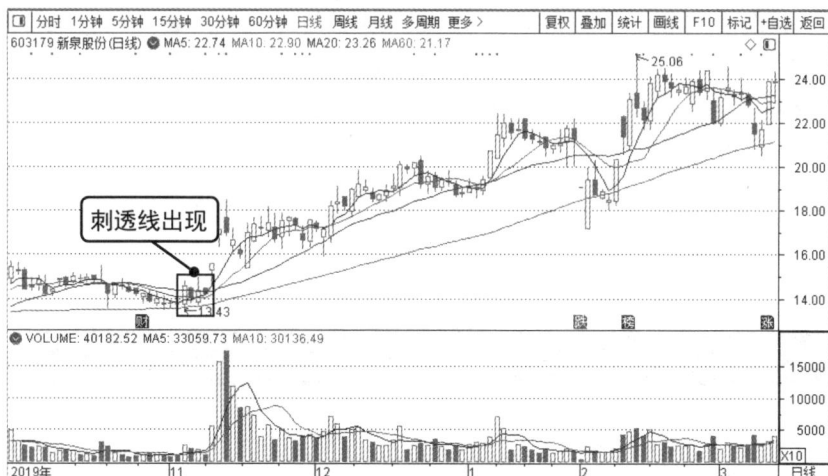

图 4-16　新泉股份 2019 年 10 月至 2020 年 3 月的 K 线走势

炒股技巧 刺透线选股需结合成交量和上涨阻力综合判断

　　刺透线虽然是股价走势反转的明显标识，当刺透线出现后，股价大部分都会出现反转走势。但是，股价反弹高度是无法单独从刺透线判断的。从前面两例中，我们都能发现刺透线反弹高度受到随后成交量的影响，也受到前期阻力线高度和成交密集区的多重制约。

　　所以，当刺透线出现后，股民不能盲目选择买入，要选择上涨潜力大，成交量增加和阻力较小的股票，这样才能找到最有上涨空间的股票，利润自然就会增加。如果选择刺透线出现时，成交量较小，短期阻力较大的股票，只能博得短线利益，而中长线利益可能就会差强人意。

> **拓展知识** *短线、中线和长线*
>
> 　　短线、中线和长线是股民投资的 3 种风格，每种风格都有自己的特点和风险。
>
> 　　短线风险高，短期利润很高，但长期利润趋于平均数下方。
>
> 　　中线风险低，短期利润较少，但中期利润高于平均数，优质股票的年收益至少在 10% 以上。
>
> 　　长线风险最低，短期利润可能为负数，但年收益是最高的一种，熊市能保证超过银行存款利率，牛市的收益可以从 50% 到 300% 不等，当然这主要是选股得当和有耐心的综合结果。

4.5　晨光出现，金股乍现：启明星线选股

　　前面介绍刺透线后，本节将介绍反转最明显的形态——启明星在选股过程中的作用。启明星是底部反转形态中最容易发现的一种，正如前面一

章介绍，启明星预示着股价会迎来上涨的走势。

但是，这种启明星出现后，并不是所有股票都能出现大涨，有些股票只是昙花一现，涨跌非常迅速，股民来不及买入或卖出，行情可能就已经反转结束。而有些股票却是一路高歌，给投资者带来丰厚的利润。

实例分析

启明星选股分析——锦龙股份（000712）VS 四环生物（000518）

如图 4-17 所示，锦龙股份 2019 年 2 月至 4 月表现稳定上涨的走势，当股价运行至 4 月时股价见顶下跌，成交量表现缩量。虽然在 4 月下旬时股价出现小幅反弹，成交量也出现一定增长，但市场反应冷淡。

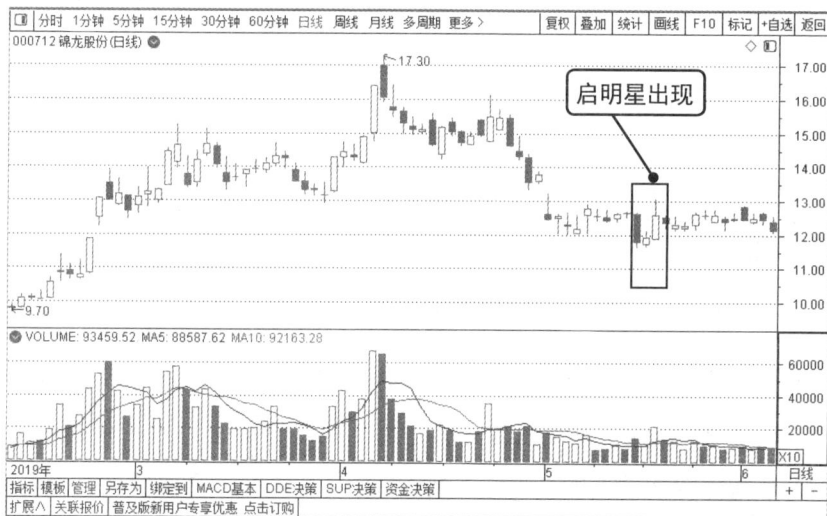

图 4-17　锦龙股份 2019 年 2 月至 6 月的 K 线走势

5 月股价止跌横盘调整，成交量缩量。5 月中旬蜡烛图中甚出现典型的启明星形态，预示反弹可能接近，但是市场反应非常冷淡，成交量虽然有所放大，但不够持续。

而四环生物则不同，11 月中旬股价止涨下跌，进入下跌通道中，成交量表现缩量。但在下跌到 3 元低位区域，成交量突然放量，这充分表示该股受到了市场追捧，有主力介入，这为后市的上涨起到了支撑作用。

该股在 2 月初出现启明星形态，市场信心再次被点燃，说明随后股价即将进入上升通道，如图 4-18 所示。

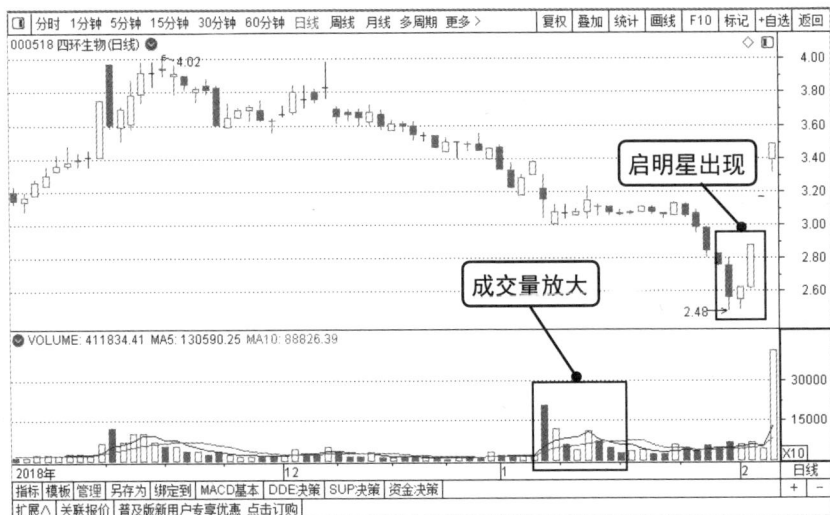

图 4-18　四环生物 2018 年 11 月至 2019 年 2 月的 K 线走势

然而，两只股票在出现启明星后，各自走势却出现明显差距。

如图 4-19 所示，锦龙股份 5 月中旬启明星出现后，股价横盘一段时间后开始反弹回升，多根均线也呈现陡峭向上的走势，说明股价涨幅迅速，投机性买入十分明显。

所以锦龙股份在 6 月中旬至 7 月的这段上涨过程中，依然不被市场看好，在价涨过程中，缺乏成交量支撑，股价也没有在高位维持，很快就止涨回落。

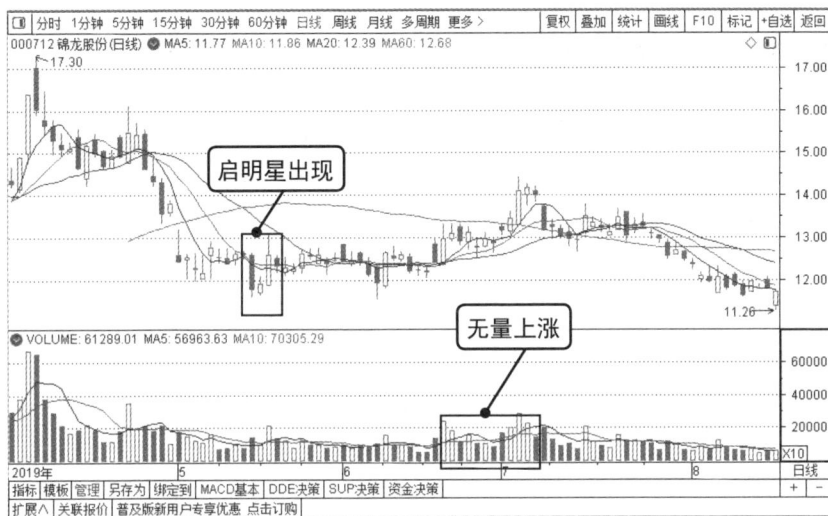

图 4-19　锦龙股份 2019 年 4 月至 8 月的 K 线走势

另外，四环生物反而走出一轮大幅上涨的牛市行情，在出现启明星后，5 日均线和 10 日均线呈现并行上涨态势，每一次上涨都伴随底部成交量的增长，涨势稳健，多根均线上涨缓慢，说明市场信心充足，投资者买入逐渐增加，如图 4-20 所示。

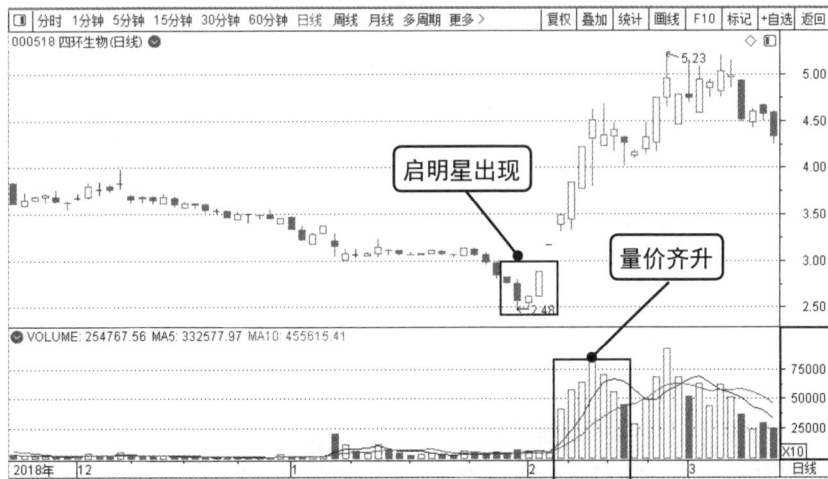

图 4-20　四环生物 2018 年 11 月至 2019 年 3 月的 K 线走势

拓展知识 *如何识别市场传闻的真伪*

股票市场是一个传闻漫天飞的市场，每日都会出现"××可能会被机构看好，要买就要趁早""××股票已经开始被庄家买入，听说要涨到××元"，而相信该传闻的股民大部分都是悲剧结局。原因很简单，就是你不是前100个知道消息的人，你不可能会凭空捡到大西瓜，而获利的往往就是这些传播消息的幕后人员。

股市的虚假消息太多了，股民唯一能够做的就是不要相信这种消息，有些时候甚至有些媒体也会为了利益和幕后庄家狼狈为奸。所以，股民最好的方法就是远离这些消息，投资其他股票。

炒股技巧 如何应用启明星线选金股

通过前面两例，股民可以发现启明星出现后，个股走势虽然都会反弹向上，但是反弹高度和收益稳定性是启明星无法预测的。如果股民选择前期阻力明显，阻力区集中的股票，收益要小于选择前期稳步上扬，阻力区较小的股票的收益。

启明星只能给市场一个反弹的信号，而市场参与程度和前期走势，是选择股票的关键因素。启明星出现后，如果股价短期稳健上涨，均线呈现多头排列，这种情形大部分都预示股价后期上涨能够持续，股民可以逢低进入。反之，股价反弹过程波动明显，均线杂乱无章，这种情况股民可以进行短线投机，不可进行中长线投资。

4.6 乌鸦出现，均线护驾：乌鸦组合选股

乌鸦线出现通常意味股价会连续下跌，但是下跌过程也预示着股民买

入时机来到。当然，这种买入机会也不是十拿九稳，每只股票的前期走势和均线等指标会严重影响股票的后期走势，这也给股民带来选择优良股票的机会。

实例分析

乌鸦组合选股分析——辉煌科技（002296）VS 科华恒盛（002335）

辉煌科技在 2018 年 12 月至 2019 年 6 月走势显示，该股在上涨过程中，形成两个典型的价格阻力区间，分别是 6 元和 6.5 元之间，形成支撑线。多头在这两个价位之间形成密集成交区，预示后市即使上涨，也会在该区域形成一定阻力。

股价在 4 月后开始大幅下跌，该股从 8 元一路下探至 6 元附近，在底部受到少量投资者关注，反弹有限，随后继续下跌，股价在 6 月形成一次三连阴，乌鸦出现，连续下跌，跌破多根均线，股价最终再次在 6 元底部形成支撑，如图 4-21 所示。

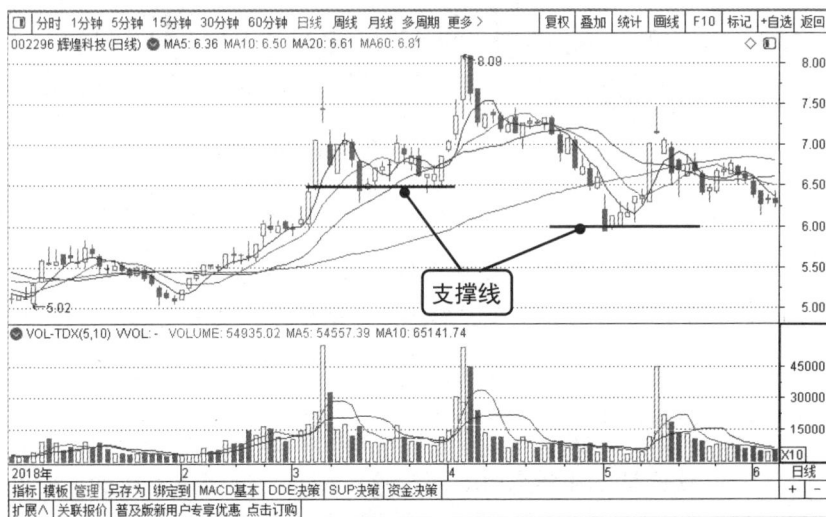

图 4-21　辉煌科技 2018 年 12 月至 6 月的 K 线走势

我们再来看科华恒盛这只股票，从科华恒盛的走势上发现该股成交量长期处于活跃状态，没有典型的密集区，股价从 17 元上涨至 19 元附近。9 月下旬受到大盘影响下跌，股价连续下挫至 15 元下方。

但是，由于市场对该股看好，股价在 15 元价位线下跌遇阻。从这一轮波动过程我们能够大致判断阻力线在 17 元和 15 元两个价位，如图 4-22 所示。

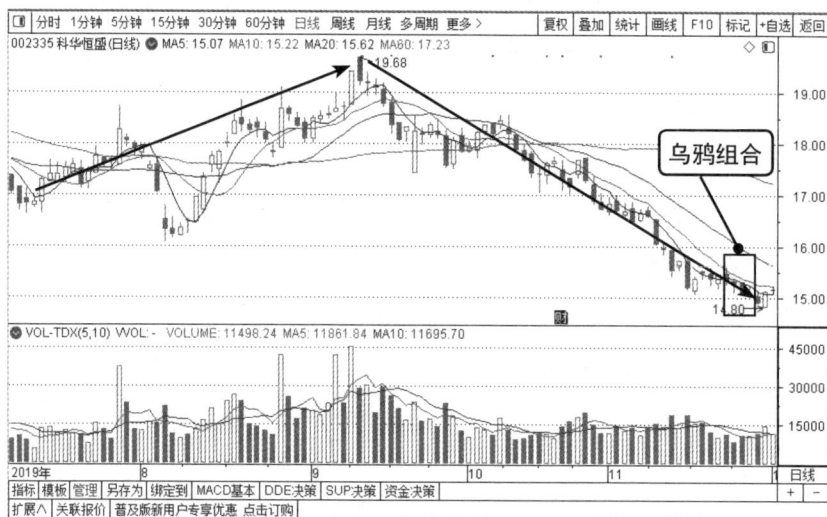

图 4-22　科华恒盛 2019 年 7 月至 12 月的 K 线走势

辉煌科技出现三只乌鸦的价位低于前期阻力线，这就为后期股价上冲留有一定空间，所以，在出现乌鸦线后，随着成交量增加，股价出现强力反弹，均线也呈现多头排列走势。同时，我们发现在三只乌鸦下跌过程后，股价很快出现连续阳线，这也抵消了三只黑乌鸦的市场心理影响，股价反弹迅速，短期操作股民收获丰厚。

然而，当股价接近反弹高位 8 元附近，成交量开始逐步减少，股价在高位盘整后，多次跌破 10 日均线，这说明市场对后市已经看淡，开始逐步离场，所以股价很快又下跌至 6.5 元附近，股民长期利益减少，如图 4-23 所示。

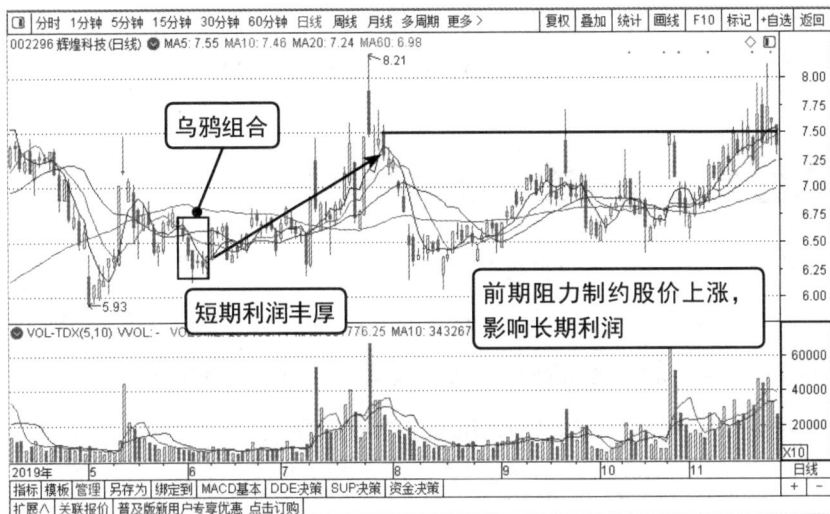

图 4-23　辉煌科技 2019 年 4 月至 11 月的 K 线走势

而科华恒盛在出现乌鸦组合后，走势却不同，如图 4-24 所示。

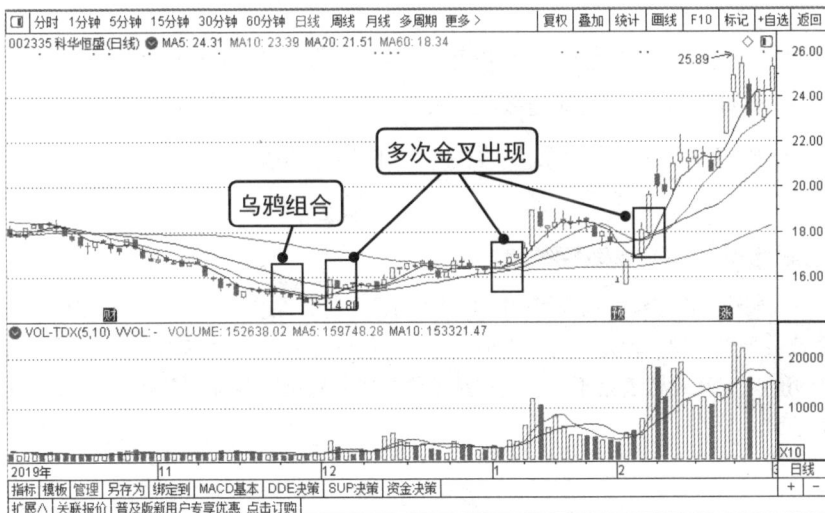

图 4-24　科华恒盛 2019 年 10 月至 2020 年 3 月的 K 线走势

科华恒盛在出现乌鸦组合后，股价虽然也立刻反弹，但是，成交量并没有出现缩量迹象，反而随着股价波动，出现多次放量迹象，在 10 日均线和 5 日均线多次出现金叉后，市场成交量都出现放量，说明该股依然受到市场热捧。最终造成量价齐增的局面，股民获得接近 70% 的利润。

炒股技巧 乌鸦线与均线结合的选股技巧

乌鸦线出现，虽然股价连续大跌，但是对于空仓的股民是一个非常好的选择，因为这种下跌，预示着能够低价买入股票，这是众多股民追求的买入机会。虽然股民能够在低价买入股票，但是，选择哪只股票才能在未来获得较高的利益，这就是股民的选股水平决定的。

在纯技术选股方面，股民要从过去一段时间股价走势判断该股是否受到市场热捧，是否形成分散的成交密集区。

如果股票持续受到市场追捧，下跌过程必然出现一定的放量迹象，在底部也出现成交活跃的现象。

同时，乌鸦线出现后，股价是否立刻呈现强力反弹走势，均线是否呈现多头排列走势，这些都是要考虑的因素。如果多数指标都显示该股受到市场热捧，那么这只股票就是股民期待的热门金股，可以大胆买入。

拓展知识 *乌鸦线出现不要恐慌卖出*

乌鸦线是由连续 3 根或 3 根以上阴线构成，会造成连续下跌，可能会对市场信心造成恐惧心理，但是，这种恐惧心理通常能够让股民失去理智，疯狂卖出，而聪明的庄家和投资者是不会放过这种低价买股的时机，待市场走势平稳后，就拉升该股。

4.7 三川出现，突破均线：三川组合选股

波浪理论中关于股票价格永远会波动震荡的观点是反映市场股价真实情况的经典理论。在蜡烛图中，也有类似波浪理论的形态——三川组合。波浪理论已经成为股市经典理论，通常应用于买卖股票的价位选择，三川组合不仅仅反映股价走势，而且，结合其他指标，股民同样能够选择优质股票。

因为，三川组合是股价波动的体现，每一个三川的顶部和底部都能够表示股价的阻力线和支撑线。而成交量和价格均线等指标在不同的三川组合中表现不同，也反映市场对各种股票的追捧程度。

市场追捧的股票由于多头积极，每一次当股价接近三川组合的底部时，都会带来大量买入信号，而接近三川组合顶部时，成交量如果没有急速放量，说明多头对后市还有更高的企稳，股民可以在逢低时跟进，反之，该股票可能只适合短线买卖。

实例分析

三川组合选股分析——康力电梯（002367）VS 东山精密（002384）

图4-25所示为康力电梯2019年6月至11月的K线形态。

康力电梯在运行的过程中经过多次的反弹下跌，形成了典型的三川组合形态。

康力电梯呈现三川形态发生在2019年7月至11月期间，当股价接近三川形态高点时，成交量出现放量趋势，而当股价接近低位时，成交量并没有出现明显放量，第二次上涨过程也是同样现象，由此可见市场侧重于短线投机，而不是中长线投资。

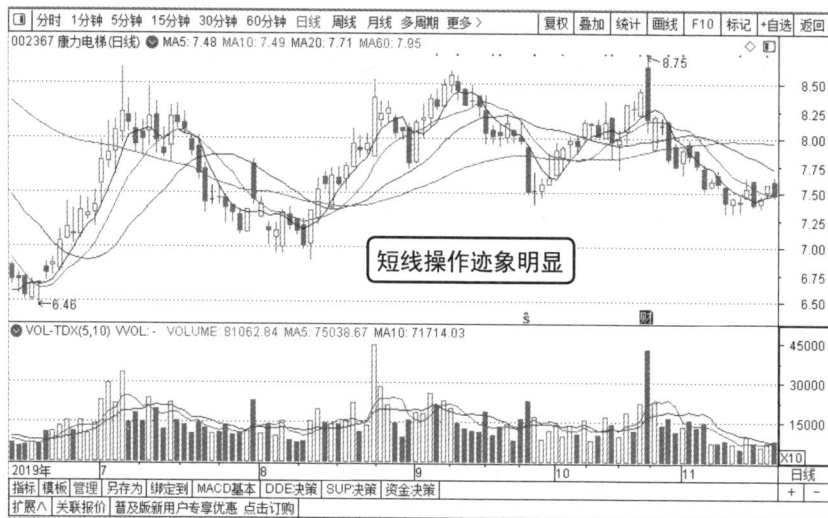

图 4-25　康力电梯 2019 年 6 月至 11 月的 K 线形态

但是，另外一只股票，东山精密却在三川形态的出现过程中，当股价接近底部时，出现大量买入，当股价冲高时，成交量却没有大量放量，从这一点可以感觉市场持股兴趣浓厚，应侧重中长期投资，如图 4-26 所示。

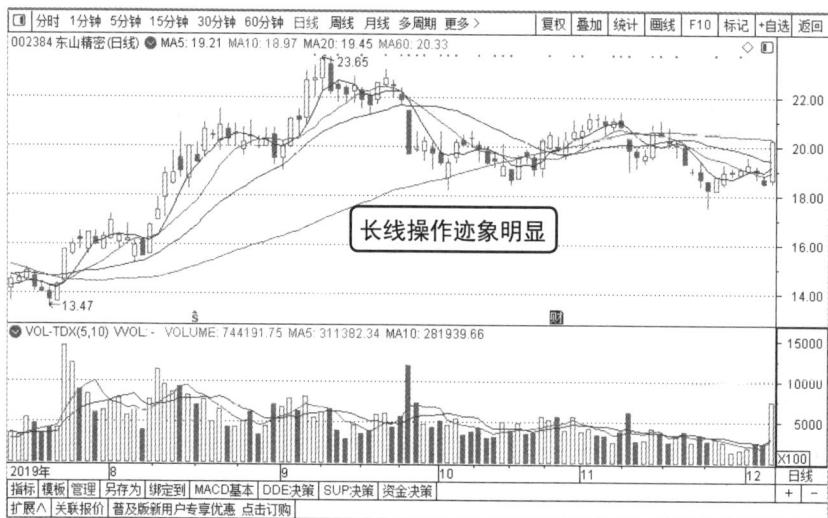

图 4-26　东山精密 2019 年 7 月至 12 月的 K 线走势

既然市场侧重长线投入，那么这种股票在上涨过程中必然不会出现大量投机卖出的压力，这对后市反弹是一大利好。

市场对股票的投资兴趣不一样，从一个方面也决定股价后期走势。如图 4-27 所示，购买康力电梯的股民侧重短线投资。所以，该股从底部反弹过程中，触及前期出现的阻力线后，就呈现大量卖出迹象，股价受到空头打压，股价便在 7.75 元附近横盘调整一段时间，而后在大盘的带动下继续上涨。

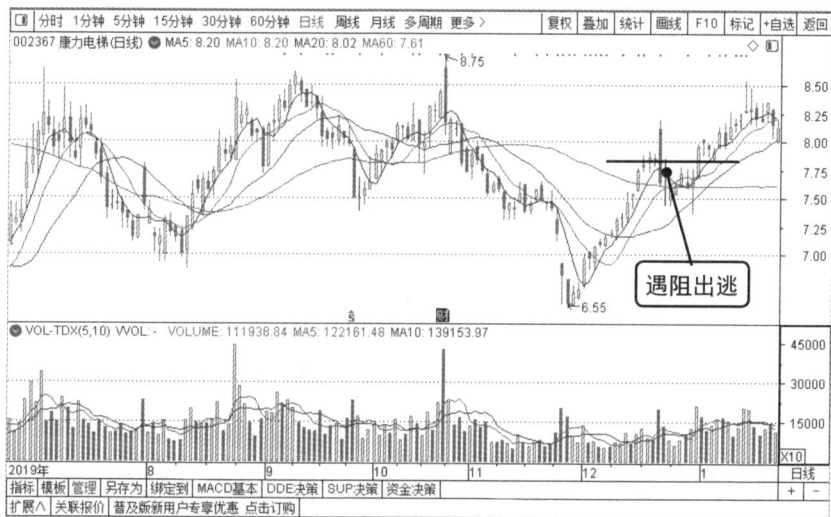

图 4-27 康力电梯 2019 年 6 月至 2020 年 1 月的 K 线走势

相比之下，东山精密由于受到市场投资者的中长线投资的影响，股价在 2019 年 12 月下跌到底部后，股价开始逐步上涨。在上涨过程中，成交量逐渐放量的走势，进一步证实该股受到了投资者的青睐。

所以，该股顺着成交量增长逐步上涨到 36.59 元，长期持有的投资者肯定能获得不少收益，如图 4-28 所示为东山精密 2019 年 8 月至 2020 年 2 月的 K 线走势。

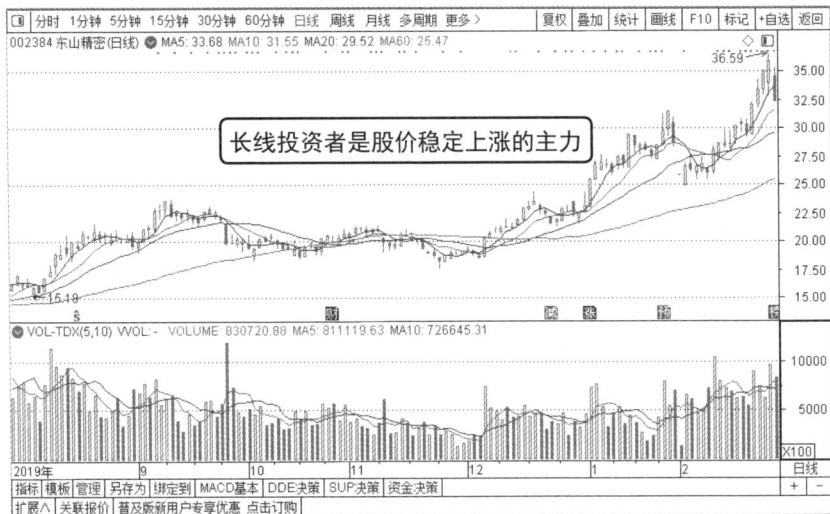

图 4-28　东山精密 2019 年 8 月至 2020 年 2 月的 K 线走势

炒股技巧 三川线突破均线的选股技巧

　　三川组合经常出现在股价盘整过程中，反映空头和多头的相互博弈，双方实力接近才能形成这种三川组合。这种组合不如其他蜡烛图那样，能够迅速直接提示股民买卖股票，但是，结合成交量等指标能够给股民带来中长线投资的信号。

　　如果三川组合在波动过程中，成交量并没有随着股价明显波动，没有出现高位大量卖出，底部大量买入的迹象，说明该股受到市场中长线投资者的青睐，投机者没有兴趣炒作该股。而这种股票适合中长线投资，当股价连续下跌后，股民可以乘着成交量激增时，放心买入该股，耐心持有，必将在中长线有所收获。

拓展知识 *市场参与者是后期上涨的关键*

股市中，股价的高低虽然受到市场消息和政策的影响。但是，排除这些关键因素后，股民会发现股价的涨幅还要受到市场参与者的影响。如果市场参与者大部分是短线投资者，当股价在10%幅度内波动时，买卖非常激烈，这种股票如果继续拉升，必然会出现大量卖单，所以该股票是不会出现大幅上涨的。

反之，当股票在低位盘整过程中，成交量一直处于温和状态，波动范围也不大，那么这种情况说明该股不是被市场冷漠，而是逐步有长线投资者建仓，股民也要顺势跟进。

4.8 平头底部，均线支撑：平头组合选股

在前面第3章中，我们介绍过两种平头组合——底部齐头和顶部齐头组合。前者能够提供支撑线位置，后者能够提供阻力线。这两者不仅能够给短线投资者带来丰厚的短线利润，同时，也能通过这种阻力线的位置，对股票后市反弹高度进行大概估计，指导股民选择上涨空间较大的股票，放弃涨幅较小的股票。

因为下跌严重的股票，如果距离阻力线越远，股价反弹空间就越大，反之，反弹就越小。这种判断不仅要从过去蜡烛走势判断，同时也要结合其他指标综合判断。过去的蜡烛图能够提示股价的阻力，而成交量能够提供密集成交区，这两者对股价后期反弹起到关键作用。

实例分析

平头组合选股分析——金字火腿（002515）VS 天顺风能（002531）

如图4-29所示，金字火腿在2019年3月到6月在高位盘整，股价多

次形成平头线，从图上可以明显发现多处阻力线，而每一根阻力线都意味着股价会在该处受到空头的打压，并徘徊于这些价位。

简单地说，就是股价每次试图穿越这些价位时，必然会出现反复盘整，从而形成买卖机会，如果股价从底部上涨，一定会在这些价位受到阻挠，也预示底部向上能够爬升的高度。同时，阻力线越密集，成交量越剧烈，说明该区域是上涨的最大阻力区。

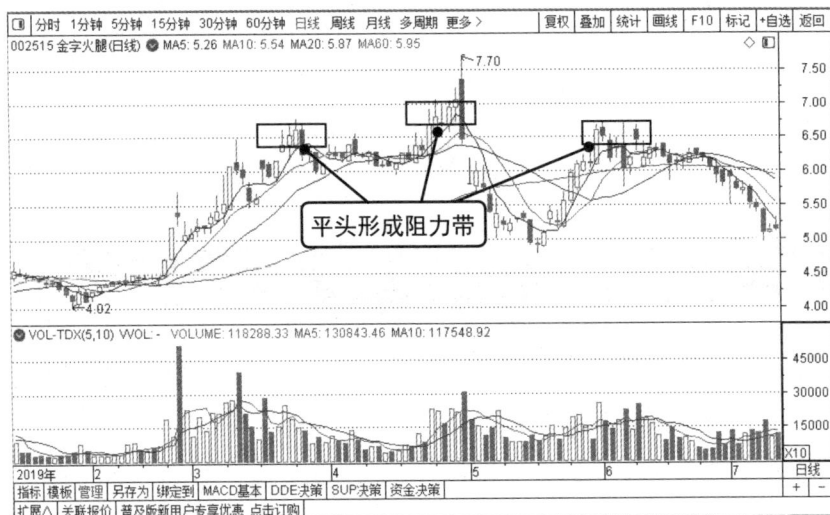

图 4-29　金字火腿 2019 年 1 月至 7 月的 K 线走势

我们再关注天顺风能的走势，图 4-30 所示为天顺风能 2018 年 3 月至 10 月的 K 线走势。

在这段走势中，发现该股在多个不同的位置形成齐头等高线，而且股价在这些价位的成交量并不集中，说明股价在后期反弹能够轻松突破这些价位，冲上更高的价位。对于长期稳健投资者，这种股票就是比较合适的选择。

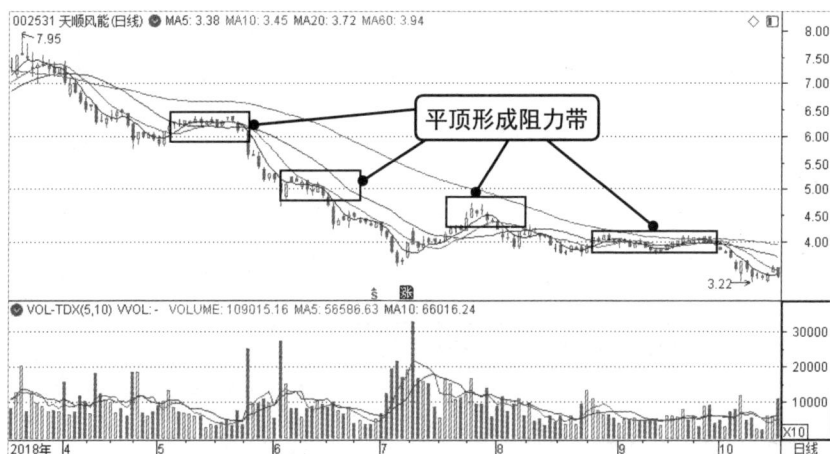

图4-30　天顺风能2018年3月至10月的K线走势

通过前面两只股票的平头等高线的比较，我们能够明显感觉金字火腿在6元至7元有强力的阻力位，在5至6元有一定阻力，可能会对股价造成一定影响。

但是，如果后市成交量能够跟进，那么金字火腿在短期内最高能够上冲到7元，而随后的走势也验证前期阻力位的判断，股价目前最高价位出现在7.92元，并且触顶后止涨下跌，阻力压力明显，如图4-31所示。

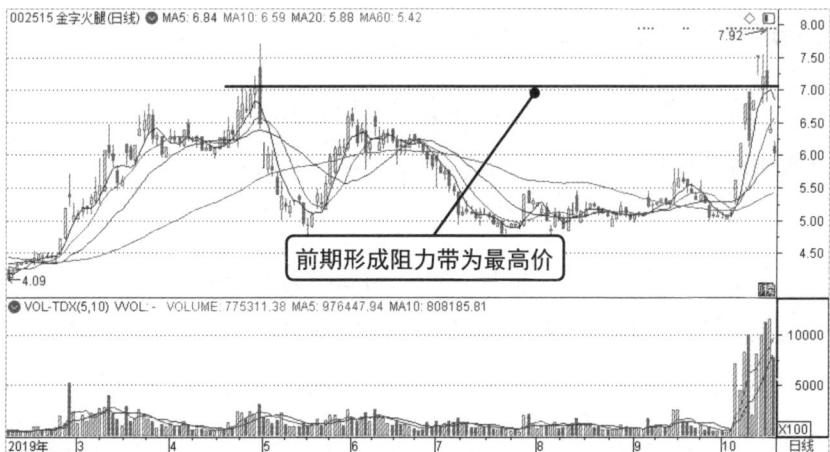

图4-31　金字火腿2019年2月至10月的K线走势

而天顺风能虽然在 4 ~ 4.5 元形成典型阻力区，然而集中在该区域的成交量不多，所以，后市股价能够轻松突破这些价位，如果再结合消息面利好，成交量逐步放大，这种股价能够给股民带来丰厚的利润，如图 4-32 所示。

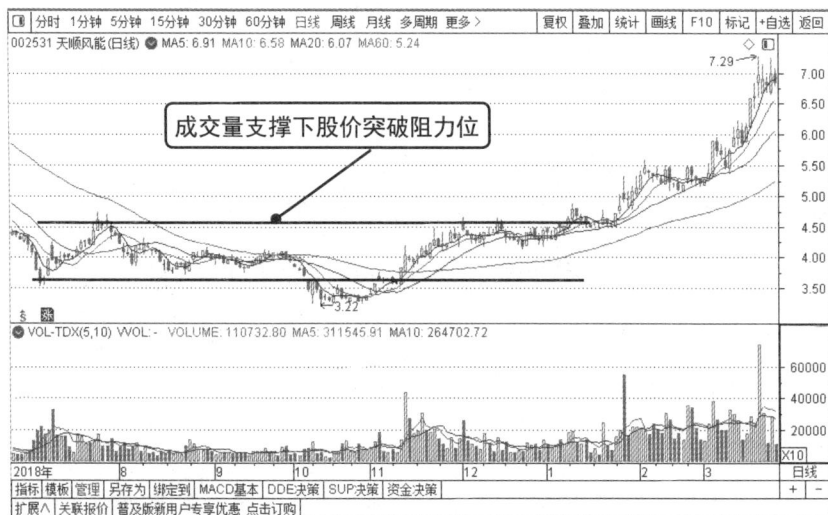

图 4-32　天顺风能 2018 年 7 月至 2019 年 3 月的 K 线走势

炒股技巧 平头组合的选股技巧

平头线出现时，通常意味着在支撑线和阻力线建立，股价在该价位必然受到支撑和阻碍，这些价位通常是后市走势的转折点，这是蜡烛图带给我们的信号。然而，实际情况远比这些情况复杂。

平头线出现时，股民不仅仅要关注蜡烛图的形态决定价位，而且不能放过最重要的一个信号，就是底部对应的成交量。如果该平头线不能带来大的成交量，这种支撑线或者阻力线将是无法维持的，对后市股价反弹或者下挫是没有多大意义的。

所以，股民在通过平头线选择股票时，如果从底部买入股票，尽量选择阻力线较弱的股票，这种股票能够在后市反弹走势中走出新高，股民收益丰厚。而阻力线较强的股票，如果没有消息面刺激，大部分股票反弹都止步于前期阻力线附近，股民的收益就会减少，甚至回到原点。

拓展知识 *阻力线突破前提*

从前面多个例子中，我们都能发现阻力线并不是牢不可破的。要突破阻力线一般具备以下几个条件。

◆ 成交量要在突破前放量，并且持续。

◆ 消息面不能利空，最好利多。

◆ 阻力线要远离长期均线，如 60 日、120 日均线。阻力线才可能被突破，否则将会阻碍股价。

4.9 捉腰提带，阻力突破：捉腰带线选股

捉腰带线是锤子线的一种变形，同样起到预示后市走势反转的作用。相对于锤子线，捉腰带线预示反转的强烈程度要弱些，但是，这一点并不影响股民通过捉腰带线来选择优良股票。

捉腰带线有两种，一种为看涨捉腰带线，一种为看跌捉腰带线。看涨捉腰带线是股票即将上涨的信号，本节主要从该信号入手，讲解如何在两只出现看涨捉腰带线的股票中选择上涨潜力较大的股票。

实例分析
捉腰带线选股分析——东方铁塔（002545）VS 博彦科技（002649）

如图 4-33 所示，东方铁塔在 2019 年 2 月底至 4 月底处于盘整走势，股价长期在 7.5 元附近至 8.3 元盘整，虽然多头多次试图冲击 8 元上方，但是，受到前期高位套牢盘的打压，股价在 7.5 元附近至 8.3 元形成典型的阻力带。

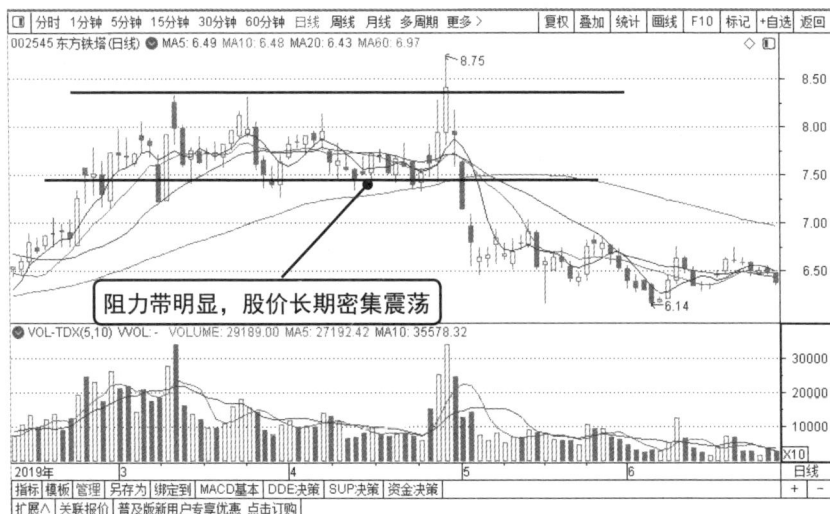

图 4-33　东方铁塔 2019 年 2 月至 6 月的 K 线走势

而博彦科技则不同，如图 4-34 所示。

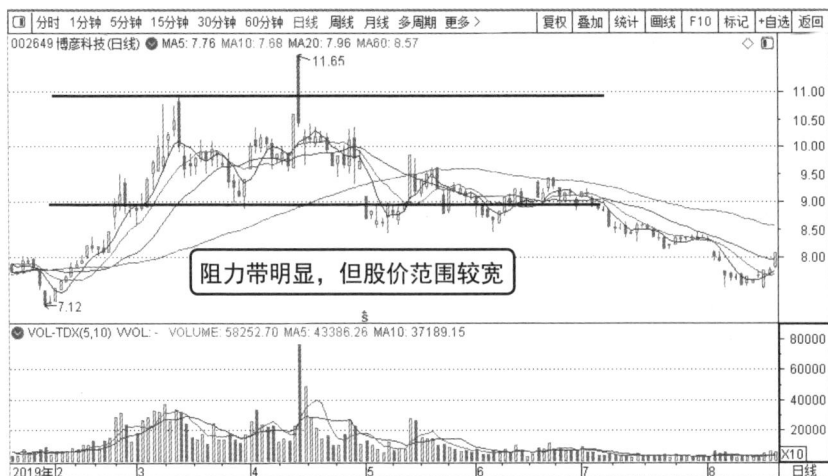

图 4-34　博彦科技 2019 年 1 月至 8 月的 K 线走势

在 3 月至 5 月的盘整阶段中，股价走势并不稳定，出现多次上冲局面，股价一度上涨至 11 元上方，而且，成交量并没有明显集中在该价位附近，而是分散于 8.5 元至 11 元之间，这种情况表示股价在宽阔的空间建立阻力。

但是，没有一个明确的价格区间，股价后期如果受到成交量支撑，通常比较能够突破该价位，这也为后面捉腰带线形成的反转减少阻力。

由于之前形成的阻力线强弱不同，在随后的走势中，两只股票的股价反转高度就呈现不同。东方铁塔在 2019 年 8 月中，出现一个看涨捉腰带线，股价出现反弹走势，但是由于成交量放量，股价上涨，出现逐步上扬态势，但是受到前期 7.5 元至 8.3 元阻力线的打压，该股最终止步于 7.5 元附近，股民获利最多为 41%，如图 4-35 所示。

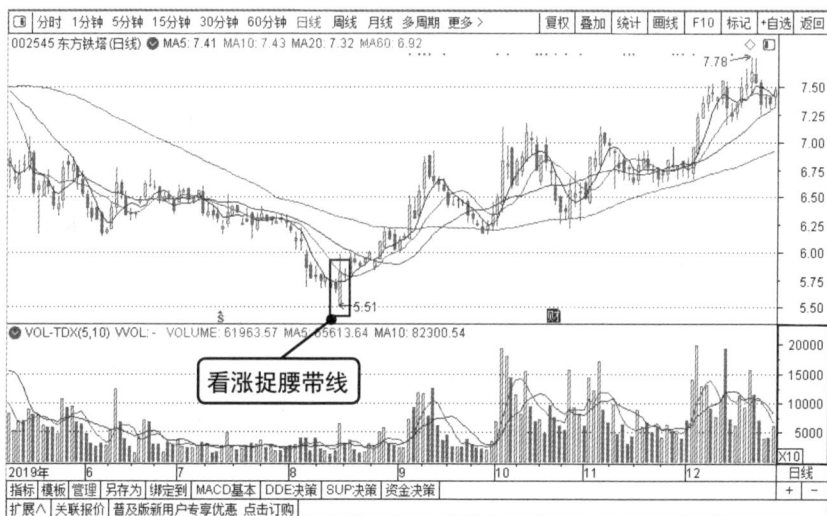

图 4-35　东方铁塔 2019 年 5 月至 12 月的 K 线走势

而博彦科技在 8 月中也出现了捉腰带线，这次捉腰带线的出现伴随着股价上冲而成交量明显放量态势，这种股票就是一种上涨潜力明显的股票，股民获利将明显高于东方铁塔，如图 4-36 所示。

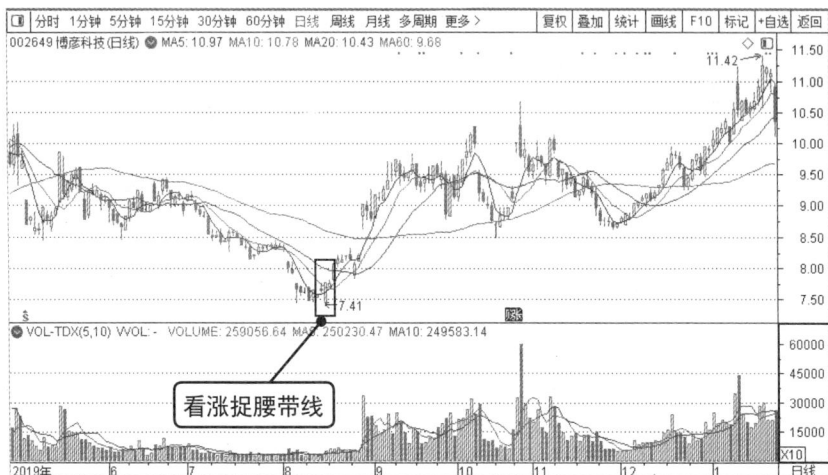

图 4-36　博彦科技 2019 年 5 月至 2020 年 1 月的 K 线走势

炒股技巧 捉腰带线突破阻力选股技巧

通过例子，股民已经能够明白捉腰带线出现后，前期阻力线的位置和成交密集区的数量才是决定股价反弹的关键因素，而捉腰带线只是市场信心反转的迹象，仅仅是一个开头。

股民在选择股票时，必须将前期股价走势综合考虑，选择阻力较弱，成交密集区分布较宽的股票作为买入对象，当上涨捉腰带线出现后，就可以趁着回调机会在底部买入股票，剩下的就是耐心持股等待。

拓展知识 *开盘 15 分钟走势局限和选股的危险*

有些股票理论说"开盘 15 分钟走势就能把今天的股票的走势大体确定"。但是，笔者认为这种理论缺少一个前提条件，就是平稳市。而现在中国股市不是平稳市，而是一个波动剧烈的股市，上午出现涨幅，可能下午来一个大的跌幅。

所以，对于开盘 15 分钟选股方法，笔者也保持一种较为客观的看法，股民选择性了解即可，这种选股方法最好结合蜡烛图和基本面进行综合判断。

4.10 均线平稳，黑白分明：约会组合选股

约会线是最后一个可以用来选择股票的蜡烛图，为什么？因为约会线是由两根颜色不同蜡烛图组成，这种颜色的对比，走势的不同，往往就是股价开始反弹的迹象，但是，反弹的高度和反弹的结果是两种不同的概念。

那么如何判断股价出现约会线后，反弹的高度？其实很简单，股民只要记住两个东西就足够了：成交量和阻力区。

这也是前面反复实践操作中验证出的一个关键判断标准，当受制于成交量和阻力区的阻碍时候，股价在后期不可能有大的启动；摆脱成交量和阻力区束缚后，股价才可能给股民带来丰厚的利润。

实例分析

约会线选股分析——广聚能源（000096）VS 山西汾酒（600809）

图 4-37 所示为广聚能源 2019 年 2 月至 6 月的 K 线走势。

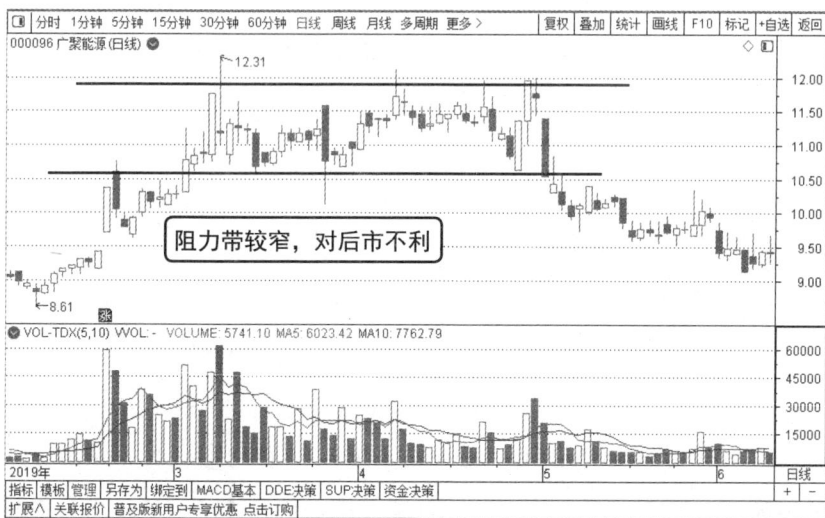

图 4-37 广聚能源 2019 年 2 月至 6 月的 K 线走势

广聚能源在 2019 年 3 月至 8 月形成高位整理态势，股价在 10.5 元至 12 元附近波动，受到市场多头和空头的激烈博弈，高位的横盘区间给后市形成了非常强烈的阻力线。

虽然在该区间成交量并没有明显放大，但是，长期在该价位盘整，成交量累计结果也是非常巨大的，大量成交集中于该价位，最终形成明显阻力线。

而山西汾酒在 2017 年 6 月至 2018 年 8 月走势中，经过一轮大幅上涨后，股价在高位区域横盘调整，虽然同样在 50 元至 65 元之间形成阻力带，但是其成交量分布并不集中，这样后市反弹受到的阻力就会减少很多，如图 4-38 所示。

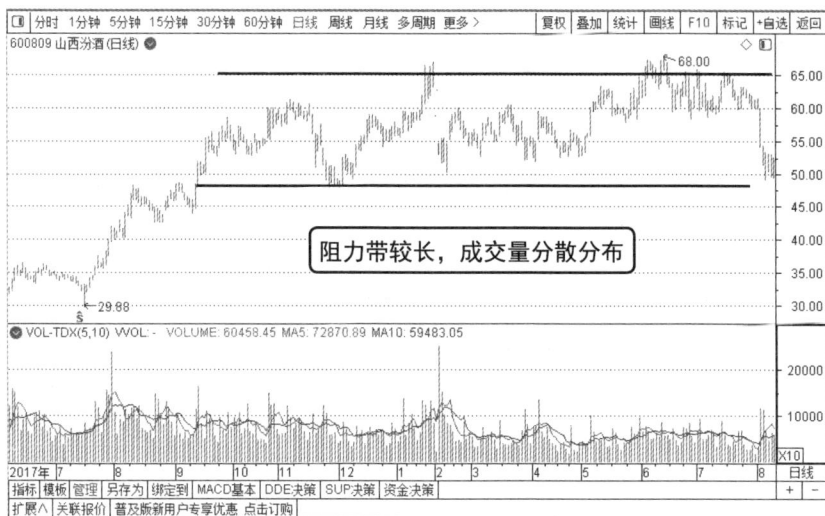

图 4-38　山西汾酒 2017 年 6 月至 2018 年 8 月的 K 线走势

广聚能源在 2019 年 5 月经历一轮下跌后，股价在 8.5 元位置底部盘整多日。8 月 14 日和 8 月 15 日，K 线收出两根迎面相遇的阴线和阳线，形成典型的约会线反转形态，这根约会线出现虽然能够对市场起到一定刺激作用，但是，受到前期阻力线的影响，股价最终触及 12 元后就出现明显受阻迹象，股价结束上涨势头，开始止涨下跌，如图 4-39 所示。

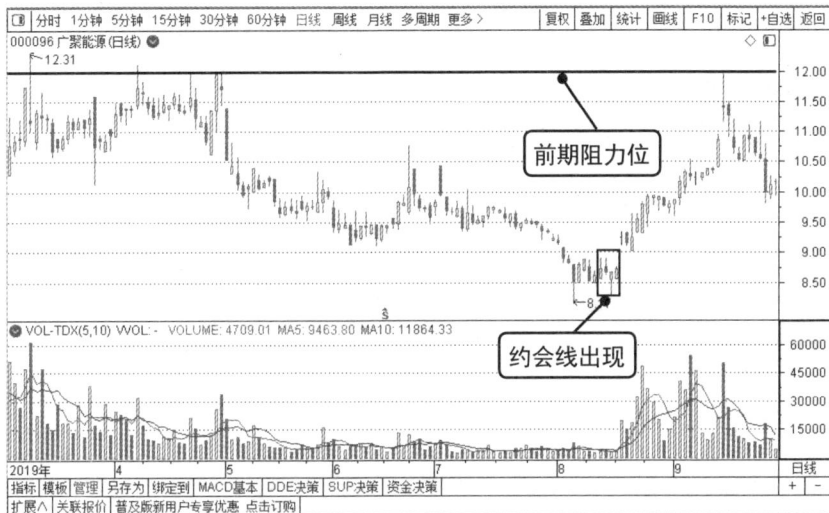

图 4-39　广聚能源 2019 年 3 月至 9 月的 K 线走势

　　而山西汾酒在 2018 年 7 月底转入下跌行情，随后在 10 月 29 日和 10 月 30 日组成约会线形态，股价止跌步入反弹走势，一路从 30 元附近上涨到 73 元上方，涨幅达到 143%，如图 4-40 所示。

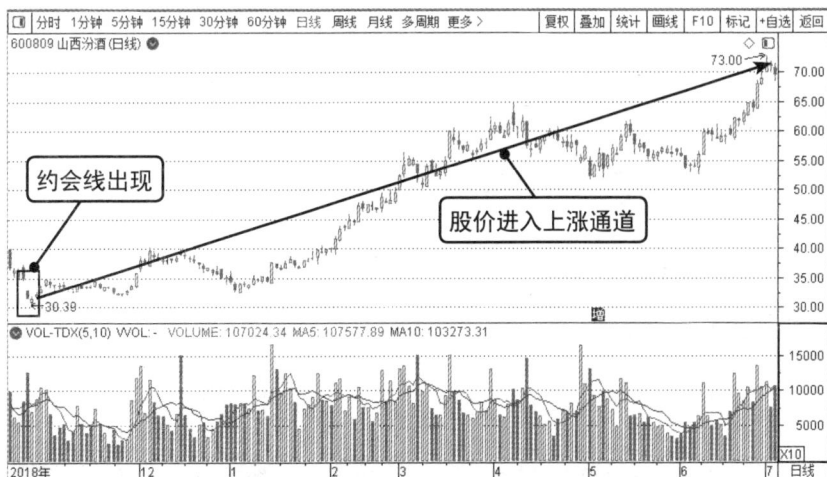

图 4-40　山西汾酒 2018 年 11 月至 2019 年 7 月的 K 线走势

炒股技巧 约会线选股重点分析阻力区

从前面两个实例中，我们能够明显感觉到约会线在整个反转过程中并不是最强烈的信号，通常约会线出现后，如果没有利好消息刺激，股价会出现较长时间盘整，需要多达数月的等待才能迎来最终的收益。

而且，约会线反弹高度明显受到前期阻力线的影响，股民在选择这种约会线出现的股票时，必须结合前期股价盘整形成的阻力线和成交密集区进行综合判断，尽量选择阻力区远离底部区域的股票，同时选择由多个组成成交密集区形成阻力区的股票，这样才能在后期上涨过程中获得较高的利润。

第 **5** 章

蜡烛线和均线底部平台买股分析

股民选择好质地良好的股票后，就该进入买股环节。这个环节通常需要股民大胆和细心，利用前面介绍的蜡烛线和均线多种指标判断最佳买入时间和价格。这样不仅能够降低股民成本，同样能够降低风险。

5.1 锤线出现，底部接近

蜡烛图底部出现主要指标就是锤子线，就像锤子一样将股价底部夯实，除非出现明显利空消息，股价会长期在该底部盘整。那么什么时候是股民买入的最佳时机，这就是本节要讲解的内容。

实例分析

锤子线买股分析——思源电气（002028）

如图 5-1 所示，思源电气从 2019 年 4 月下旬开始下跌，股价从 13 元附近下跌至 10 元附近，随后在 10 元价位线上长期盘整，走势低迷，投资者难以确定是否形成底部。

7 月下旬，股价出现小幅反弹，但仅仅两个交易日后股价便再次下跌，K 线连续放阴下探低位，8 月 6 日 K 线收出一根锤子线，股价止跌，底部信号出现。

图 5-1 思源电气 2019 年 3 月至 8 月的 K 线走势

当锤子线出现后，股民当日最佳买入时间点也就出现了。应该是该股价下挫至前期底部支撑线位置 10 元下方，从 8 月 6 日的分时图上我们能够找到最佳时间段，如图 5-2 所示。

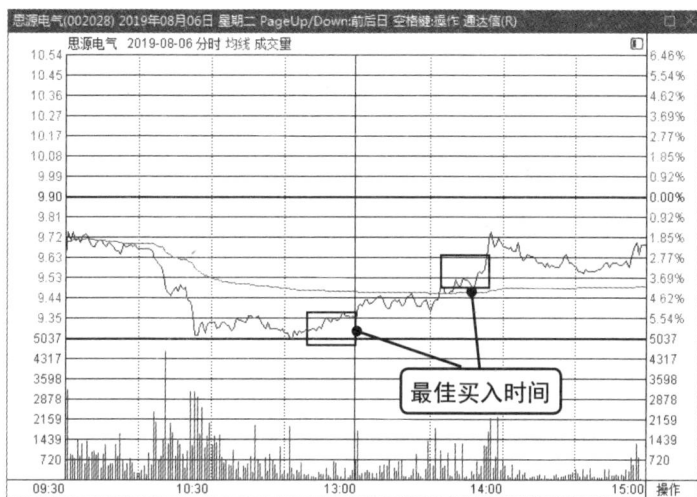

图 5-2　思源电气 8 月 6 日分时图

当日股价开盘后不久便放量下跌探底，股价急速下跌，随后被缓慢拉起。说明主力探底结束，第一个最佳买入点应该是探底结束股价回升时买入。第二个最佳买入点应该是股价从下向上穿越均价线时买入。

当然大部分的股民都会在锤子线出现后，短期等待股价出现明确的上涨信号后再买入，这样能降低投资风险。

图 5-3 所示为思源电气 2019 年 8 月至 2020 年 1 月的 K 线走势。

果然锤子线出现后，思源电气转入上升通道中，股价从 9.25 元上涨至最高 16.26 元，涨幅超过 75%。如果股民在锤子线出现时买入必然获得不错的收益。

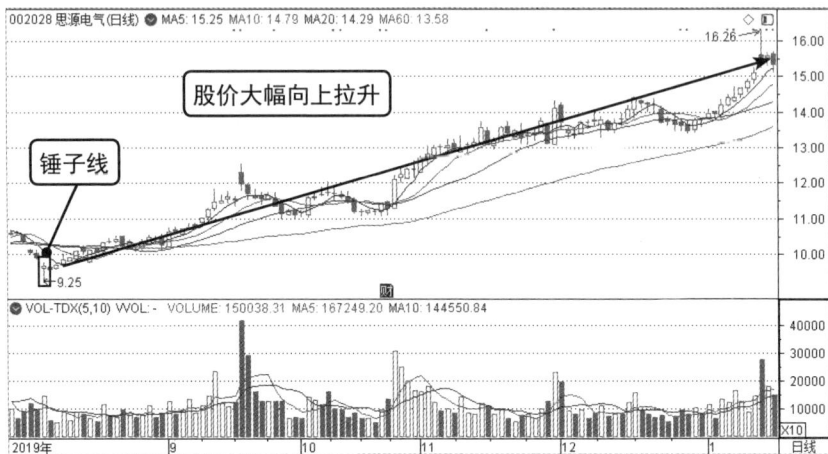

图 5-3　思源电气 2019 年 8 月至 2020 年 1 月的 K 线走势

炒股技巧 底部锤子线买股技巧

　　蜡烛图中，锤子线出现后，只有少量股民能够大胆在当日买入，因为这是比较冒险的做法。蜡烛图形态形成必须等待当日全部交易结束才能明确，否则谁也无法预测整体形态。而大部分谨慎的股民都会选择在蜡烛图出现锤子线后，短期内等待股价再次下跌后买入，这样能够选择确定的低价和时间。

　　而这种低价和时间必须结合多根日均线和分时图的均价线综合选择，同时，参考成交量的放量迹象，这样才能给股民提供比较准确的买入价格和时间，做到以尽量接近最低价的价格买入股票，获得最多的利润。

5.2　阳线抱阴，蓄势上涨

　　阳抱阴通常预示着股价已经从底部开始进入反转走势，多头开始发力，空头逐步退出市场。那么什么时间是最佳的买入时间呢？与前面锤子线一样，股民可以选择通过均线和成交量这两个关键指标进行综合分析，选择最佳的买入点。

实例分析

阳抱阴买股分析——兆丰股份（300695）

如图5-4所示，兆丰股份2019年4月中旬股价止涨下跌，从70元附近急速下跌，跌至52元附近止跌反弹，但是反弹力度不大，很快又转入下跌行情中。

此次的下跌呈现缓慢下跌走势，股价跌至50元附近时，股价止跌横盘，此次的横盘是否意味触底，后市反弹呢？

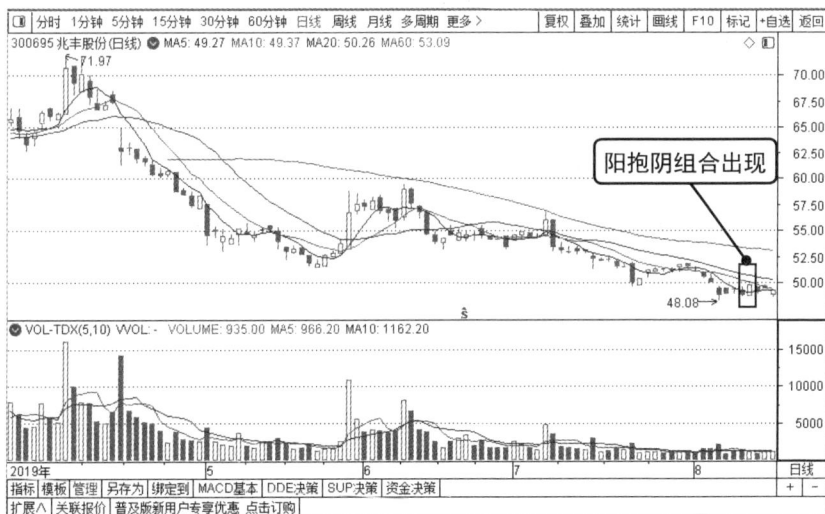

图5-4　兆丰股份2019年3月至8月的K线走势

从上图可以看到，兆丰股份8月9日和8月12日分别收出阴线和阳线，阳线实体包裹阴线实体，形成典型的阳线抱阴形态，这是底部反弹信号，说明股价见底，后市回升。

观察 8 月 9 日和 8 月 12 日两日的分时图，如图 5-5 所示。

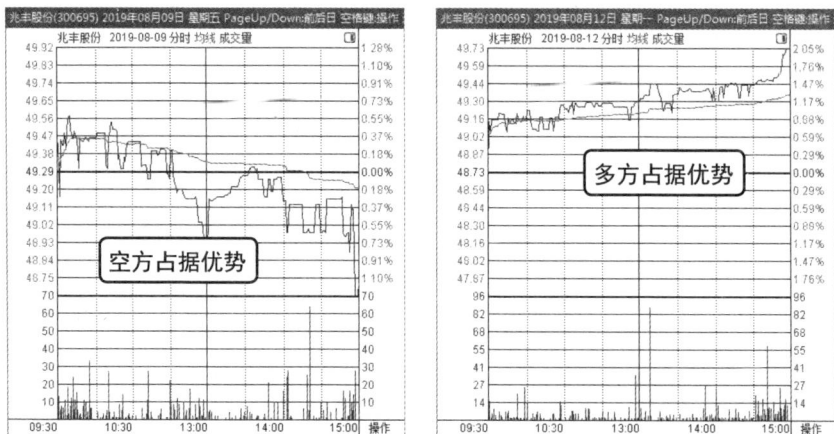

图 5-5　8 月 9 日和 8 月 12 日两日的分时图

从上图可以看到，8 月 9 日和 8 月 12 日呈现出两种截然不同的走势。
8 月 9 日，空方占据优势，股价一路下跌，全天运行在均价线下方，到了
8 月 12 日，多方占据优势，股价一路上涨，全天运行在均价线上方。并且，
盘内大单买入、卖出的迹象明显，说明主力机构介入控盘，后市看涨。

图 5-6 所示为兆丰股份 2019 年 8 月至 2020 年 1 月的 K 线走势。

图 5-6　兆丰股份 2019 年 8 月至 2020 年 1 月的 K 线走势

从图中可以看到，阳抱阴线出现后，股价短暂盘整了3个交易日后，K线出现五连阳，股价转入上涨行情中，股价大幅上涨。股价从48.08元安上涨至64.07元，涨幅达到33%。可以见得，阳线抱阴是一个强烈的底部反转信号。

炒股技巧 阳线抱阴的买股技巧

阳抱阴在买卖时机上，不仅要考虑成交量的因素，同时也要考虑该形态是否远离长期均线，是否受到短期均线的阻力等因素。如果阳抱阴并没有远离长期均线，同时，也没有建立短期均线支撑形态。

这时，股民可以选择继续等待，直到股价受到短期支撑线支撑确立后，股民再选择适当的低位买入。

只要股价确定受到短期均线支撑，当股价下挫至均线下方时，通常会很快受到多头的买入，因为此时成本价格低于前期买入的成本价，多头是不会放过这一次底部建仓的时机，既然多头都知道逢低建仓，股民当然也不要错过这一次机会，在底部迅速买入股票，中线持有必有收获。

拓展知识 创业板高管辞职风潮的含义和后话

创业板上市后，越来越多的创业板高管因各种原因辞职，这不能不说是违背创业板上市的初衷——鼓励创业，反而成了少数人的资本游戏，利用创业板作为一种资本的工具。这与巴菲特的选股标准中"管理层的诚信和道德"相违背，所以，从这一点看，我们再次感受到巴菲特对于科技股和概念股为何嗤之以鼻的高明，不愧为股神。

但是，这种伎俩已经被证监会发现，证监会公布这种高管离职减持继续扩大半年，时间由原来的一年改为一年半。这样将会减少高管的获利。

5.3 单针探底，均线支撑

探底针如同其名称一样，起到探测底部的作用，当探底针出现后，股价通常预示着下跌已经临近尾声，股价将进入底部盘整或反转走势。通常出现探底针后，股民才能识别该形态，大部分都是事后诸葛亮，不能在探底针形成过程中买入股票。

那么股民是不是错过了买入股票的时机呢？答案是否定的。因为探底针出现后，有些时候股价会进入底部盘整走势，这种走势并不会立刻结束，股价可能在该价位盘整较长时间，股民如果在盘整初期买入，必然会等待较长时间才能卖出股票，浪费大量时间等待其上涨，这当然不划算。

所以，探底针出现后，股民不一定错过最佳买入时间，最佳买入时间可能在随后几日再次出现，股民完全可以抓住这种机会。而利用前一次探底针形成的最低价，完全可以再次在该价位买入股票，而且，结合其他指标，也能减少在底部盘整所浪费的时间，尽量买在股价反弹初期，而不是盘整初期。

实例分析

单针探底买股分析——招商积余（001914）

如图 5-7 所示，招商积余处于下跌行情中，股价从 9.5 元附近下跌至 7 元左右，随后在 7 元价位线上横盘运行。此时，成交量极度萎缩，说明该股被市场遗忘。

10 月初，K 线突然出现连续阴线下跌股价，并在 10 月 12 日收出一根长下影线的探底针，将股价下探到 6 元附近，并随后止跌在 6 元价位线横盘。很多股民担心此次的横盘不是底部，后市还会继续下跌？

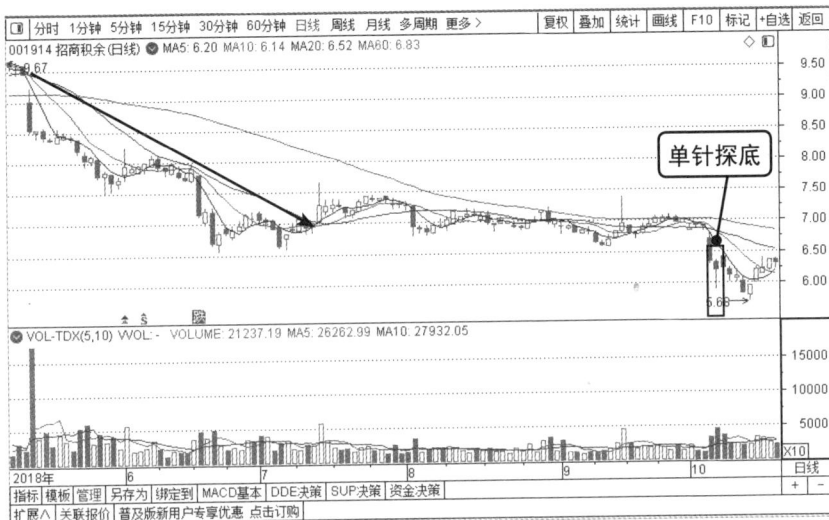

图 5-7　招商积余 2018 年 5 月至 10 月的 K 线走势

此时，我们就要结合分时图来具体分析。图 5-8 所示为 10 月 12 日的分时走势。

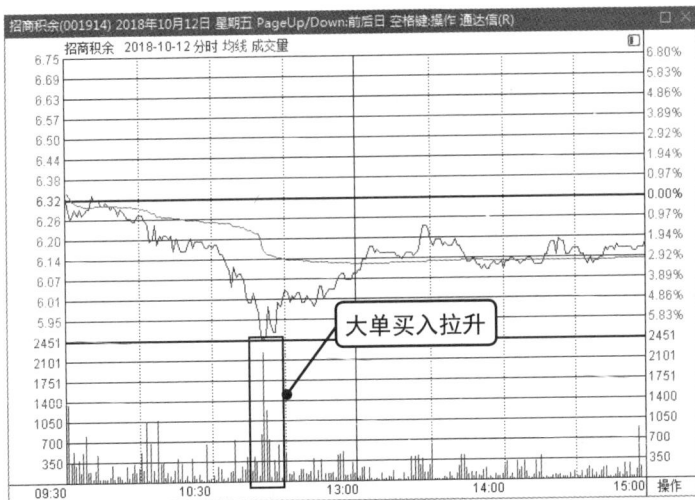

图 5-8　10 月 12 日的分时走势

从上图可以看到，股价在早盘结束后突然被大单砸盘，使股价大幅下跌，跌幅超 5%，引发恐慌抛盘，但随后又被大单拉起，使股价被拉回均价线上。K 线收出一根极长下影线的小阴线，说明这根长下影线是主力刻意所为，目的在收集筹码。

确定了后市将会上涨的信息后，股民应该在什么时候买进呢？我们看到单针探底线出现后股价止跌，10 月 18 日和 10 月 19 日，两天的 K 线形成典型的刺透线形态，说明股价即将反转。因此，股民可以在刺透线出现后的第二天买进。

另外，从均线方面来看，多根均线从原本缠绕平行前行，变为空头排列，股价运行在均线下方，均线对股价起到压制作用。随着刺透线的出现，5 日均线、10 日均线掉头向上运行，股价运行在均线上方，均线对股价起到支撑作用。并且，5 日均线由下上穿 10 日均线形成金叉，说明股价上涨行情已至。

图 5-9 所示为招商积余 2018 年 8 月至 2019 年 5 月的 K 线走势。

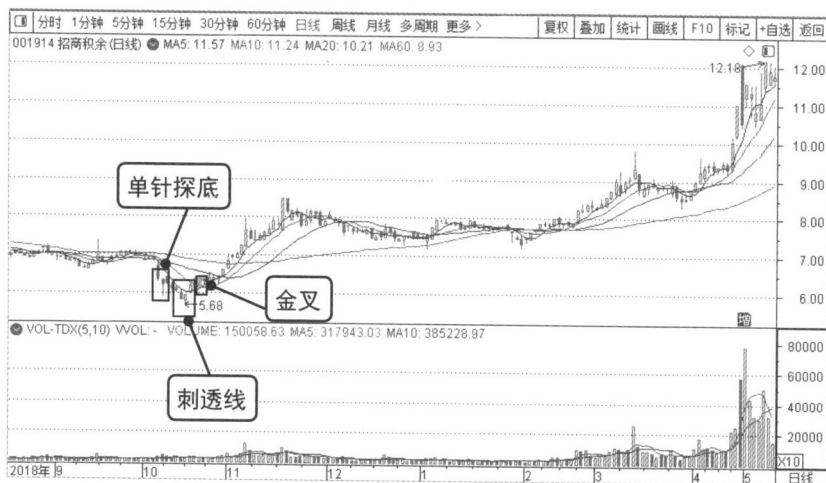

图 5-9　招商积余 2018 年 8 月至 2019 年 5 月的 K 线走势

从上图可以看到，刺透线出现后股价转入上涨通道中，股价大幅向上拉升，涨势喜人。如果股民能够在刺透线附近买进股票，必然会获得不错的收益。

炒股技巧 单针探底受均线支撑的买股技巧

探底针形成后，通常由于时间短暂，大部分股民都会错过这一次买入的绝佳时机。然而机会总会有的，股民在探底针形成后，可以通过均线选择较高的买入价，只要保证股价没有突破中期均线过远，都可以看成买入的最佳时机。

当这种时机来临时，股民要结合分时图，从远离分时均价线和成交量密集放大的区域选择买入价格，此时虽然没有买到最低价，也不用后悔，只要买入价格远低于均线价格，就是胜利。剩下的事情就是耐心等待，3个月获得超过 20% 的利润是完全可能的。

拓展知识 *买卖股票不要追求最大利润*

股市中，没有任何人能够在最低价买入，最高价卖出，以此获得最大利润。江恩也在《华尔街 45 年》的书中，说过任何人要选择适当的价位买卖，获得自己满足的利润就是赢家。

5.4 双针齐探，均线平稳

前面讲解了单针探底的最佳买入时间是在出现探底针后，随后几日买入为最稳妥做法。而双针探底，这种情况就相对比较简单，最佳时间是第二次出现探底针情形，只要价格接近前一次探底针形成的底部，就是买入的最佳时间。

此时大可放心买入，因为前期低位已经形成，股价必然会在该底部形成反弹，无论短线还是中长线，都是绝佳的买入时间，并且，机会只有一次，非常难得。

实例分析

双探底买股分析——宁波银行（002142）

如图 5-10 所示，宁波银行前期从高位下跌随后进入盘整期，股价在 15.5 元至 18.5 元来回震荡，这种盘整如果没有明显反转迹象，必将持续较长时间。

而该股盘整过程中，在 12 月 20 日出现一个探底针形态，股价接近前期底部，但是成交量同前期底部成交量现比呈现缩量态势，股民不宜马上进入。

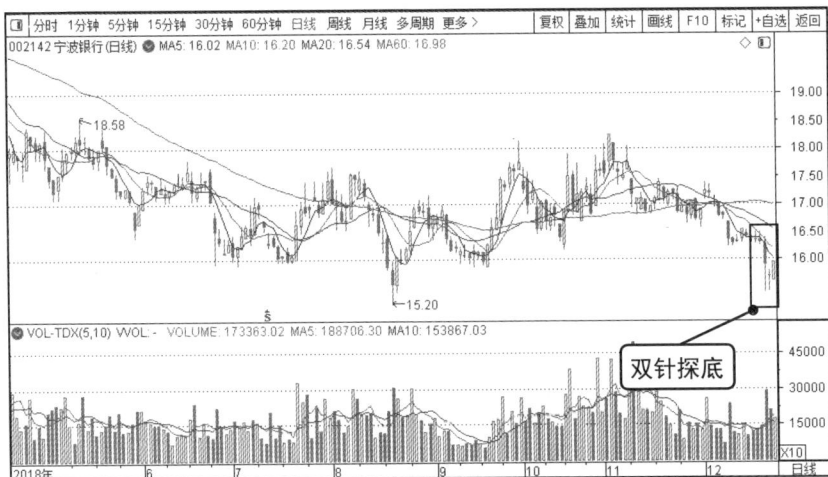

图 5-10　宁波银行 2018 年 4 月至 12 月的 K 线走势

12 月 21 日，该股再次在底部形成一个探底针，且与 20 日的底部接近。此时股价严重低于 5 日和 10 日均线，结合前一交易日出现的探底针形成双针探底形态。此时股价已经创出盘整期间新低，所以，这是一次千载难逢的机会，股民买入的时机已经来临。

而选择具体时间则要通过分时图来判断，如图 5-11 所示，从该股 12 月 20 日和 21 日的分时图中，股民可以发现在 12 月 20 日股价开盘急跌，随后拉升至均线上方，并稳定运行，股民可以在股价放量拉升时买入。

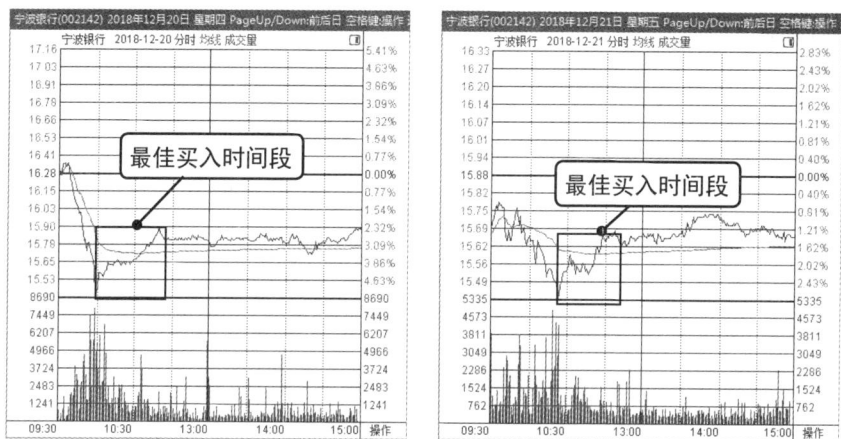

图 5-11　12 月 20 日和 21 日的分时图

12 月 21 日的分时图上，买入的时机与 20 日相同，都是股价止跌放量拉升时积极买入。图 5-12 所示为宁波银行 2018 年 12 月至 2019 年 4 月的 K 线走势。

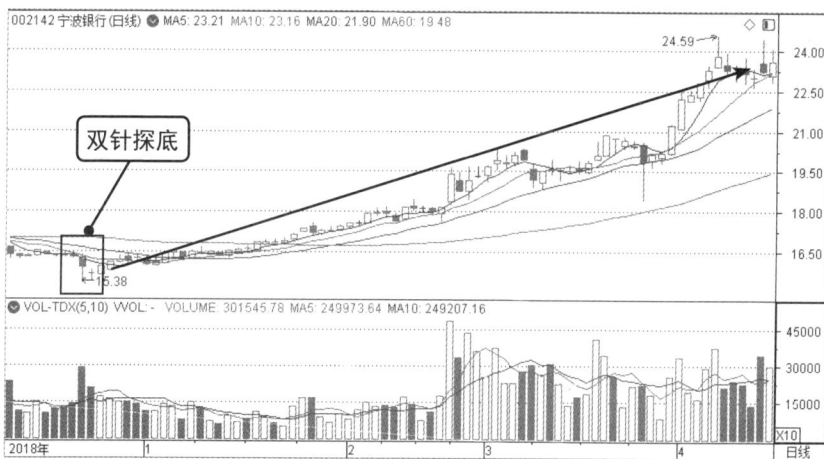

图 5-12　宁波银行 2018 年 12 月至 2019 年 4 月 K 线走势

从上图可以看到，双针探底形态出现后，股价止跌企稳，随后转入上升通道中，股价涨幅惊人，从 15.38 元涨至 24.59 元，涨幅达到 59%。

炒股技巧 双针齐探且均线平稳的买股策略

双针探底是一个千载难逢的机会，第一根探底针提供一个最低价位，而第二根探底针如果接近该价位，大部分情况都会出现强力反弹走势，如果股民放过这个机会，那将会以较高成本买入股价，这明显不划算。

在双针探底出现后，市场也会逐步关注，如果股民错过探底针买入机会，还可以选择当股价明显低于 10 日均线的价格买入，虽然盈利减少，但是，为了后期的大利，放弃小利也是划算的。

拓展知识 *双针探底出现的时间*

当出现第一次探底针时，表明股价逐渐接近底部，但仍有下跌空间，所以股民不宜着急买入。第二次探底针的出现，可以紧接上一次探底针，两者之间也可以相隔几个交易日。第二次探底针出现时，股价即将反转的可能性非常大。

5.5　星落均线，晨光冉冉

启明星是股价从底部开始反弹的希望，正如其名称一样，预示着黎明即将到来，股价也将脱离漫长的下跌过程，开始逐步从下跌转为上涨态势。

但是，常常启明星出现后，蜡烛图才能构成完整的启明星形态，而此时股价已经出现上涨，股民已经错过最佳买入时间。但是，正如前面几例，股民也不用担心失去机会，启明星出现后，股民还有机会选择在其他的价位买入。

实例分析

启明星出现后的买股分析——东方锆业（002167）

如图 5-13 所示，东方锆业经历 2018 年 8 月至 10 月中旬的大跌后，10 月 18 日、19 日和 22 日 K 线形成一个启明星形态。启明星出现，说明该股下跌态势已经接近尾声，股价可能进入反转上涨态势。

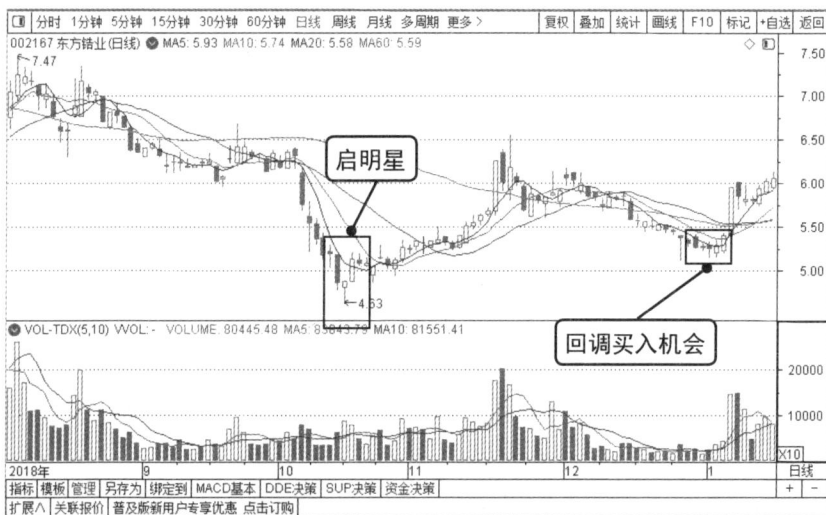

图 5-13　东方锆业 2018 年 8 月至 2019 年 1 月的 K 线走势

果然，市场受到启明星的刺激，股价短暂横盘几个交易日后开始出现了上涨走势，成交量随着股价的上涨表现出放量。说明该股低位时了受到市场关注，当股价接近底部时，投资者都会逢低购入，这也是众多股民购入该股的时机。

如果股民错过了启明星的买入机会，并发现股价逐步上涨，越来越远离最低价，此时如果买入股票必然会付出较高的成本，但是如果现在不买，后市可能还会继续走高，股民陷入两难境地。

实际上，股价因为前期经历一轮大幅长期下跌行情，市场的信心需要一段时间建立，所以场内许多前期被套的散户会趁此机会出逃，主力也会刻意打压，清理场内浮筹，所以通常不会立即大幅向上拉升股价。

　　反而会在小幅上涨一段时间后，下跌回调，让前期被套的散户恐慌出逃，而这就是股民再次买进的机会。股民可以以启明星的低价为参考，只要建仓低于底部盘整时的10日均线和20日均线，通常来说都是比较安全的价位。

　　因此，可以在12月股价回调时的相对低位1月2日和1月3日买进，图5-14所示为1月2日和1月3日的分时图。

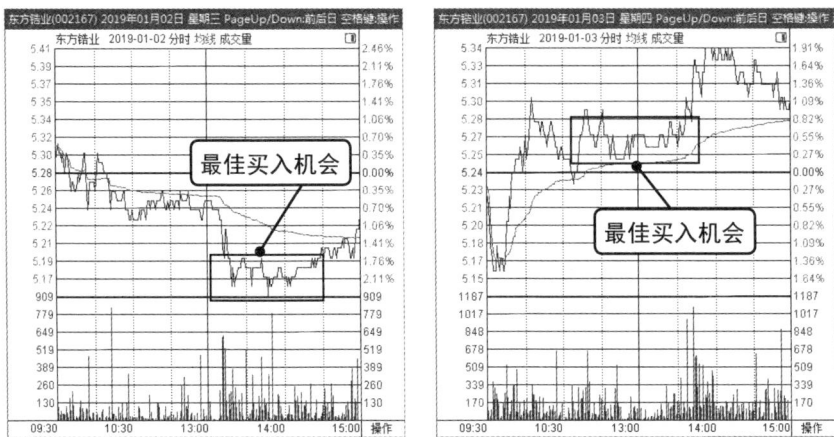

图5-14　1月2日和1月3日的分时图

　　1月2日，股价开盘后便一路下跌，午盘后止跌企稳，此时成交量放量，股民可以在此时买进。如果错过了1月2日，还可以在1月3日股价上升回调企稳时买进。

　　图5-15所示为东方锆业2018年10月至2019年4月的K线走势。

　　从图中可以看到，果然股价在1月初回调结束后便继续之前的上涨行情走势中，股价大幅向上拉升。

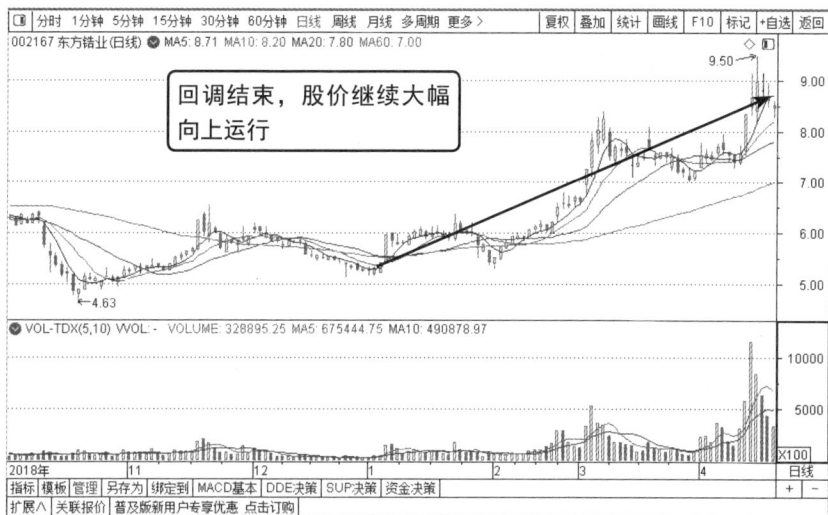

图 5-15 东方锆业 2018 年 10 月至 2019 年 4 月的 K 线走势。

炒股技巧 错过启明星组合的买股策略

启明星出现后，股民不必为自己错失最佳买入点而懊恼，因为从前面两例可以看出，股民同样能够发现其他买入时机，因为之前经历长期下跌过程，市场的信心需要一段时间建立，除非出现特大利好消息，否则股价都不会迅速拉升。

只要股价没有反弹过高，一直处于 60 日均线下方较远距离，而且，当有明显的阻力线存在时，股民可以选择股价低于这些价格的位置，在当日最低价附近买入即可。

当然，喜欢冒险的股民通常会在启明星出现后第二日买入，但绝大部分稳妥的股民都选择继续观望，这部分股民如果仔细判断前期走势，通常也能在较低价位买入该股，在半年内获得超过 20% 利润不是什么难题。

5.6 大阴孕子，反转接近

阴孕阳通常意味着盘整即将结束，市场信心开始聚集，如果成交量不断放大，股价也会从底部盘整逐步形成向上反弹走势。那么股民如何根据孕线信号来买卖股票呢？

实例分析

大阴孕子买股分析——西部建设（002302）

图5-16所示西部建设在2019年8月创出14.99元新高后，受到大盘下跌拖累，股价一路下挫至9元附近。随后股价在9元价位线上盘整，成交量呈现天量放量，说明有主力介入，后市可能上涨。

1月31日和2月1日，K线分别收出一阴一阳，阴线实体包裹阳线实体，呈现阴孕阳形态，似乎预示着探底过程结束，反弹即将来临。

图5-16 西部建设2018年8月至2019年2月的K线走势

那么股民是否应该将这个阴孕阳形态作为买入时机？此时就要借助成交量作为判断依据。

在图 5-16 中，我们发现阴孕阳过程中，第二根阳线的成交量稍微小于前者阴线，而且，从阴孕阳的两根 K 线的分时图中，我们也能看出阴孕阳的两根 K 线呈现不同走势，明显利于股民买入。

如图 5-17 所示，我们对比两根 K 线的分时图，按照"股价偏离均线越远越好"的法则，股民可以选择在 K 线逐渐偏离均线时，即 8.9 元下方买入，此时是最佳买入点。

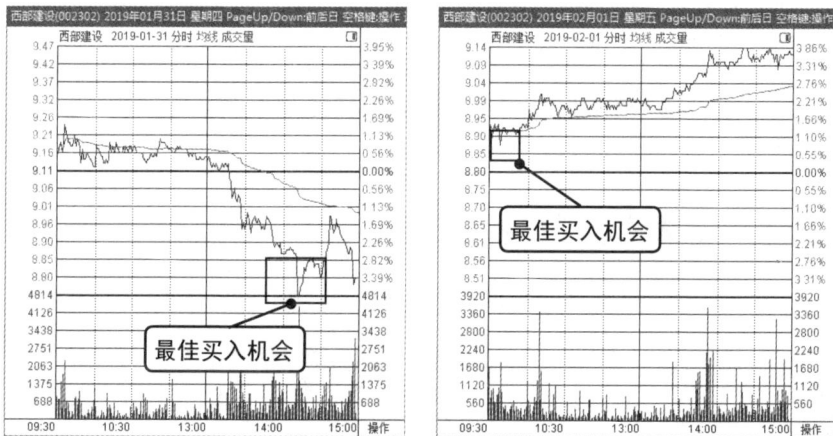

图 5-17　1 月 31 日和 2 月 1 日的分时图

图 5-18 所示为西部建设 2018 年 11 月至 2019 年 4 月的 K 线走势。

从图中可以看，K 线出现阴孕阳形态后，股价结束横盘调整走势，转入上涨行情中，在 1 个多月的时间里，股价从 9 元附近上涨到 17.25 元，涨幅达到 91%。

即便股民错过了最佳卖出机会，在高位横盘时卖出，也能获得接近 60% 的利润。所以这是一次非常成功的短线买入操作。

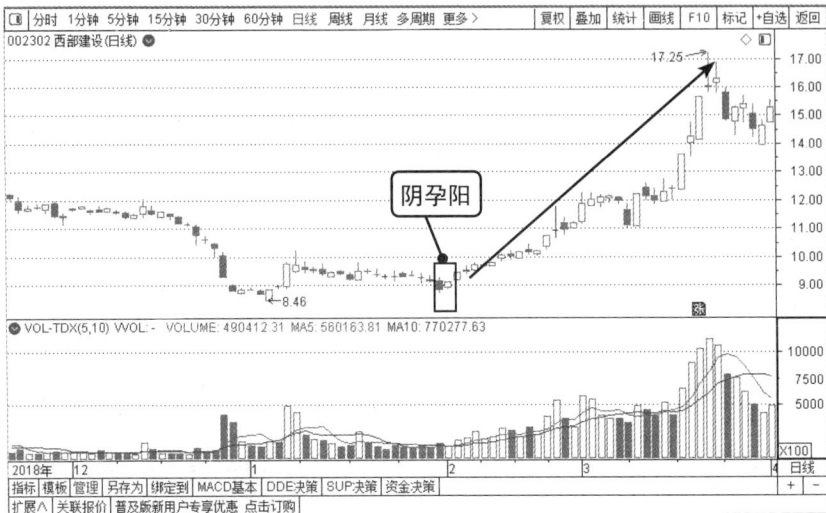

图 5-18 西部建设 2018 年 11 月至 2019 年 4 月的 K 线走势

炒股技巧 底部大阴孕子的买股技巧

阴孕阳组合也像其他蜡烛图形态一样，股民错过组合后，依然有机会在较低价位买入，只要在组合出现后，在股价依然低于均线的位置，选择当日价格偏离分钟均线即可买入，即使没有买到最低价，股民也能买到比较便宜的股票，只要股票质地不出现重大问题，大部分情况股民都能获得不错的收益。

5.7 腹中十字，走势好转

腹中十字属于阳孕阴形态的一种典型组合，在蜡烛图出现一根大阳线后，紧接着出现一根十字星，这根十字星通常意味着多头和空头在该价位处于犹豫阶段，谁也不愿意继续拉动股价，而这种十字星恰恰是股民可以选择进场的机会。

在多空双方进入犹豫状态后，股价不会立刻出现暴涨暴跌态势，但是，通常能够在底部形成一定支撑，这种支撑就是股民最佳的买入价格，既然价格已经明朗，当股价接近该价格时，股民就可以选择这个时间作为买入时刻。

拓展知识 *十字星分类*

十字星按出现的价格区域可以分为高位十字星和低位十字星；按照形成十字星时 K 线的性质，可以分为阴十字星和阳十字星。十字星上下影线的长度与所预示的行情强度成正比。

实例分析

腹中十字买股分析——万里扬（002434）

图 5-19 所示为万里扬 2019 年 4 月至 8 月的 K 线走势。

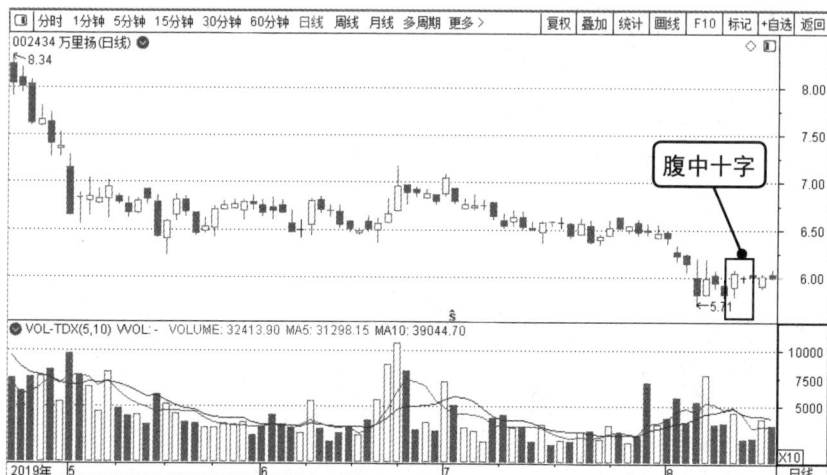

图 5-19　万里扬 2019 年 4 月至 8 月的 K 线走势

从图中可以看到，万里扬在 4 月中开始下跌，股价从 6 元价位线附近，创出 5.71 元的新低后止跌，在 6 元价位线上横盘。

8 月 13 日 K 线收出一根十字星，与 8 月 12 日的阳线形成腹中十字形态，这是该股在连续下跌后第一次出现底部探底的信号。

从十字星下影线很长的形态可以看出，虽然股价在当日受到空头的打压，然而多头迅速将股价拉升到前一个交易日的开盘价上，说明此时多头已经开始挽救市场，不想让该股继续下挫，避免市场信心丧失。

既然最低价已经出现，股民就可以选择适当的机会进场。在阳孕阴出现后，成交量并没有出现明显的放量增长，甚至还有缩量现象，说明主力还处于吸筹阶段，股价还会在该价位线附近盘整一段时间，股民可以在盘整阶段买入。

图 5-20 所示为万里扬 2019 年 7 月至 11 月的 K 线走势。

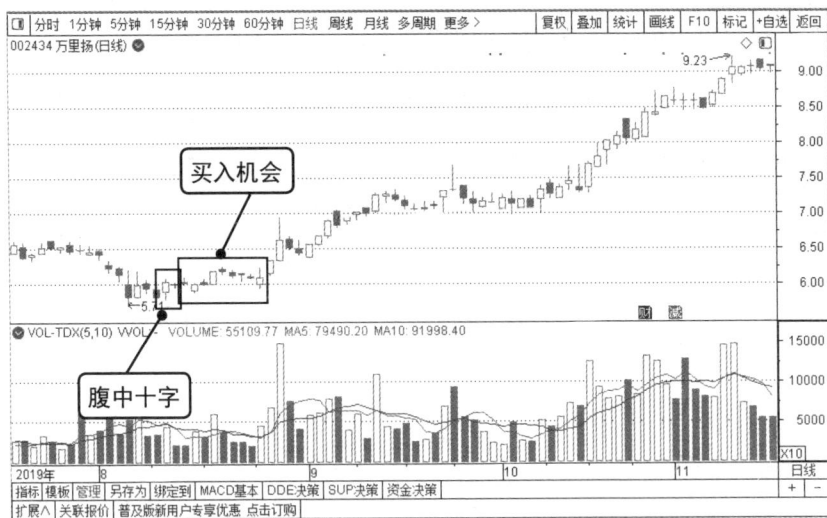

图 5-20　万里扬 2019 年 7 月至 11 月的 K 线走势

从上图可以看到，腹中十字出现后，股价继续横盘了十多个交易日股价才开始放量拉升，随后转入上涨通道中。

炒股技巧 阳线孕育十字星的买入时机判断

股民通过前面案例，能够明显地感觉到阳线孕育十字星，前者意味着市场出现乐观态度，但是第二日的十字星证实市场双方都没有投入资金博弈的意图，这时市场大部分股民处于观望态度，只有少数股民能够抓住这种机会获得利润。

股民在这种十字星出现后，将两者的最低价作为自己买入的股价，只要后期股价接近该价位，并且远远偏离当日均线，就可以大胆买入。只要市场不出现明显利空消息，最长半年时间，股民的投入就会得到回报。

5.8 针刺阴线，买方发力

在反转底部买入时机的最后一个形态为刺透线，从形态上看，刺透针像一根刺入阴线的长针，将阴线的恐慌一举刺破。然而，在实际操作中，由于大阴线的影响，大部分股民都是等待刺透形态完成后，才考虑进入。

实例分析

针刺阴线买股分析——华斯股份（002494）

观察图 5-21，能够清晰地发现华斯股份从 2018 年 7 月开始下跌，但是股价下跌比较稳定，跌势比较缓慢，尤其是 8 月至 9 月这段期间，成交量缩量，股价微幅下跌。

但是，10 月上旬，K 线突然连续收阴，股价急速下跌，10 月 19 日股价终于收出一条阳线，创出 4.41 元新低的同时，与前一天的阴线形成典型的刺透线形态，说明后市股价将迎来一轮反弹行情。

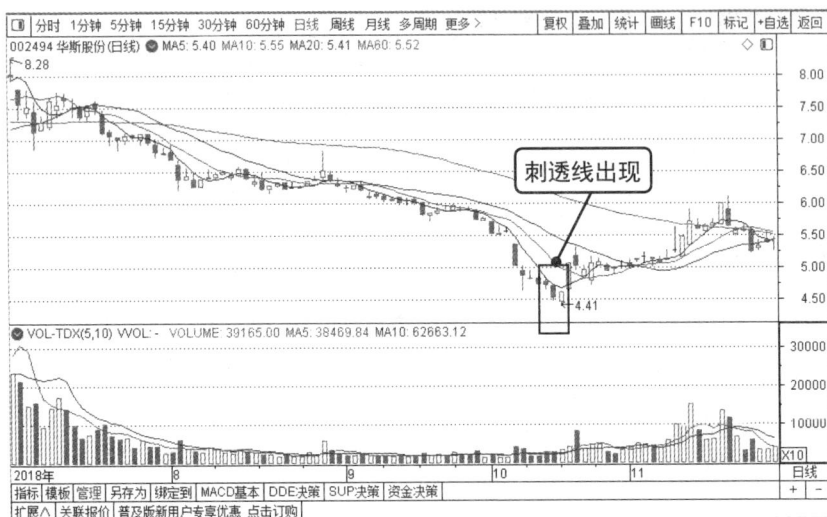

图 5-21　华斯股份 2018 年 7 月至 11 月的 K 线走势

另外我们查看刺透线的分时走势也能看出市场行情的变化，图 5-22 所示为 10 月 18 日分时走势。

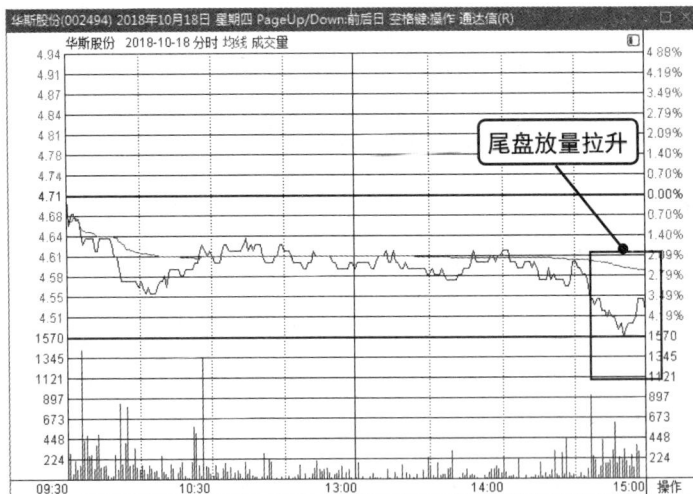

图 5-22　10 月 18 日分时走势

从 10 月 18 日的分时走势可以看到，股价开盘放量下跌探底，随后稳定在均价线附近运行，尾盘时却又放量。说明场内有主力介入探底，并对该股后市表现乐观，积极介入，图5-23所示为10月19日分时走势。

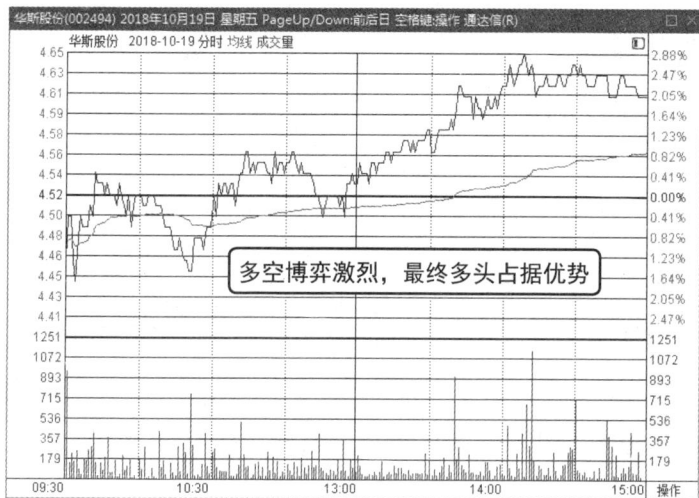

图5-23　10月19日分时走势

10月19日，从走势可以看到股价每一次上涨，都会受到空头的打压，进入午盘后，股价开始大幅向上拉升，多头优势明显，说明盘内的空头的势能已经耗尽，后市将转入上涨行情中。

图5-24所示为华斯股份2018年10月至2019年4月的K线走势。

从图中可以看到，刺透线出现后股价进入了上涨行情中，涨势明显。股价从4.41元涨至7.34元，涨幅达到66%。由此可以得出，刺透线为可靠的底部反转信号。

拓展知识 *逆向思维成就股市小部分人*

"一个人是聪明的，一群人就是愚蠢的"这句话用在股市中，再恰当不过了。股市为什么只有少数人赢钱，原因就是这些小部分人的思维方式不同于大众，成功利用逆向思维取得的胜利。在买卖过程中，大部分股民是选择追涨杀跌。如果你要获得胜利，一定要追跌杀涨。

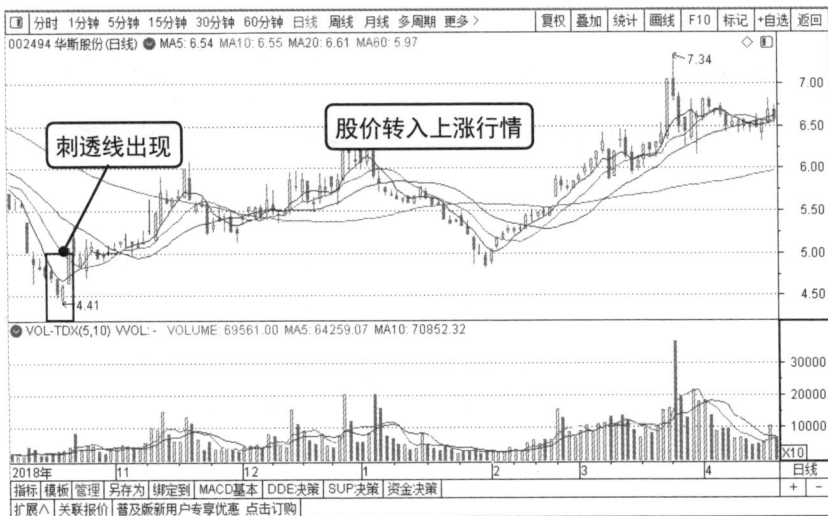

图 5-24　华斯股份 2018 年 10 月至 2019 年 4 月的 K 线走势

炒股技巧 针刺阴线的买股技巧

刺透线在盘整过程中，是买入愿望较强烈的指标，股民结合前面案例能够知道该信号不仅能够给市场带来信心，同时，也能像探底针和启明星一样，给股民带来最佳买入价格。所以，当市场在盘整末期出现该信号时，股民可以大胆买入。

第 **6** 章

蜡烛线高位震荡卖股分析

在卖出股票前，股票赚的利润都一个数字。只有卖出股票后，才是最终利润。什么时候是卖出股票的最佳时间，这是一个永远困扰股民的问题。本章将告诉股民从蜡烛线上获得最佳利润的方法。

6.1 向下跳空，均线高危：高位跳空卖股

在卖出方法中，最显著的一个就是跳空卖出法。当股价上涨到足够高度，通常受到买方市场拉升过于明显，明显高于之前盘整的底部，会有一个高位走势，前期买入的股民，大部分都获利颇多，已经开始从买方市场进入卖方市场。随着股价继续在高位盘整，超过长期均线越久，这种下跌愿望越明显。

当股价在高价位出现空头跳空低开卖出，即使最初成交量很小，也会给市场造成恐慌心理。这种恐慌心理在市场如果蔓延，必然会带来一种继续下跌的走势。

实例分析

向下跳空卖股分析——科士达（002518）

图 6-1 所示为科士达 2018 年 10 月至 2019 年 4 月的 K 线走势。

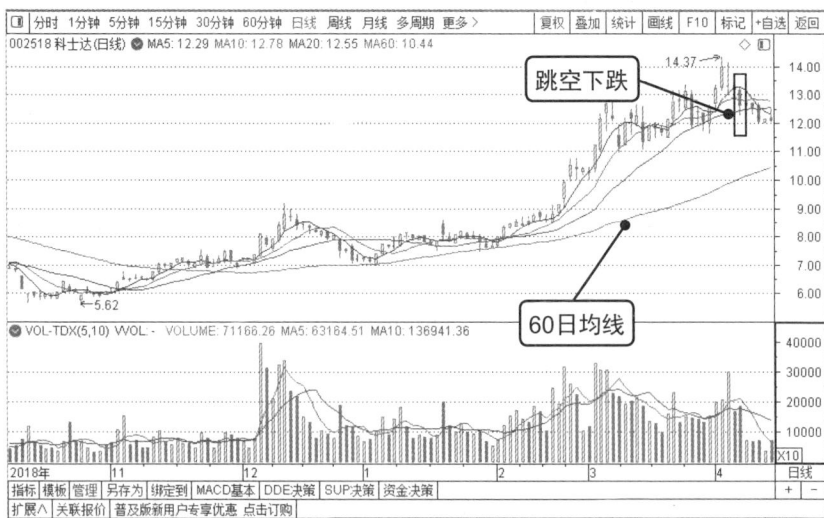

图 6-1 科士达 2018 年 10 月至 2019 年 4 月的 K 线走势

在 2018 年 10 月至 2019 年 4 月就是一个典型的快速拉升过程。股价在 5 个月左右的时间，从 5.62 元快速拉升到 13 元上方，在股价爬升过程中，部分股民持股成本集中在底部 7 元至 8 元附近，其次是集中在 9 元到 12 元之间，所以盈利各不相等。

观察上图该股的走势，我们发现股价已经明显偏离 60 日均线，说明前期 60 日介入的股民获利丰厚，当股价在 13 元时，盈利差不多 60% 左右。

而这种高位是不稳定的。结合底部成交量的缩量走势，股民应该能够感觉该股上涨缺少市场支持。

果然，股价在 14 元上方仅仅维持了几个交易日，4 月 3 日 K 线收出十字星线，预示股价见顶，随后 4 月 8 日股价开盘跳空，直接跌落至 5 日均线下方。

该股当日出现开盘大量卖盘，随即将股价打压至前一个交易日的收盘价下方，形成一种空头卖出强烈的感觉。在这种恐惧的心理下，股民开始按捺不住。在最后收盘前，多头想要挽回局面，但却收效甚微，如图 6-2 所示。

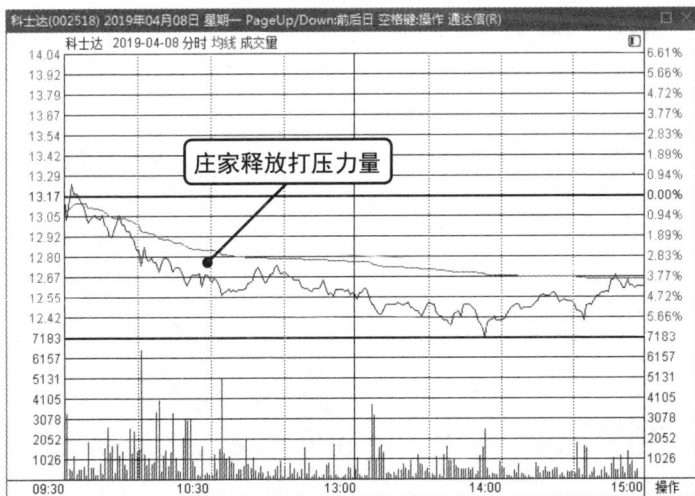

图 6-2　4 月 8 日分时走势

所以，股民在这种市场空头占优势的局面中，最佳的做法就是保住利润，随着跳空第二日开盘反弹，随即卖出股票，力求自保，如图 6-3 所示。

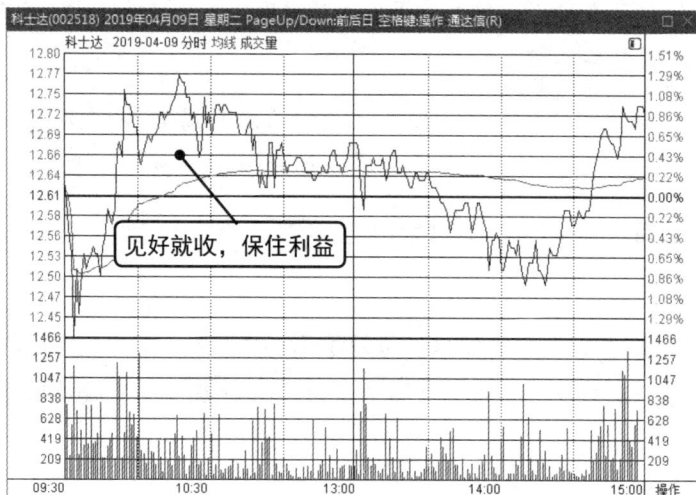

图 6-3　4 月 9 日分时走势

股民如果没有及时卖出，在随后的股价波动中，该股从 13 元上方一路下跌到 8 元附近，将损失惨重。如图 6-4 所示。

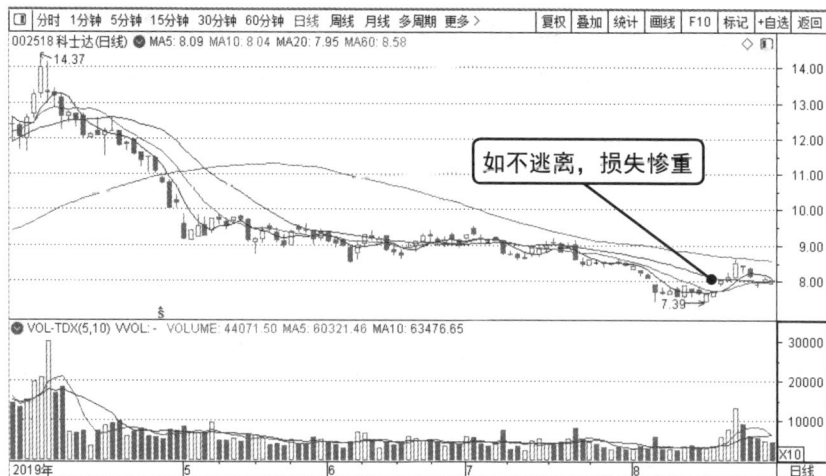

图 6-4　科士达 2019 年 4 月至 8 月的 K 线走势

炒股技巧 偏离均线向下跳空的卖股技巧

向下跳空虽然只是一个普通的蜡烛图信号，然而当股价远高于多根长期均线时，这种跳空通常给市场带来恐慌心理。随着恐慌心理的扩散，技术指标已经不能稳定人心，非理性卖出占据优势。

当然，向下跳空也可能是受到内部消息的影响，或是庄家的做空伎俩。但是，这两点对于散户都是无法提前知晓的，那么只有顺势而为。当股民的利润达到合理时，就可见好就收。

6.2 大阳小阴，无力均线：高位孕线卖股

在高位盘整过程中，孕线是一个笑里藏刀的形态。一根大阳线似乎给股民带来希望，随即就出现一根小阴线。虽然阴线实体很短，但是已经告诉市场参与者，多头开始出现颓势，空头占据优势。

而且，如果股价此时远高于 60 日和 180 日均线，说明已经偏离中期平均成本较远，中长期投资者随时可以卖出，所以卖方力量非常强大。

实例分析

大阳小阴卖股分析——天顺风能（002531）

图 6-5 所示为天顺风能 2018 年 10 月到 2019 年 4 月的 K 线走势。

天顺风能从 2018 年 10 月到 2019 年 4 月，股价受到市场的带动，从 3.5 元附近一路上涨到 6.5 元附近，远远高于 60 日均线。形成一个高位盘整态势。然而，这种高位盘整却让股民感到危机重重。

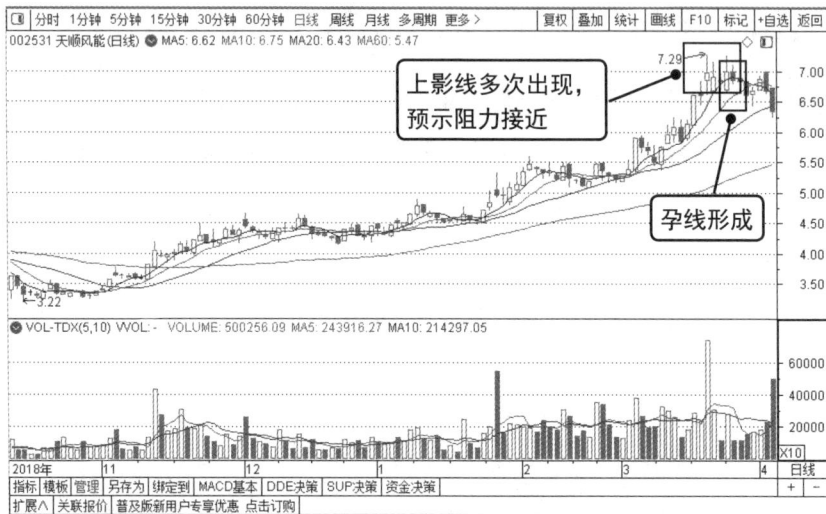

图 6-5　天顺风能 2018 年 10 月到 2019 年 4 月的 K 线走势

从该股的上涨走势中，我们能够明显感觉到该股股价在 6.5 元价位线上高位盘整时，K 线连续收出上影线较长的蜡烛形态，而且呈现连续态势。

3 月 28 日和 3 月 29 日 K 线收出两根一阴阳 K 线，形成典型的阳孕阴形态，这个阳孕阴形态形成后，股民会发现此时股价虽然偏离 60 日均线较远，但成交量没有明显的放量，似乎前期买入的股民不会提前离场。

但是连续出现在 6.5 元价位线上的长上影线已经能够发现股价在高位遇到阻力。紧接着出现阳孕阴，再次验证股民的预感。所以，阳孕阴的出现，就是市场最终风向变化的开始。

当阳孕阴出现后，市场恐慌心理必然会加剧，此时多头也将进行最后一击，这时就是股民卖出的最佳时间。

3 月 27 日是阳孕阴出现的第二个交易日，如图 6-6 所示为 3 月 27 日当日的分时图走势。

当股价远离当日分钟平均价格时，股民就要果断出手，将仓位依次降低。这种时机在全天的交易时间中都是转瞬即逝的，所以，股民要把握机会。

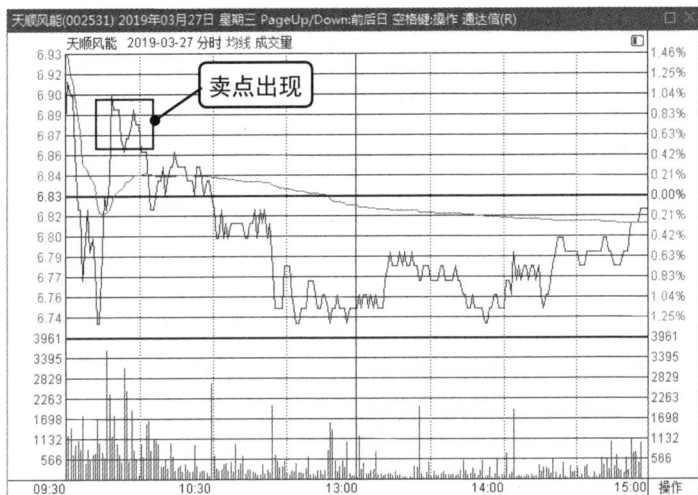

图6-6　3月27日分时走势

股民如果在3月27日没有卖出，也可以在随后股价维持在均线上方时，择机卖出。因为该股在上冲到6.5元附近，受到市场空头的打压，股价出现大幅跳水，股民的收益短期内会严重缩水，如图6-7所示。

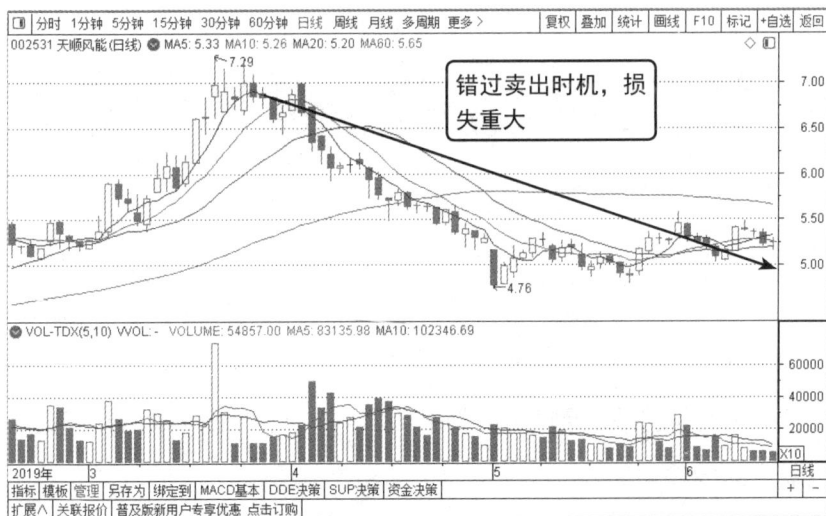

图6-7　天顺风能2019年2月至6月的K线走势

炒股技巧 高位孕线偏离中长期均线的卖股策略

孕线在股价下跌初期不会被股民发现，因为这种孕线通常被大阳线所掩盖，股民眼中只会看见大阳线的希望，而不会看见阴线带来的毁灭。

当孕线出现严重偏离长期均线（如 60 日均线和 180 日均线）时，成交量出现高位放量迹象，股民此时就要怀疑市场的真实意图，不能被其他评论所左右。最好是选择见好就收，这样保住已有收益，等待下次大跌再买入，这样比死守一只上涨已久的股票要明智许多。

> **拓展知识** *高位孕线的有效性*
>
> 当股价在高位形成孕线时，并不能完全肯定一轮上涨行情的结束。只能说行情由上涨反转为下跌的可能性极大。此时应结合成交量是否同步萎缩、均线是否偏离过多以及各项技术指标情况进行综合分析，从而做出行情反转的判断。

6.3　流星出现，支撑危险：高位星线卖股

在前面的介绍中，我们知道流星线通常出现在股价高位反弹之际。股价在开始时可能出现猛烈上涨态势，一根大阳线在上涨顶部形成，然而很快该股受到空头打压，在股价上涨到一定价位，就会出现严重下挫。最终在蜡烛图走势中形成一根上影线很长的阳线或者阴线。

这对市场信心是非常严重的打击。那么在这种情况中，股民应该如何把握最佳卖点呢？

实例分析

流星线卖股分析——司尔特（002538）

如图 6-8 所示，从司尔特在 2019 年 4 月 8 日分时图上，股民能够发现该股在开盘后成交量便放量，股价被强烈拉升，这说明这是一次多头发力，试图将股价推向一个新的高度。

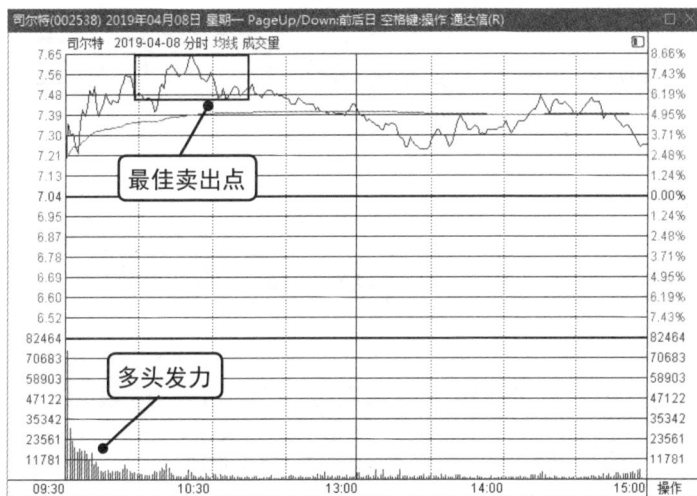

图 6-8　司尔特 4 月 8 日分时图

然而，该股这种高位只维持了一会儿。随着前期获利的股民开始卖出股票，该股逐步出现下跌走势。

股价从分时均价线上方下跌到分时均价线下方，市场从买方市场转为卖方市场。

股价下跌后，成交量也出现明显缩量迹象，市场已经从开盘时的疯狂买入变为谨慎卖出。

最后，该股再也没有上涨到当日分钟均线上方，最终收盘涨幅为 3% 左右。当日走势形成高开低走态势。成交量也出现虎头蛇尾之势。从走势和成交量双重判断，该股再次上涨的概率较小。

这种高开低走最终在蜡烛图上形成一根流星线，如图 6-9 所示。仔细观察这根流星线会发现该流星线正好发生在股价试图突破 5 日均线附近。

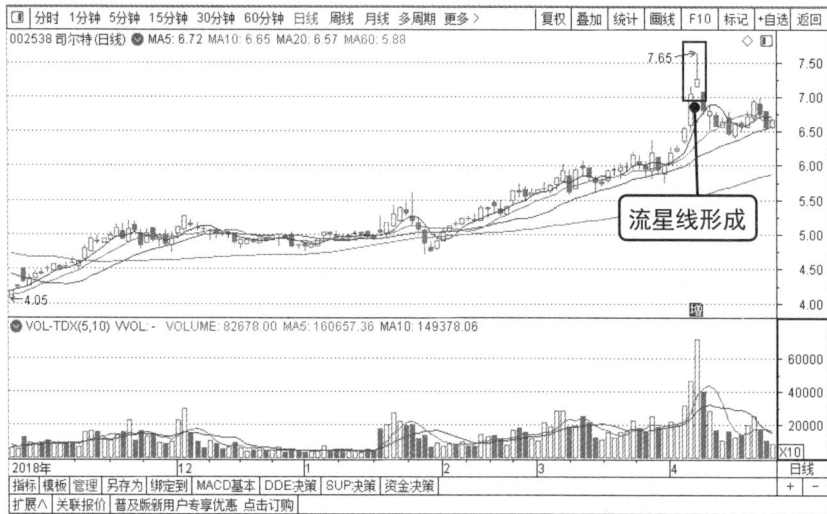

图 6-9　司尔特 2018 年 11 月至 2019 年 4 月的 K 线走势

这根 5 日均线是前期 5 个交易日收盘价的平均值，也可以近似等价于 5 个交易日形成的平均成本价。

而这根 5 日均线也是短期阻力线。当股价突破该价位，必然会给前期买入股票的股民带来卖出的机会，这种卖出量就是空头的实力。

所以，当股价试着突破该价位时，该股成交量出现明显放量走势。而股民也要趁着这种放量离场避险，等待后市出现明确信号再进入。否则，该股出现剧烈下跌后，股民将后悔万分，如图 6-10 所示。

拓展知识　*什么是庄家*

庄家是指能影响某一金银币行情的大户投资者。通常是占有 50% 以上的发行量，有时庄家控量不一定达到 50%，看各品种而定，一般 10% 至 30% 即可控盘。庄家也是股东；庄家通常是指持有大量流通股的股东；庄家坐庄某股票，可以影响甚至控制该股在二级场的股价；庄家和散户是一个相对的概念。

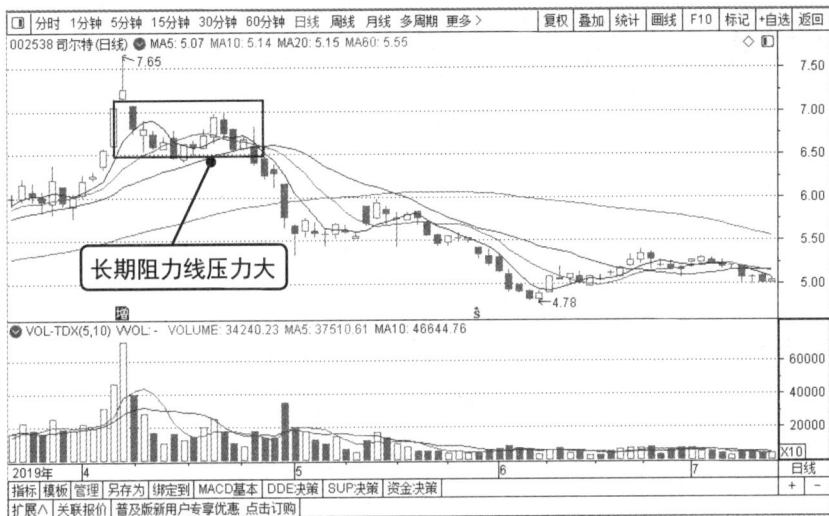

图 6-10　司尔特 2019 年 3 月至 7 月的 K 线走势

炒股技巧 高位流星出现，越早卖越好

流星线出现，意味着灾难的来临。股民在流星线出现时可以选择当日离场，也可以等待流星线形态结束，在多根均线依然为支撑线时，按照支撑线价位卖出。

如果股价跌破多根短期均线，如 5 日和 10 日均线时，股民必须果断离场，不能恋战。因为此时 5 日均线和 10 日均线已经由上涨的支撑线变为阻力线。

在后市无利好刺激下，股价上涨机会将会小于下跌机会，股民越早卖出股票，越能保住已有的收益。

6.4 脚穿均线，跌势接近：上吊组合卖股

上吊线也是一种不吉利的蜡烛线，由黑色实体和较长的下影线组成，这两者给股民一种不稳定的含义。因为上吊线不仅下影线较长，而且最终是一根阴线，说明空头虽然无法控制盘中走势，多头将股价从底部拉升到高位。

然而，这种拉升并没有超过空头压制的价格，最终还是收盘价收于开盘价以下。说明多头实力有限，空头依然占据上风。

特别当上吊线出现在高位盘整过程中时，其给股民带来的压力不亚于流星线。此时，股民就要密切注意上吊线出现前的均线和阻力位，选择适当的价位卖出，作为自保的最佳手段。

实例分析

上吊线卖股分析——亚太科技（002540）

图 6-11 所示为亚太科技 2018 年 10 月至 2019 年 4 月的 K 线走势。

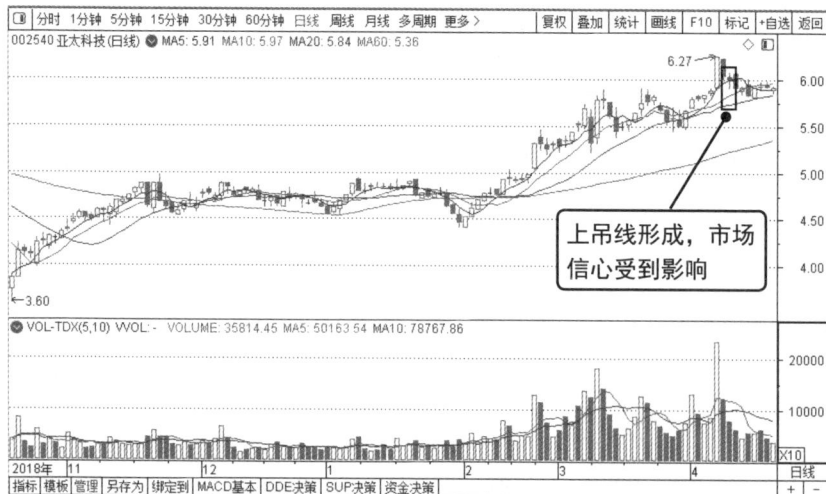

图 6-11 亚太科技 2018 年 10 月至 2019 年 4 月的 K 线走势

亚太科技在 2018 年 10 月至 2019 年 4 月的走势中，股价不断走出近期新高，从 3.6 元底部上涨至 5 元附近，涨幅达 38%，然在 5.5 元上方开始高位盘整。虽然股价多次下挫，然而每次都受到多头和市场的热捧，股价始终在 5.5 元至 6 元波动。似乎已经向市场证明股价在该价位企稳。

这种好事并没有持续多久，4 月 10 日股价形成一个典型的上吊线形态，而且，下影线刺透 5 日均线，虽然最终被多头控制住下跌，但是这已是连续出现空头占据优势的信号，所以，股民为了自保，应该提前做好离场准备。

在 4 月 10 日形成上吊线后，4 月 11 日属于股民逃跑的最佳时间，因为这日的股价依然能够维持在 10 日均线上方，而且市场还没有完全吸收该信号。所以，选择股价上涨到均线上方作为卖出价位是不错的选择，如图 6-12 所示。

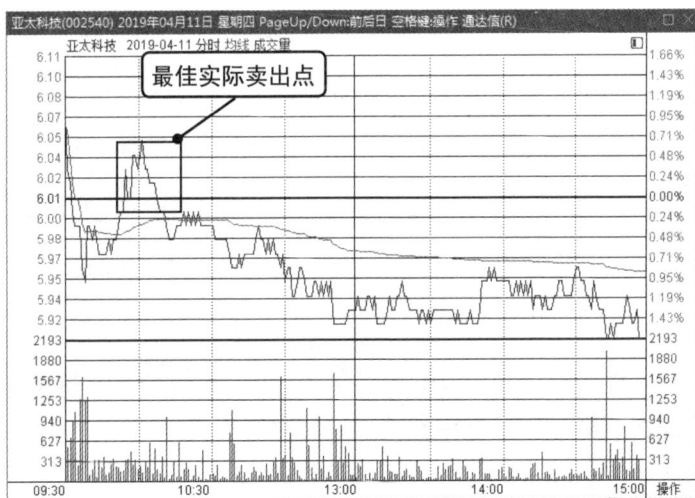

图 6-12　4 月 11 日分时走势

当日开盘后股价迅速下跌，随后多头奋力向上拉起，将股价拉回至均线上方，似乎多头已经重新控局，但很快便被空头打压，股价急速下跌，下跌走势已经基本形成。

图6-13所示亚太科技2019年4月至11月的K线走势。

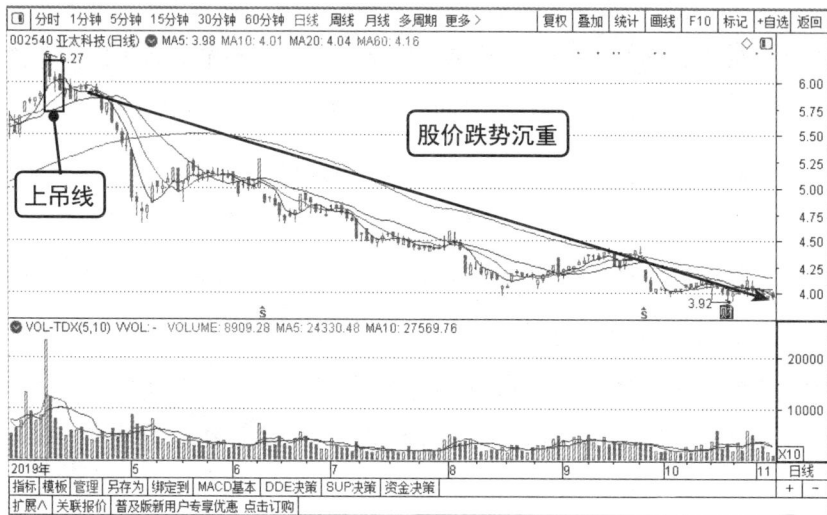

图6-13 亚太科技2019年4月至11月的K线走势

从上图可以看到，上吊线出现后股价在6元价位线附近横盘几个交易日便转入下跌通道中，股价从6元下跌至4元附近，跌幅达到33%。

在实际的投资中，读者能够发现当上吊线的下影线刺透多根短期均线时，虽然多头能够将股价从底部拉升到高位，甚至超过均线价格。然而，市场对于这短暂的拉升并不看好。

在多头没有更多的拉升动作的背景下，市场大部分股民都会选择离场。这也是为什么上吊线通常意味着股价已经在最高价位区间，如果股民不离场，下场就是被套牢。

上吊线有些时候不是多次分批出现，而是连续出现在短期最高价位，这是一种非常严重的警告，如果股民不见机行事，见好就收，那么结局可能更悲哀。

炒股技巧 高位上吊线触及短期均线是最佳卖出时机

股价在高位出现上吊线，无论是连续出现还是分批出现，都表示一个含义：下跌接近。市场在没有利好消息的刺激下，股价短期内可能迎来一轮猛烈下挫。当然，成交量也是不能忽略的一个指标。

股民在股价出现上吊线过程后，最佳的卖出时间就在短期均线附近。随着市场大量卖出之际，就是庄家和机构逃离时间。既然机构和庄家都在高位减持，股民又何必成为高位受害者。

6.5 乌鸦频现，支撑空洞：黑乌鸦群卖股

乌鸦线也是股民最不喜欢见到的一种形态。特别在高位盘整后期，如果出现乌鸦线，那必然意味着股民的收益将会大大缩水。

乌鸦线出现过程中，大部分股民会在乌鸦线形成过程中受到市场恐惧心理影响，出现非理性抛售。大量股民宁可选择减少收益，也不愿意继续等待，将卖出价格一步一步拉低卖出。这种想法不能说是一种错误，因为保本是长期盈利的前提。

实例分析

乌鸦线卖股分析——博彦科技（002649）

如图 6-14 所示，博彦科技在 2019 年 2 月进入快速上涨通道，股价从 7 元附近急速拉升至最高价 10.88 元，短期内股民获利超过 55%。然而，在高位出现上吊线后，成交量剧烈萎缩。该股股价迅速从 10 元下挫到 9.5 元，在多头的努力支撑下，10 元至 9.5 元之间，形成一个高位盘整走势。

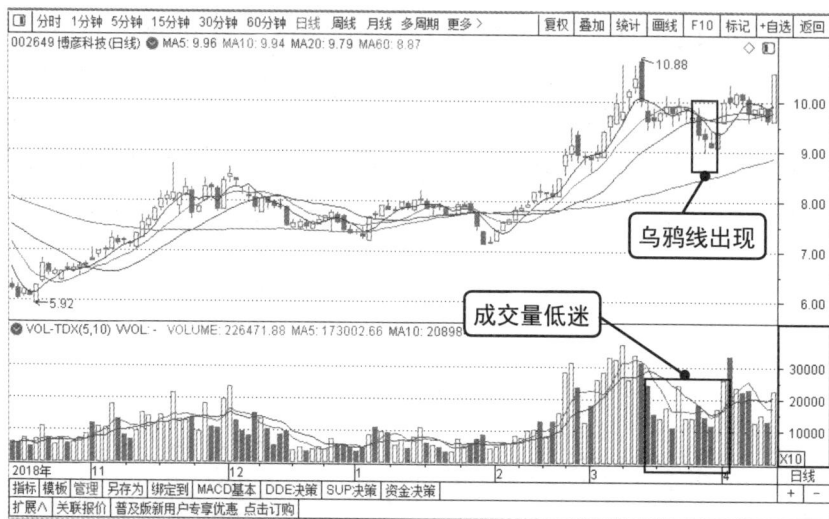

图 6-14　博彦科技 2018 年 10 月至 2019 年 4 月的 K 线走势

好景不长，股价从 3 月 26 日至 28 日，连续出现 3 连阴，这是乌鸦线。随着乌鸦线的连续出现，股价从 9.5 元跌落至 9 元附近。部分股民虽然在下跌过程中恐慌出逃，但是大部分股民都没有及时逃离，对应成交量维持低迷状态就是最好的解释。

股民虽然在黑乌鸦出现时没有及时逃离，但是，逃离机会并没有完全丧失。因为股价在连续下跌过程中，并没有出现放量下跌，这是说明市场被套的股民没有恐慌割肉。

其次，该股下跌过程中，股价虽然下跌迅猛，然而并没有跌破前期支撑价位 9 元，所以，该跌势必然会出现反转迹象。

股民在经历连续下挫后，股价再次从 9 元反弹，一路上涨到 10 元，这个上涨过程就是股民卖出的最佳时机。

而且，上涨过程达到前期高位平台顶部时，成交量也出现放量。这种放量意味着市场股民经历前期下跌过程，已经明显感觉可能被套牢，随时都在寻找逃离的机会，如今股价上涨到前期高位附近，明显是一个卖出的机会。

最佳卖出时间分别为 4 月 12 日和 15 日两个交易日。如图 6-15 所示，4 月 12 日股价呈现高开高走态势，给人以后市可期的感觉，股民可以在股价出现大涨的过程中卖出股票，也可以设置前期平台高位 10 元作为卖出的价格。

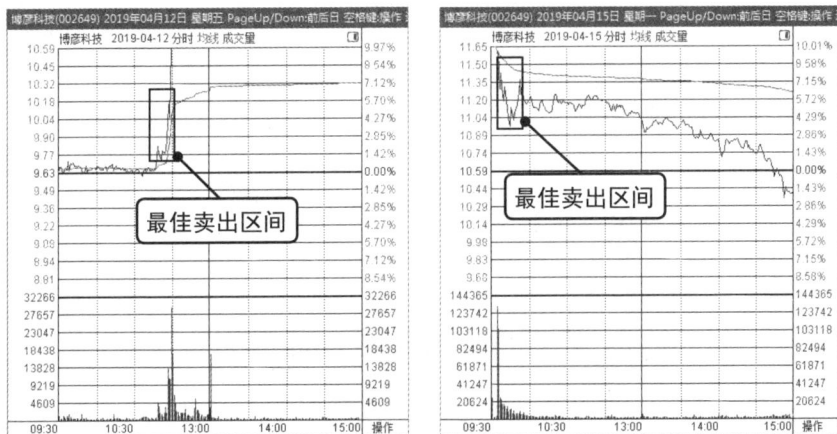

图 6-15　4 月 12 日和 4 月 15 日分时图

如果股民没有及时在 4 月 12 日卖出，也可以选择 4 月 15 日卖出，因为股价在上冲过程中必然有一定的惯性，股民可以借助这种惯性，在相对高位处及时卖出。

图 6-16 所示为博彦科技 2019 年 1 月至 8 月的 K 线走势。

博彦科技在 4 月中反弹时靠近前期高点后，高位盘整一周时间，就再次出现连续下挫走势，股价很快就回到前期最低价位，并且在跌破 60 日均线后，该价格均线成为新的阻力区，受到前期获利股民的卖出，股价跌势更猛烈，短期跌幅高达 10%。

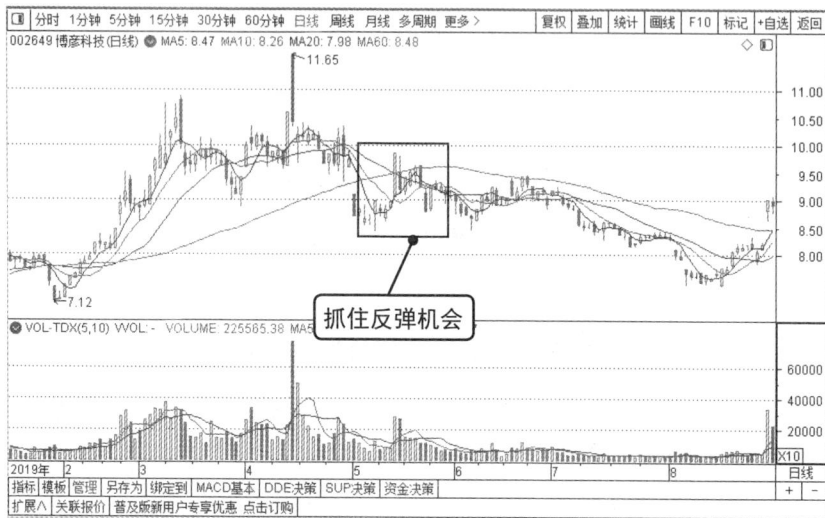

抓住反弹机会

图 6-16　博彦科技 2019 年 1 月至 8 月的 K 线走势

炒股技巧 乌鸦频现，巧借反弹出货可降低损失

乌鸦出现是无法避免的，也是很难预测的一种大跌事件。股民可能在大跌过程中损失惨重。

然而，只要股民不冲动卖出股票，这种损失依然是可以弥补的。就像前面案例中，股价在乌鸦线后，依然能够反弹到一定高度，只要股民坚持利用反弹出货，这种损失将会降低到最小。

拓展知识　*合并重组意味股价上涨*

合并重组和资产置换对于股价来说都是利好消息，股民如果能够利用这种利好消息，搭上一路顺风车，盈利是非常丰厚的。但是，由于消息的不对称性缺陷，往往获利的是庄家，喝汤的是股民。但是，即使喝汤，股民也能获得一定利益，只要不再最高点买入即可。

6.6 黄昏已近，均线已高：黄昏组合卖股

在蜡烛图中，黄昏星也是股民最不喜欢看见的形态，因为黄昏星之前跳空高开，随即出现跳空低开两种截然不同的缺口，让股民经历从喜到悲的一个过程。

从市场方面来看，黄昏星是空头和多头的激烈交锋的产物，虽然多头在前期占据优势，然而最终是空头获得市场主动。所以，股民见到黄昏星后，大部分都选择卖出股票，离场避险。

实例分析

黄昏线卖股分析——道道全（002852）

如图 6-17 所示，道道全经过一轮上涨，将股价拉升至 17 元附近。2019 年 4 月初在高位出现了一个黄昏星的走势，这个黄昏星形态的价位十分靠近前期高点的 17.39 元。

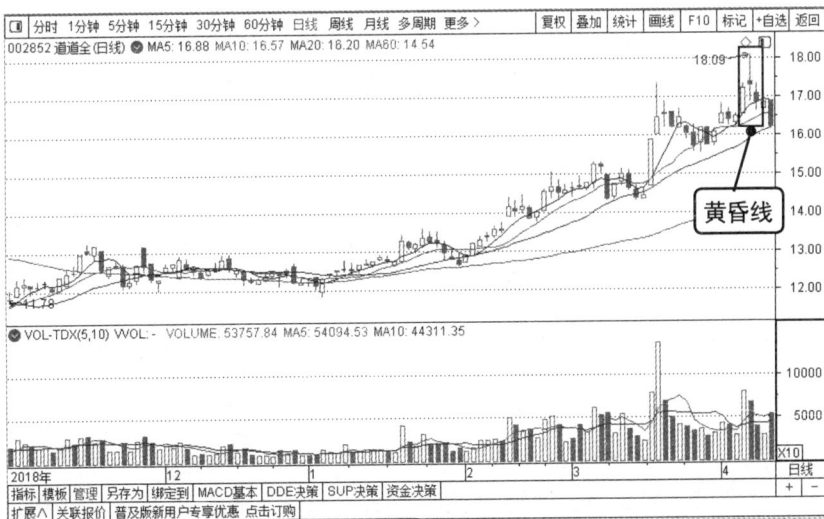

图 6-17 道道全 2018 年 11 月至 2019 年 4 月的 K 线走势

而且，股价上冲至 17.39 元附近，并创下新高 18.09 元，仅仅 6 个交易日，涨幅达到 16%。这说明多头在这次上涨中是卯足力气，似乎想将股价拉升到更高价位，因此也让更多的散户股民在高位买入追高。但是，一个黄昏星形态粉碎了多头的想法，股价下跌是不可避免。

股民从自保的角度考虑，应该选择黄昏星出现当日收盘前，黄昏星快要形成时卖出是较好的，图 6-18 所示为 4 月 9 日黄昏星最后一日的当日分时图。

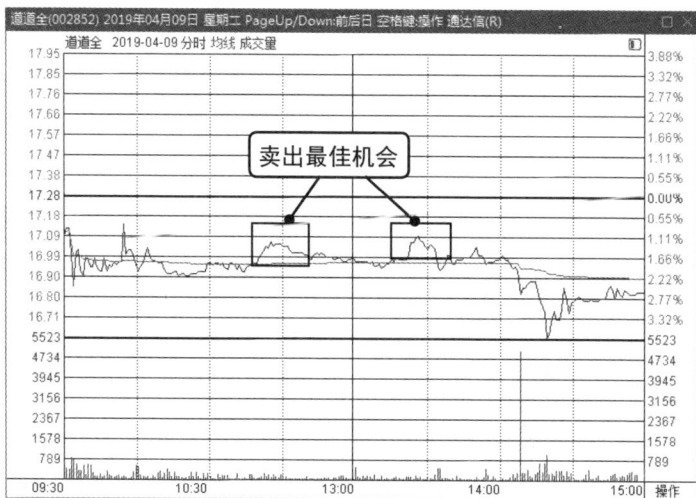

图 6-18　4 月 9 日分时走势图

如果股民在黄昏星当天没能及时卖出，也可以趁着股价依然在长期均线上方还能获得少量支撑时机，卖出价格也不会离最高价太远，股民的收益依然可以保证，选择在黄昏星后的一个交易日里进行卖出即可。

如图 6-19 所示为 4 月 10 日的分时走势。股价开盘之后，便开始表现上涨走势，并且全天都在均价线上运行，似乎多头占据优势。实际上，仔细看可以发现，股价每次上涨都受到空头的打击，并且上涨是缓慢的，但打击是快速的，股价上涨的幅度，空头都会快速下跌追回，所以可以说此次的上涨已经是强弩之末，下跌行情即将来临。

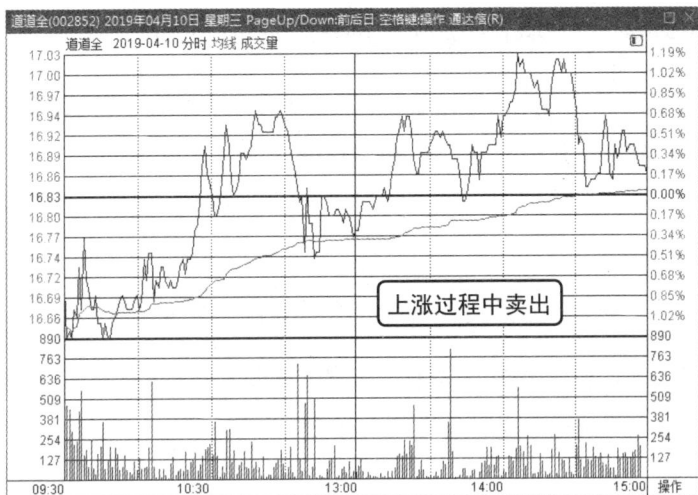

图 6-19　4 月 10 日分时走势

黄昏星出现，下跌是不可避免的。该股在随后走势中果然出现连续下跌走势。股价从 17 元进入下跌走势，重心不断下移，跌落到 13 元附近，股民如果没有逃离，将面临重大损失，如图 6-20 所示。

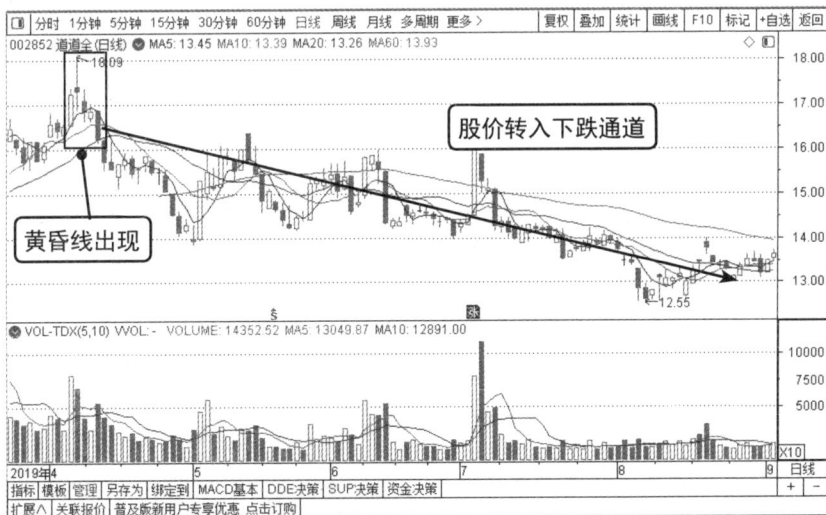

图 6-20　道道全 2019 年 3 月至 9 月的 K 线走势

炒股技巧 黄昏线出现后应该如何确定卖出时机

黄昏线出现后，股民就要做好卖出的准备。如果出现成交量缩量和股价接近长期均线，并没有出现一定成交量支撑时，这通常意味着股价下跌即将开始。股民此时最好在股价高位处卖出，即使市场依然看好该股，股民也要果断离场。

谨慎的投资者应在黄昏星形成的当天尾盘时，黄昏星的形态初步形成时，就应引起警觉，逐渐开始减仓。当黄昏星形成后，投资者更应引起重视，在接下来的一个或几个交易日里逢高减仓，规避风险。

在这里，所有的高位卖点就已经介绍完了。通过上面的介绍，我们可以发现，其实股票的卖点都是较为明显的，能不能及时卖出，保留利润，关键还是在于股民能否坚定执行。贪婪，是炒股最大的敌人。

读 者 意 见 反 馈 表

亲爱的读者:

感谢您对中国铁道出版社有限公司的支持,您的建议是我们不断改进工作的信息来源,您的需求是我们不断开拓创新的基础。为了更好地服务读者,出版更多的精品图书,希望您能在百忙之中抽出时间填写这份意见反馈表发给我们。随书纸制表格请在填好后剪下寄到:北京市西城区右安门西街8号中国铁道出版社有限公司大众出版中心 张亚慧 收(邮编:100054)。或者采用传真(010-63549458)方式发送。此外,读者也可以直接通过电子邮件把意见反馈给我们,E-mail地址是:lampard@vip.163.com。我们将选出意见中肯的热心读者,赠送本社的其他图书作为奖励。同时,我们将充分考虑您的意见和建议,并尽可能地给您满意的答复。谢谢!

- -

所购书名:_____

个人资料:

姓名:_____ 性别:_____ 年龄:_____ 文化程度:_____

职业:_____ 电话:_____ E-mail:_____

通信地址:_____ 邮编:_____

- -

您是如何得知本书的:

□书店宣传 □网络宣传 □展会促销 □出版社图书目录 □老师指定 □杂志、报纸等的介绍 □别人推荐
□其他(请指明)_____

您从何处得到本书的:

□书店 □邮购 □商场、超市等卖场 □图书销售的网站 □培训学校 □其他

影响您购买本书的因素(可多选):

□内容实用 □价格合理 □装帧设计精美 □带多媒体教学光盘 □优惠促销 □书评广告 □出版社知名度
□作者名气 □工作、生活和学习的需要 □其他

您对本书封面设计的满意程度:

□很满意 □比较满意 □一般 □不满意 □改进建议

您对本书的总体满意程度:

从文字的角度 □很满意 □比较满意 □一般 □不满意
从技术的角度 □很满意 □比较满意 □一般 □不满意

您希望书中图的比例是多少:

□少量的图片辅以大量的文字 □图文比例相当 □大量的图片辅以少量的文字

您希望本书的定价是多少:

本书最令您满意的是:

1.
2.

您在使用本书时遇到哪些困难:

1.
2.

您希望本书在哪些方面进行改进:

1.
2.

您需要购买哪些方面的图书?对我社现有图书有什么好的建议?

您更喜欢阅读哪些类型和层次的理财类书籍(可多选)?

□入门类 □精通类 □综合类 □问答类 □图解类 □查询手册类

您在学习计算机的过程中有什么困难?

您的其他要求: